空と雲と虹

精神医療に尽くした医師・渡部欣一郎の生涯

青山淳平
Aoyama Junpei

潮書房光人新社

晩年の「おいどん先生」渡部欣一郎

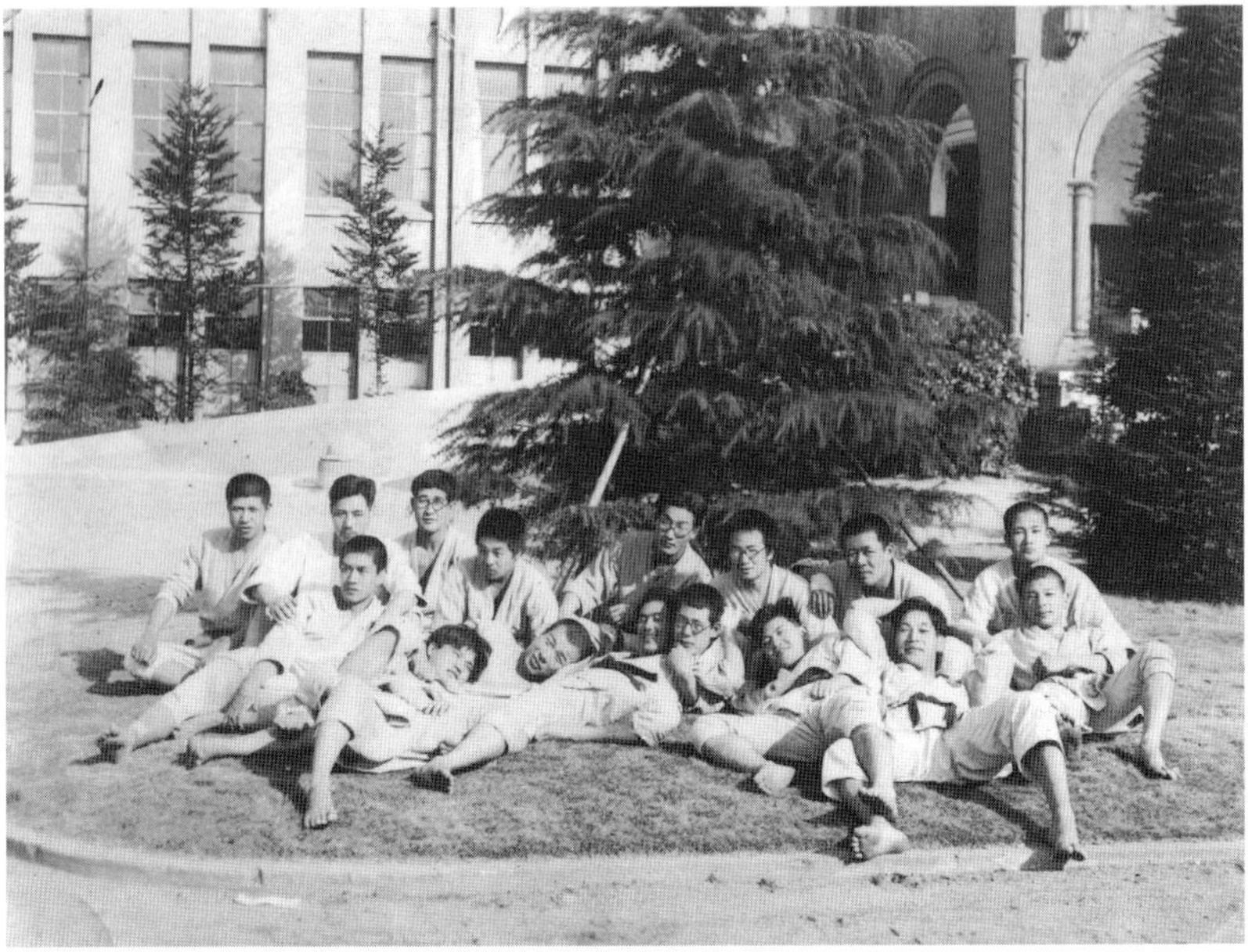

欣一郎が主将を務めた九州医学専門学校柔道部の部員たち。前列右から5人目が欣一郎

欣一郎の生涯の友となった平田宗男（右下）。五高在学中の写真

欣一郎を座禅を通して導いた禅僧・澤木興道老師。熊本・万日山の山上にて

昭和８年に九州医専を卒業した欣一郎が、翌年赴任した福井市の平岡脳病院

平岡脳病院院主、福井の剛腕
病院経営者・富田千代

昭和10年、佐賀精神病院
（保養院）院長となった
頃の欣一郎

戦後間もない頃、愛媛・北条町の欣一郎の生家前で。後列右から
4人目が欣一郎、3人目が妻の芳子、６人目がすぐ上の兄・順平

昭和27年1月5日、松山脳病院本館前で撮影された職員の記念写真。勤務に
つく2、3人を除く全員が写っている。前列右から4人目が院長の欣一郎

昭和28年に開設された宇和島精神病院の職員たち。前列右から4人目が院長の欣一郎

開設当時の宇和島精神病院の
正面玄関と病棟

移動保健所の巡回訪問で愛媛
県南宇和郡愛南町を訪れた欣
一郎（中央）。左は長男の嵐

親友の医師・平田宗男（左）と欣一郎。前に立つのは平田の息子・二朗

九州医専時代の恩師・王丸勇教授（左）と欣一郎。学会で訪れた北海道の摩周湖畔にて

宇和島精神病院に設けた土俵の脇で相撲の稽古を観る欣一郎（右から2人目）。稽古には看護人のほか地元高校の相撲部員も参加していた

昭和38年、学界からの帰途、船上でビールを飲む欣一郎。隣りは婦長の和田正子

宇和島精神病院の職員と、宇和海でのレクレーションに参加した欣一郎（前列右から3人目）

晩年の澤木興道老師（右から2人目）と欣一郎（右端）。老師の後ろは事務局長の清水孝平

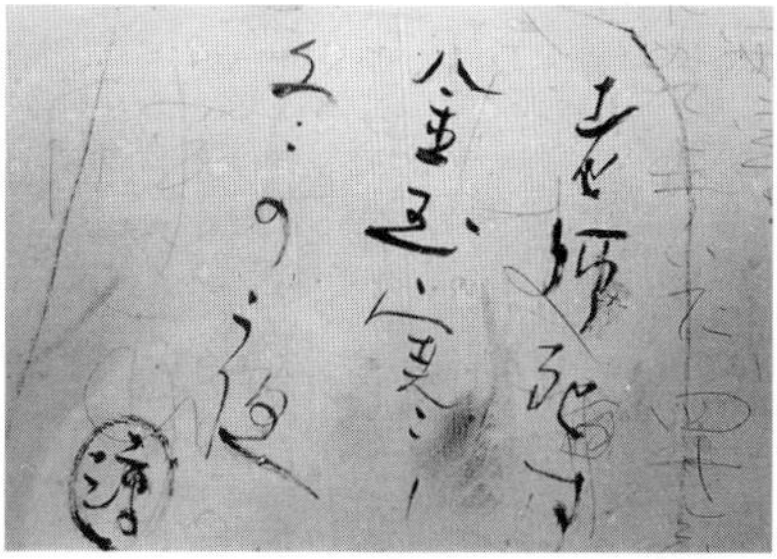

澤木興道老師の死去（昭和40年12月21日歿）を知った欣一郎が、その死を悼んで自宅の壁に書いた句

晩年に撮影された欣一郎と娘の美知

昭和42年正月に撮影の欣一郎と息子たちの記念写真。左から三郎、二郎、
欣一郎、嵐、四郎。この年の4月12日、欣一郎は58歳で世を去った

空と雲と虹——目次

空と雲と虹

精神医療に尽くした医師・渡部欣一郎の生涯

第一章　人生の真実

ふたりの医学生

世間はあばれ川というが、ずいぶん勝手な言いぐさである。

昔も今も、この川になんの作意もありはしない。阿蘇の山奥から有明の海へ、天衣無縫にながれているだけである。それはまるで天命のごとく自然の摂理にしたがい、あるがままに大地を潤している。あちらでもこちらでも、あばれているのはむしろ人間のほうではないか。人間は多くのものを造り手に入れた。それはそれとして結構なことだが、祈りを忘れ、尊大になってしまった。道理をはずれても気づかず、いのちをうばっても、おおかたは平気な顔をしている。

医学生の渡部欣一郎が、こんなことを思うようになったのは、脳神経科教室に入ってからである。なにより王丸勇教授の薫陶をうけていることが大きい。それともうひとつは臨床で患者と直接むきあい、人間をみつめる目がかわってきた。

欣一郎が学ぶ九州医学専門学校は昭和三年四月、筑後川河畔の久留米城址を望む地に創立されている。軍都久留米の地元では九医専の創立を祝福し、大いに期待をよせた。ブリヂストン創業家のおしみない支援で、白亜の校舎と附属病院本館や学用病棟などがつぎつぎに竣工し、学校は医師を養成する陣容をととのえていく。

いっぽう満州事変後、時代はにわかに軍靴の響きが高くなっていた。昭和七年一月の上海事変では、日の丸の小旗をうちふる大勢の人々に見送られ、久留米駅から第十二師団の混成部隊が戦地へ赴いていった。

この年の七月晦日のことである。

朝稽古を終えて、医専の武道場から二人の生徒がでてきた。夏の大会まで柔道部の主将だった四回生の欣一郎と、年は同じだが三回生の平田宗男である。二人は落成して間もない附属病院本館を傍目にしながら、人影のまばらな舗道をあるいていた。しばらく行くと、欣一郎はユーカリの大木がある十字路を右へおれた。下宿がある天満宮とは反対の方向である。平田はちょっと首をかしげたが、しぶしぶあとを追った。城址の石垣のそばを通り、せみしぐれが耳をうつ神社の境内をぬけた。乳牛が三々五々、草をはむ河川敷のなかをずんずん進み、まっすぐ土手道へあがった。目の前に、筑後川が夏空を映してゆったりと流れている。

「欣しゃん、どけ行くと」

息を切らして土手にあがってきた平田がきいた。

「わからん、どこでもええが」

ぶっきらぼうに応え、欣一郎は高下駄をならして下流のほうへ足をむけた。寸足らずの着古した夏ズボンの裾から、筋肉でもりあがったふくらはぎがのぞく。しぶしぶあとにしたがった平田が、小柄な先輩の丸っこい背に声をなげた。

「今まで黙っとったけんど、まだ、はがいかじゃろ」

半月前にあった高専柔道大会のことである。

欣一郎はたちどまった。杉丸太の筏がうかぶ川面へむけていた視線を大きな図体の後輩へうつし、下からにらむときっぱりいった。

「おいどん、なんもこだわっとらせん」

精悍な丸顔のなかの太い眉が、ぴくっと動いた。

学年は一年上でも、お互い柔道仲間の親友である。気弱な平田は、やたら向こうっ気が強いこの男にあこがれてもいる。

おずおずとたしかめた。

「悔いは、なかかと」

「ええ試合やったぞ。みんな力をだしきって爽快じゃ」

「そんならええ。負けた相手は優勝した五高やけんの。わしら二回戦まで進んだだけでも、すごか」

チームの健闘を誇らしげにいう。

大会のあと、主将の座を親友にたくした欣一郎は、

「ムネ、もっと鍛錬して、来年は五高をやっつけろ」

と発破をかけた。医専は四年制なので、欣一郎は来年卒業である。試合はないが、根っからの柔道好きなので、稽古はつづけていた。

ここ最近、平田は夕刻になると欣一郎の下宿へやってくる。食堂で婆やが用意した晩飯を一緒にたいらげると、二階の部屋にこもる。学校の講座のこと、不穏な世の中のこと、文学と人生と女のことなど話題はつきなかった。話疲れてごろ寝し、目を覚ますと稽古へでかけた。朝飯は稽古のあとである。ところが今朝、どういう風のふきまわしなのか、筑後川の土手道へやってきたのだった。学校は夏休みなので、とりたてて用事はなかった。二人はモラトリアムの中にたたずむように、河岸のむこうに広がる稲田をながめていた。

欣一郎の出身は愛媛である。兄たちが進学した松山高校を甘くみて受験に失敗し、一浪後の昭和四年、医専に入学した。

宮崎県の山奥の加久藤《かくとう》村（現在のえびの市）で生まれ、長崎で育った平田宗男は、現役で熊本の五高に進学している。幸徳秋水の『社会主義神髄』を愛読していたかれは、ひそかに社会

科学研究会の一員になった。昭和四年四月、政府は第二次の弾圧をおこない、共産主義者の撲滅をはかる。無産者パンフレットを配っていた平田も逮捕され、五高から即刻退学処分をうけた。それで翌五年、九医専を受験し、十倍近い競争率を突破して入学した。

二人は中学生のときからやっていたので、柔道部に入った。ところが九医専はからっきし弱く、団体戦の対外試合に勝つことは一度もなかった。二回生のときチームの副将になった欣一郎は、有段者の平田が入部したので、一緒に柔道部を強くしようと誓い合った。おりしもこの年の十一月、九州帝大医学部から王丸勇講師が教授として招聘され、精神神経医学講座が開設された。王丸は講道館柔道の大家でもある。部長をひきうけ、自ら道場にも立ち寝技の指導をした。意気に感じた欣一郎は、「たばこも酒もやめろ」、「おんな遊びはするな」、「花街通いなどもってのほかだ」と二十余名の部員を戒めた。合宿練習を恒例化して寝食を共にし、遠征試合を重ね、高専柔道大会での一勝を目指すことになった。

その高専柔道大会は毎年七月中旬、予選を東部、中部、西部にわけ、勝ち上がったチームが京都の武徳殿で全国優勝をかけて戦っていた。西部の大会に出場している九医専のランクは最下位で、昨年まで四年連続一回戦で敗退していた。山口高、松山高、五高、松山高商、同文書院など強豪校ばかりなので相手にされていなかったが、欣一郎が四回生になったこの夏の大会で、医専は長崎高商から悲願の一勝を勝ちとったのである。もっとも二回戦では、優勝候補の五高にわけもなくひねりつぶされている。この試合で欣一郎は敵の送り締めに耐え、失神寸前に体勢をたてなおしたものの、裏十字固めで敗れた。試合のあと、観戦していた王丸部長から、「君の寝技は、人間らしくて美しい」と妙な褒められかたをした。

以来、欣一郎はずっとこの言葉をかみしめていた。寝技は相手の烈しい息づかいをすぐそばで耳にし、体温がじかにつたわるほど五体が密着してもつれあう。立ち技とはちがって、一個の人間と人間が容赦なくかさなり合い、技と気概を競いあう。ひたすら稽古をつむなかで、相手を理解し尊重することが寝技の大もとなのだ、と欣一郎は思うようになっていた。そんなおりの部長の言葉である。精神科医としての心構えを教えられた気がしたのだった。

河原をふきぬけていた風がやみ、強い日差しの中で、岸辺の樹林の緑が燃えている。あるき始めると、平田がまん丸いメガネをはずし、手ぬぐいでレンズをふきながらぼやいた。

「欣しゃん、暑うなった、腹も減った」

「そうだな、そこの梅林寺まで行き、城下をぬけて帰るか」

欣一郎が目をむけた先に、対岸をむすぶ長い橋がかかっていた。その橋のたもとの河川敷には梅園が広がり、奥に久留米藩主の菩提寺だった梅林寺がある。多くの名僧を輩出している臨済宗妙心寺派の古刹である。ふたりは土手をおりて梅園の中を通り、表の道へでると、山門の前にたった。

〈紫海禅林〉と揮毫された大きな扁額がかけられている。

「ここは、座禅で有名な寺と」

平田が山門の奥をのぞきながらいった。

「座禅か、聞くだけで窮屈やなあ」

「あれ、欣しゃん、座禅をくんだことなかとか」

「そんなもんあるか。ムネ、お前こそ、どうなんぞ」

質すと、ぼそぼそと返事があった。

「五高を追い出されたあと、澤木興道《さわきこうどう》という老師の座禅会に通っていたことがある」

「澤木興道？」

「熊本で評判の禅僧やった。坊さんくさくなく、話がおもしろかけん、講話や座禅会はいつも満席やった」

「ええ坊さんやな、ムネも、いろいろあったからの」

欣一郎が気づかうと、元五高生はふりかえった。

「道場で座っているうちに、医者になろうと思うた」

学校から追放され、研究会は消滅し、仲間はみんなすがたを消した。独りぼっちになった平田が出会ったのが、澤木興道の座禅だったのである。ふたりはどちらともなく、目を上げ扁額をみつめていた。山門の大きな影が腹をすかした医学生の足元へとどいていた。

黙礼して、寺をあとにした。街道へでると、運賃一銭で農村部と城下を往復するバスに乗り、天満宮の下宿へもどっていった。

八月中旬のお盆前の日である。

遠方へ帰省する部員が多く、朝稽古は盆明けまで休みだった。欣一郎も明後日は生家へ帰り、卒業後の進路のことを両親や帰省する兄たちに話すつもりである。来年の春がくると、かれは王丸教授が医局長をしている脳神経科教室に入局することになる。柔道で王丸教授と出会い、さらに教授の講座で精神医学を学び、自分には精神科がもっとも性に合っていると思っていた。

内科や外科など身体医学の直接の対象は、患者の身体そのものに生じるさまざまな物理的かつ化学的な事象である。これに対して精神医学は、身体医学からもっと奥へふみこんだところに対象がある。表情や言動のこまやかな観察の上に、遺伝や環境を考慮した患者の全人格的な把握が診断や治療に不可欠だった。対象の次元が即物的なものではなく、目に見えないこころの世界なので、精神科の医師には長年の経験と人間的な成長がつねに求められた。教科書を読むだけではダメなのである。人間自体への理解や洞察力を高めなければならず、理想論なのだが、精神科医自らが患者と共に心身を練磨していく姿勢が必要とされる。柔道でたとえれば、相手を投げとばす立ち技ではなく、精神科医の本領は寝技にある。

王丸教授の薫陶をうけ、このような考えを欣一郎はもつようになった。その王丸は医学の勉強だけでなく、文学や芸術にも関心をもつようつねづね門下生たちにさとしていた。それで欣一郎の下宿の書架にも、島崎藤村、森鴎外、夏目漱石など大家の定番の著作が並んでいた。読書好きの平田のように読みふけるということはなく、暇つぶしに手にするぐらいである。それでも欣一郎は王丸が薦めるヘルマン・ヘッセの小説だけは、時間をかけて原書で読みつづけている。たどたどしくてなかなか前に進まないがその分、作品の世界がじっくり自分の中へ入ってくる。『車輪の下』は、松高の受験に失敗して、うつうつとした思いで過ごしていた頃の孤独感を欣一郎によみがえらせ、主人公のハンスに強い共鳴を覚えた。そして昨夜は、漂泊の旅人の真実の自由を求める魂を描いた、『クヌルプ』を半年余りかけて、やっと読み終えたばかりだった。作者のヘッセは、既成の価値観や制度のなかで、何の疑いもなく暮らしている人々とは異なる、純粋でこころ優しい自由人としてクヌルプを登場させていた。クヌルプは西洋の近代化した社会で、恋愛も家族も労働からも逃れてさまよいつづけるのである。欣一郎は、『クヌルプ』を読みながら、いったい人生とは何だろう、とふだん思いもしない問いかけにふと、沈むことがあった。

朝食をすませて部屋にもどり、ぼんやり天井をながめていると、下から婆やが呼ぶので、欣一郎はふたたび食堂へ下りていった。すると婆やの背後に脳神経科教室からの使いの者が立っていた。病院本館の医員室で王丸教授が待っているので、寝泊りの支度をして来るように、と教授からの伝言である。

「一晩ですか」

「いや、そうやなかようばい」

「明後日、国に帰る予定なんです」

「それは、先生にいうてくれんかな」

使いの者は困った顔をした。

とりあえず一晩泊まる分の着替えを風呂敷に包み、はや足で病院へでかけた。医員室で、白衣の王丸が門下生を前に告げた。

「今晩から盆明けまで、病棟の当直をやってもらいたい」

「内科でしょうか」

医局長の王丸は、額にうかぶ汗をぬぐった。

「看護員が盆の間は休みだ。それで腕っぷしの強い者が必要だ。内科病棟に迷惑をかけることがあってはならん」

「クランケは内科の病室ですね」

欣一郎は表情をひきしめ、医局長はうなずいた。

王丸教授の教室はこれまで診察をしてなかったので、臨床講義は九州帝大医学部の精神神経科教室へでかけて行なわれていた。王丸の指導の下で、医専の病院で外来の診察が始まったのは、三か月前の五月である。想定をこえ、患者は日ごとに急増した。家族につれられて、特別な看護を要する者も来る。帰すことはできず、本館病棟の内科の病室を借りて入院させることにした。王丸は脳神経科病棟の建設を急ぐよう要望しているが、竣工予定はまだ二年先である。内科の病室では十分な設備はなく、医局員も看護婦も足らないまま、借りた病室はすでに二つに増えていた。看護員が休みをとるお盆の間、事故がおきないか、王丸は心配だった。

欣一郎は帰省をとりやめ、内科のある本館北病棟の宿直室で三日間、夜の看護員をすることになった。あてがわれた二つの病室は、成人の男の患者が十人いてそれぞれ発熱療法や持続睡眠療法、それにアポモルヒネ注射を受けていた。内科病棟を使用しているということもあって、あばれたり大声を出したりするおそれのある急性期の患者は入院させていない。身体を拘束する器具をつけられている患者もいなかった。昼間、往診に来ていた王丸教授に教えをこうと、拘束器具を使うほどあばれる患者はいないが気をぬかないように、と注意をうながされた。今は落ち着いているが、入院当初に看護婦を押し倒し、教室の医局員をなぐった農夫がいる。興奮はおさまっているが幻聴がある。十分用心して看護にあたるようにとのことである。三日目の夜のこと、宿直室で仮眠をとっていると、看護婦がかけこんできた。

「来て下さい！　窓から飛び降りそうです」

その農夫のことだった。病室は二階なので、飛び降りると大けがをする。欣一郎は裸足のまま廊下を走った。常夜灯に照らされ、白っぽい寝巻を身に着けた男が窓に上半身を乗り出している。刺激しないようにそっと近づいた。農夫は窓から上体をひっこめ、欣一郎のほうへ顔をむけると、

「ひぇー、ぬりかべが来たぁ」

どろんとした声でいった。ぬりかべはこの地方の妖怪である。

「ぬりかべじゃないよ。さあ、ベッドで寝よう」

「死んだおっ母が、おらを呼びよる、行かないけん」

と農夫は後ずさりした。病室へつれて行こうと手を伸ばした瞬間、農夫の右の拳が飛んできた。欣一郎はとっさに身をかわし、寝巻の袖をつかむと、内股で倒しながらかばい手で相手の衝撃をやわらげ、寝技でおさえ込んだ。農夫はびっくりしたのか、大人しくなった。内科の宿直医がやってきて、鎮静剤をうち、看護婦が病室へつれていった。

翌日、この騒動の報告をうけた王丸が、

「クランケ、きょとんとしていた。覚えてはないようだ」

と苦笑し、欣一郎の対応を褒めた。

「渡部君、かばい手は王道だね。話を聞いて痛快だった」

「よかったのかどうか、無我夢中でした。医局ではたくさんのクランケに会い、学ばにゃいけんと思っています」

と、欣一郎は当直で実感したことを素直に話した。

寝技でおさえ込んでいるとき、農夫の声にはならない叫びを聞いている気がした。それが何だったのか、患者の中でうごめくものの感触が手にのこっていた。

現代の傑僧

前期の試験が終わり、学園は十月を迎えた。

久しぶりに下宿へやってきた平田が、澤木興道の講話があるので行ってみないかという。千栄寺で明日の夕刻七時だというから急な話である。昨日、寺院が並ぶ寺町界隈をぶらぶら散歩していると、千栄寺の板壁に、〈熊本から澤木興道老師来る〉と貼り紙があった。平田は名前をみて、なつかしさがこみあげた。梅林寺の山門の前で、欣一郎に老師の話をしたことを思い出し、誘いに来たのである。

「座禅なら、お断りだ」

「話だけやけん、黙って聴いたらええ」

「それだけならつまらん、何か訊いてもええんか」

「もちろん、どぎゃんこつでもよか」

平田はうけ合い、老師の経歴のさわりを話した。

澤木興道は明治十三年、三重県津市生まれ。八歳のときに提灯屋でばくち打ちの澤木家へ養子にだされた。九年後、道を求めて家出し、永平寺で仕事部屋の男衆になった。修行を積み、印可を授けられ禅宗の僧侶となったが寺に定住せず、全国各地を巡回して講話や接心（座禅会）

をして名を高め、「宿なし興道」とも呼ばれている。熊本と縁ができたのは大正五年のこと、三十七歳のときに熊本市郊外の寺へ僧堂講師として赴任してからである。その後、熊本駅の近くの丘にある空別荘に定住した。興道老師は自在自適の日々の中、今も日本中どこへでもでかけ、講話や接心をつづけている。ひたすら座ることに徹し、虚飾もごまかしもない生き方は宗教をこえて民衆の共感を呼び、感銘を与えていた。

千栄寺はこの高僧を迎えるというので、はりきって人集めをしていた。町の電柱にも貼り紙がある。

平田の話を聞いて、

「そやけど、座るだけで、なにがええんやろ」

と、医学生は座禅に首をかしげた。

すると平田は、「面壁九年」の達磨大師にはおよばないが、興道老師は奈良法隆寺近郊の寺にこもり、三年もの間、だれにも会わず、朝の二時から夜の十時まで、座りとおした禅僧なのだ、といった。

「それでなにかええこと、あったのか」

「ええとか、悪いとかじゃなく、座禅は自分のためだ」

「自分のため？　さっぱり分からん」

「それこそ、老師に訊いたらよか」

もてあまし、平田は興道老師に下駄をあずけた。

翌日、千栄寺へでかけた。本堂の広い座敷には、聴衆が座布団に尻をうめ、背を丸めて講話を待っていた。年寄りにまじってちらほら若い人もいる。寺が用意した資料をいただいて、目で空いた席をさがすと、後ろの列にいた平田がすぐ欣一郎に気づいて、手招きをしてくれた。

時間どおり、住職に先導されて黒っぽい法衣に身を包んだ興道老師が入ってきた。正面に着座して、ゆっくりと聴衆を見渡した。剃髪した頭部と皺をきざむ四角い額が電球の照明で光っていた。高く太い鼻の上に平田と同じ黒縁の丸メガネがある。座っているだけで迫ってくるものがあり、聴衆は背筋を伸ばした。えへん、とひとつ咳払いをして老師が口をひらいた。思いがけず、大きな声である。

「わしは、証道歌の話をしたい。お手元の書き物で説明しておるが、証道歌は全部で一千八百五十八字、二百六十七句から成っている。唐の時代の禅僧である永嘉大師《ようかたいし》が自己を顧みて、参禅して学ぼうという人に呼びかける歌である。この歌の初めに、君見ずや、とある。これは、宇宙いっぱいの道理を見なさい、ということである。人間のこしらえたものなど知れたものである。わしはこの証道歌を七十八段にわけておるが、全部とはいかぬので、これらの中のいくつかを話したい。最初の今日は、皆さんがよく知っている宮本武蔵の独行道《どっこうどう》について話す。まずこの武蔵の独行道は、証道歌の中の、常に独り行き、常に独り歩す、からとったものだ。武道は鍛錬だけではすまぬので、禅と縁組をした。したがって武士道には禅の悟りがある。そこで武蔵の独行道のいくつかをみてみる――」

興道はここまで話すと、再び咳払いをし、長い腕を伸ばして傍のコップをひきよせ、水を飲んだ。それから独行道の二十一条からなる武蔵自身の心がけについて、それぞれ人生の諸事にからめて具体的な話をした。欣一郎のこころに響いたのは、第四条の〈身をあさく思い、世を深く思う〉である。興道はこのようにいった。「もともと自分の命を重く思わなければならないのであるが、自分ひとりのことですむことなら、昔の武士はよしきた、と切腹をためらわなかった。近くは殉死した乃木将軍がそうである。将軍の殉死は、日露戦争後にだらけはじめた為政者、高位高官にある者たちへの警世でもある。すなわち武士道は身をあさく思い、世を深く思うことである。ところがここ最近の時世をみると、上から下まで、自分の懐に入れることばかり考えている者が多くなった。やりそこなった愚痴をいい、恨みをならべる。これは身を深く思い、世を浅く思うからである」。興道はさらにこのことを補足して、第六条の、〈我事において後悔せず〉について、武士道とは物分かりのよいことでもあると言い、次のように話した。「高等文官試験を受けた五高生が、受かるかどうかで神経衰弱になって相談に来た。わしはこの五高生へいったものだ。お前のようなものが試験に通らなかったとしたら、もっとよい者がいるのだから喜んだらよいではないか。お前が通るのなら、外によいものがおらんのだから、お前のようにつまらん者が多いのは国家のためには悲しまねばならん。するとこの学生は、へ――、と声をあげて納得した。五高生は自然児の豪傑だから物分かりがよい。だが世のたいがいの者は自分の事ばかりで後悔し、くよくよするばかりで物分かりが悪い。こんな輩ばかりだから、世の中は悪くなるばかりだ」。

老師の講話はこのような調子で、あっという間に予定の一時間が過ぎた。実のある話ばかりである。この禅僧は、そこらの寺にただ巣くっている坊主とはまったく格がちがう。欣一郎は澤木興道の人物に魅かれてゆくのを覚えた。

講話が済み、進行役の住職が質問はないかというので、欣一郎はすぐに起立して、医専に学ぶ者だと名乗り、とつとつ礼を述べ、座禅は何のためにするのか、悟りを得るためなのか、と質した。

興道は、キリっとした顔立ちの医学生へ鋭い視線を向け、それから口元に笑みをうかべ、諄々と語った。

「座禅にもいろいろある。売り物にする商売禅、講釈ばかりの講釈禅、見せ物禅、さらには知ったかぶりの野狐《やこ》禅もある。他にもたくさんある。これらはみんな座禅というと、悟るためだと決めておる。座禅しても何にもならぬ。悟るためではない、というても、なかなか分かってもらえない。悟るまで座禅せよとか、悟ったら座禅せよとか、いろいろな概念をもって座禅を考えておる。大抵の者は、座禅して修行すれば寒暖計が上がるように、ぼつぼつ悟るものと思っている。もう紙一重じゃ、さあしっかりやれとか、そこが工夫と我慢のしどころ、と参禅者にいって聞かせておる。昔、この久留米の梅林寺の名僧三生軒が、すべってもころんでも登れ富士の山と書いたが、この人は登る富士の山があると思っておる。それを門人どもは感心して、すべってもころんでも登れ富士の山、と参禅者にけしかけた。かれらは根っこから修行によって悟りがひらけると思うておる。まったく本当の仏法に通じていないのだ。よく人は、今のあんたのように座禅は何のためになるか、と訊くが、わしは何にもならん、というておる」

老師の太い声が、あさはかな者たちの背中をうつ警策ように響き渡っていた。金縛りにされた気分を払い、医学生は声をしぼりだした。

「何にもならん……、どういうことでしょうか」

「何にもならん、ということだ」

「……、さっぱり分かりません」

「それでよろしい」

と、興道はおだやかな声で問答をうちきった。

納得できない医学生は立ったままである。傍で平田がしきりに連れのズボンの裾を引いた。住職は医学生にはかまわず、老師に謝辞を述べ、次回の講話は十二月の下旬を予定しており、詳細は貼り紙でお知らせする、と聴衆に告げて散会となった。

講話はよかったが、小僧あつかいされたような気がして、欣一郎は腹の虫がおさまらない。元五高生の平田の誘いについついのって出かけてきたが、老師が五高生を自然児の豪傑だと褒めたのが、なお癪にさわった。門前で別れるところを、平田は立腹している朋輩についてあるき、天満宮の下宿へ上がりこんだ。

二人は畳に寝転がり天井をみていた。頃合いをみて、平田がおずおずときりだした。

「欣しゃん、朝稽古の人数ば、ごっそり減った」

と、柔道部のことを心配した。

前期の試験が終わり、稽古を再開したところ、決まった顔ぶれが来ていないというのだ。欣一郎は臨床講義が忙しくなり、柔道部から遠ざかっていた。医局の人手不足は相変わらずなので、昼夜を問わず看護員をする日もある。

平田は不快そうにつづけた。

「朝、出てこん者は放課後、寝技の稽古ばっかりしとる」

「ええじゃないか、しっかり鍛錬させろ」

「そっがなあ、変な噂がある」

と声をひそめると、かれは上体をおこした。

「寝技ばっかりするとは、腑抜けで腰が立たんけんじゃと」

「腰が立たん、腑抜けとな?」

「どうも桜町から、朝帰りらしい」

「桜町か！」

欣一郎は弾けるように身体を起こし、達磨のような目をむいた。

桜町には遊郭があり、貸座敷も盛んである。

「名前はわかっているな」

たしかめると、平田はすっかり気おされ、噂だけだが、となんども詫び事のように言い、指をおりながら五人の名前をあげた。

「よし、分かった！　明日の放課後、武道場の横の河原に集めろ。ぶん殴ってやる！」

「そら、勘弁してくれ」

立ち上がろうとする欣一郎の太い右腕に、平田はしがみついた。主将の自分が密告したとなれば、部員の信頼を失う。部員が離れ、柔道部がなくなってしまうかもしれん、と諫め、聞かなかったことにしてくれ、と懇願した。

欣一郎はすわりこみ、壁にもたれた。

「ムネ、おいどんが出しゃばると、お前が困るのは分かる。じゃけど放っておくのはいかん。どうするんだ？」

「みんなば集めて、花街通いは厳禁、ときつく申し渡す。欣しゃんからすると、それこそ自分は腑抜けの主将じゃ。ばってんな、団結ば第一に、みんなの自覚ば促すほうがええけん」

「それはぬるい。女犯《にょぼん》だ。罰を与えにゃいけん」

「欣しゃん、どこん世界でも女犯は建前だけじゃ。坊さんも色欲におぼれ、たいがい妻帯しとる。今の時勢、桜町は軍人で大賑わいだ。勲章ばぶらさげて軍服姿で出入りして、平気の平左で女犯ばしと」

「軍人さんは特別じゃ、お国のためじゃ」

「花街で遊び、それから大陸へわたって人ば殺す。お国のためならなんでもありか」

「なんだと、こじつけをいうな！」

欣一郎は声を荒げた。軍人は虫が好かんが、屁理屈はそれ以上に嫌いである。平田は気のおけない一番の親友だが、共産党シンパだった片鱗がのぞくと欣一郎の癇にさわった。

相手を怒らせて、平田は大きな図体を小さくした。それからすがりつくようにいった。

「欣しゃんはなあ、意志が強かけん禁欲できる。そやけどたいがいの者はがまんできん。自分も五高ばクビになって、熊本の二本木遊郭に入り浸っていたことがあるけん。朝帰り、咎める資格はなか」

「それはムネ、熊本での話、わりきればええ」

「こんことは、あっさりぬぐえるもんじゃなか」

「まさか、お前、桜町へ通ってはないだろうな」

「そりゃなか、一度だってなか。そやけどおなごの肌ば知らんならどうもなかかもしれんが、自分にも辛か日はある。やけん、朝帰りの奴等のことはわかる」

平田は素直に若さゆえの悩みを口にし、部員に理解を示した。欣一郎は書架のヘッセの小説集へ目をやり、沈黙した。話がぱったりとぎれ、気づけば秋の夜が深まっている。

しばらくして、欣一郎は自分に言い聞かせるようにつぶやいた。

「おいどんはなあムネ。縁組みして娶るまではおなごに手は出さん。おなごはか弱い者じゃ。大事にせんといけん」

少し間があり、平田がしずんだ声でぽつぽつ打ち明けた。

「二本木通いで惚れたおなごがおった。気のこまか、ええ娘やった。ところが自分には何もいわず、川に身投げして死んでしもうた。それで、もう自分は何もかも分からんごとなった。自然と澤木老師の座禅会へ足が向いた。座った甲斐はあった。少しだけど、遠くばみえるようになった」

「ようにいうてくれた。遊郭のおなごは可哀そうじゃ。身投げした娘が、ムネを澤木老師のところへつれていったんじゃ。決して忘れたらいけんぞ」

しんみりと言い、平田は深くうなずいた。それから、おもむろに切り出した。

「澤木老師は、十二月下旬に千栄寺に来られる。こんとき老師に接心ばお頼みして、柔道部員に座禅をくませたい」

「座禅は何にもならん、と老師はいわれたが、それはそれだ。ムネが思うようにやればええ。王丸先生にはおいどんから伝えておく」

欣一郎はあっさり賛成した。接心の具体的なことは、千栄寺に仲立ちしてもらうことになった。

医局で王丸教授に会い、欣一郎が接心のことを話すと思いがけない展開になった。

「澤木興道は、現代の傑僧《けっそう》だよ」

と王丸は表現し、目もとをやわらげた。興道老師は仏教界ではかならず歴史上の人物になる偉人であるから、先々、病跡学の対象になるだろうという。病跡学というのは、歴史に名をのこす傑出した人物の言動や業績等について、精神医学的に研究する学問である。例えばてんかんの精神病者だったゴッホは、メニエール病、統合失調症（精神分裂病）、躁うつ病などの症状があったとされ、ゴッホの人物と芸術的創造は精神医学の恰好の対象であった。この時代、日本の学会では、病跡学はまだまだ草創期だった。王丸は先駆けて、この分野の研究をつづけていた。授業のおりおりに、教授は西洋の精神医学界で存在感を増してきた病跡学について語ることがたびたびあった。「病跡学をやっていると、人間はみんな病める存在なのだと思う。とくに障碍や病気をもちながらも、懸命に生きる人間のすがたは、人間の未知なる可能性と人間の本質への問いかけがある。私はその答えを探している」と、このようなことを話していた。欣一郎はそのようなとき、いつも教授の人間的な温かさを感じたものである。

その王丸は座禅に積極的だった。

「老師に接心をお願いして、柔道部員が参加するのは大いに賛成だ。年末だけではなく、これからは座禅を鍛錬の一つに加えたらよいな。接心は年に二回、恒例の修養行事にしてゆけばよい。平田主将の考えも聞いて、学校側とも話してみよう。脳神経科教室と柔道部が共同で座禅会を組織し、生徒諸君の修養機関にしよう」

と応え、平田の発案は一気に大きくふくらむことになった。

禅的鍛錬を目的とする「尚道会」の前身が発足したのは、それからひと月後のことである。王丸教授が会長となり、柔道部員はもとより全校生徒へ参加を募った。発会式は、久留米城址の中にある神社で催され、四十余名の生徒が参列した。会の行事については、まず出征軍人の武運長久祈願と宮城遥拝が冒頭に明記された。座禅会に関してはつぎの通りに決まった。
一　毎月三日間は、早朝に千栄寺にて参禅。
一　毎週火木土は、早朝に武道場にて座禅（その後、竣工した尚道会館に会場を変更）。
一　毎年七月と十二月の下旬に学校の築水寮にて合宿し鍛錬会を実施。なお歳末の鍛錬会は澤木興道老師の指導の下、千栄寺にて接心。
正式にはまだ助手ではないのだが、脳神経科へ入局を希望する者は少なく、人員不足もあって欣一郎は日々、臨床の研修と手伝いに追われ、あっという間に十二月になった。千栄寺での講話と接心が近づいた日、平田が下宿にやってきて座禅の仕方を教えてくれた。足は筋肉でもりあがっているので、欣一郎は左足を右のももの上におくはんかふざにした。あごをひき、背筋を立て、息をととのえ、精神を集中させる。平素から武道で鍛えているこの医学生にとって、座ること自体に難しさはなかった。

歳末の鍛錬会の日がやってきた。

大陸から寒気がはいりこみ、往来を歩くと手が冷たい。千栄寺では長火鉢を置いて暖をとっていた。火鉢の鉄瓶から湯気があがり、着ぶくれした聴衆が興道老師の講話を待っていた。本堂に上がると、部員たちをつれて来ていた平田と目が合った。座禅には間に合うようにする、という王丸部長のことづてを主将に伝え、欣一郎も座布団に腰をおろした。

前回にひきつづき、老師は証道歌の話をした。とりあげたのは、第三十段の〈いくたびか生じ、いくたびか死す。生死悠悠として定止なし〉である。輪廻転生などはだれにもわからない、生死流転のうねりが同じということは二度とない。生死の問題は、そう簡単に決めてしまうわけにはゆかない。今日のつづきは明日、明日のつづきは明後日と固定したものではない。安心が一つの文句で決まるものではないのである。昨日は幸福だと思っていたら、今日は不幸である。昨日は不幸だと泣いていたら、今日は幸福である。人間万事塞翁が馬なのである。生死悠悠として定止なしの悠悠とは、雲がふんわりあてもなく流れてゆくのと同じであって、どうしなければならぬということではない。また、どうしてもかくならねばならぬということもない。と老師はこのようなことを卑近な事柄をあげて話した。

それはそれでよかったが、欣一郎がとくに関心をもったのは、興道が語った幼少時の体験だった。豊かな大庄屋に生まれ、両親の慈愛の中で育った欣一郎の少年時代とはおよそ違ったものである。しかしその不幸な育ちは自分にとって幸運だった、と興道はふりかえったのである。およそこんな話だった。

貧乏に生まれたということは、実際は不幸である。わしの場合も、この子は可哀そうだ、貧乏の上に親はなく、まともな養い手もない、ということだった。養子先ではいつも拳骨をくわされ泣き泣き暮らし、涙が乾くまで雪隠に入っていたこともたびたびだった。寒中に袷一枚、ひじの抜けた着物を着て商売に歩いた。朝は四時から起き、霜をふんで出て、月をいただいて帰ってきた。それで身体が鍛えられた。おかげで風邪はひかない。鍛えようと思って無理にやったのではない。貧乏で鍛えたのだから大概の苦は苦にならない。大概のことが辛抱できるというのは貧乏に生まれたからである。これは儲けたものである。だから運がよく、幸福者である。

幸不幸は、本人の自覚次第ということだろうか。いやそもそも幸福も不幸も、言葉はあっても実体がないということなのか。欣一郎はそのように理解した。そして講話のあとの接心が念頭にあったのだろう。老師は最後に座禅の境地について、道元禅師の自画讃の一節を引用して思うところを述べた。

「つねづね座禅は何にもならぬ、とわしはいっておるが、座禅がどのようなものなのか、応えることはできる。道元禅師の自画讃には、座禅をすれば、茫茫たる海面月光明らかなりとある。すなわち、ゆきづまりのない世界がひらけ、光明にみちているということである。だから座禅はだれのためでもない。自己に親しむものであり、自分になる方法である。一切の経は、座禅を文学にひきのばしたものだ」

尚道会の歳末鍛錬会でもある接心では、老師と医専の二十名が仏間に座った。大半は柔道部員で、医局からは王丸と教室員二名が参加した。住職から警策を受ける音が響く。朝帰りの連中だろう、と数をかぞえていると、予告の警策が欣一郎の右肩に軽くふれた。

年が明けて昭和八年になった。

王丸教授の教室は相変わらず人手が足りず、欣一郎は帰省をあきらめ、医局と下宿を往復する日々をおくっていた。九医専では急増する脳神経科の患者に対応して、とりあえず学用病棟にも仮の病室を確保し、武道場の東にあった旧藩主別邸の敷地址に脳神経科病棟を建築中であった。医長室並びに医局、研究室、診察室、検査室、処置室、宿直室等のある鉄筋コンクリート二階建ての専用病棟である。三十五の病床は、主に精神病患者のために使用されることになり、設備も整えられた。

三月初旬に卒業すると、欣一郎と大川勤三郎をふくめ同期の三名が助手として入局した。それから二か月後の五月、待望の脳神経科病棟が竣工し、王丸教室は九州帝大につぐ精神科医療の一大拠点となった。

落成式典が催され、夜の祝宴には教室員もこぞって出席した。

口ひげをながく伸ばした主賓の代議士は、帝国日本が国際連盟を脱退したことを支持する演説をし、「満州は日本の生命線である」と時局の常套句をくりかえした。師団長は胸にぶらさげた勲章を光らせながら、上海事変で敵陣の鉄条網を突破して自爆した工兵の名前を順次あげて、あらためて爆弾三勇士の武功を称えた。国民的英雄となったこの若い三人の兵士は、第十二師団（久留米）の工兵である。

勇ましくも重々しい挨拶がすむと、座敷の空気は一転してにぎやかな宴会となった。末席にならんでいた学校関係者も肩の力をぬき、ほっとした表情をうかべてあぐらをくんだ。

「どうやらうちも、学校教練が始まりそうだ」

同僚へ酌をしながら、大川がいった。

濃く太い眉を上座へむけていた欣一郎は、興ざめた顔で酒を少し口にふくんだ。主将の時には柔道部員に禁酒を課していたが、かれ自身はもともと酒が好きではない。

「まあ勤三郎、みての通りだ」

と、来賓のお偉方へ冷ややかな視線をなげた。上座の面々は芸者にかこまれて、すっかり悦に入っている様子である。

「お祝いですから、楽しんでいただかないと」

「ふん、あのざまこそ、民心いちじるしく緊張を欠く、ってことだ」

と上席のほうへ顎をしゃくってみせた。

「なんです、それ？」

大川は徳利を膳に置き、丸顔を同僚に寄せる。

「中学校で最初にあった教練の訓話の一節だよ。学校教練は緊張を欠いた国民精神をふるいたたせ、国防意識を普及させることにある、と配属将校がいった。田んぼと海と山を毎日ながめて育った田舎の中学生には、軍服の連中が勝手な理屈をいいよらい、としか思わんかったがの、教練をうけているうちに反発心はうすらいだ」

「こんな時代ですから、九医専も教練をやらんといかんでしょう」

と大川は生真面目な顔でいった。

学校の軍事教練は、中学以上はすべて実施されることになっていたが、大学は学部で希望する学生だけ、また私立専門学校は学校の任意となっていた。この例外がゆるされない時代がすぐそばにきていたのである。

教練はともかく、軍部が国を動かす時代になって、欣一郎は反発と不信から政治へ目をそらすようになっていた。代議士や軍人のいうことは三百代言にしか思えない。聴いていると只々癪にさわった。

医局のみんなが席をはなれお酌をして回りだすと、欣一郎は中座をして庭に面した廊下へでた。夜空にうかぶ三日月が、アカマツの枝につかまりそうである。ガラス戸を開けて縁側へ下り、沓脱石に腰をおとして、ぼんやり月をながめていた。

「やあ、見事な三日月だ」

と背後でしぶい声がした。驚いてふりかえると、王丸教授が喉もとのネクタイをゆるめ、庭のほうへ細長い顔をのぞかせている。

立ちあがろうとした助手を手で制し、

「せっかくのながめだ。堪能すればええ」

とのどかな声でいう。その言葉に触発されたのか、教授に勧められたヘッセの小説のことが欣一郎の脳裏にうかんできた。頭上の夜空いっぱいに星々が輝いている。

「先生、クヌルプ読みました」

「そうか、なるほどそこに腰かけて、ヘッセが書く世界を想うのは渡部君、青年の特権だよ。ここは座敷の華やかな宴と好対照だ。老骨の私は庭をみて、三日月に天窓《あたま》うつなよほととぎす、と一茶の句がよぎった。老いた一茶は若い妻をもらい、私は願っていた病棟を手にした。有頂天になるなよ、という自戒の句だ」

それだけいうと、王丸は座敷のほうへもどっていった。

空は澄んでいる

草創期の繁忙な毎日をのりきった七月中旬の土曜日、平田主将がひきいる柔道部が恒例の高専柔道大会へ臨んだ。福岡の武徳殿へ応援にかけつけた欣一郎は、ひときわ大声をあげて部員を叱咤し、勝った後輩をだきしめ、負けた者の肩をたたいて一緒にくやしがった。九医専は二回戦を突破して三回戦まで勝ち上がり松山高商に敗れたが、王丸部長は大会を総括して、こころの鍛錬ができてきた証だ、と座禅にふれて、みんなの健闘を褒めた。平田は感激して涙をこぼし、手ぬぐいで耳たぶまで赤くなった顔をしきりにぬぐっていた。

三回戦進出を花道に、平田は柔道部を引退し、武道場でやっている尚道会の座禅にも顔をださなくなった。欣一郎の下宿にも久しくすがたをみせていない。八月の最初の早朝座禅会のあと、欣一郎は後輩の部員の一人をつかまえ、下宿に来るよう、平田への伝言を頼んだ。すると昼休みにその部員が医局にやってきて、「平田先輩は長崎へ帰られたそうです」と消息をくれた。お盆が近くなったので、一足先に帰省したとのことである。そうだ、もうすぐお盆だ、今年は自分も帰れそうだ、と欣一郎は気持ちがはずんだ。両親にも兄姉にも長い間会っていなかった。内科医になることを望んでいた両親に、精神科医の道を選択したことを話し、納得してもらうつもりでいる。世間ではいまだに精神医を気狂医と呼び、獣医師と同類にみているきらいがある。

五日後の宵の口だった。

息せき切って下宿へかけつけてきた者がいる。

帰省の荷造りをしていた欣一郎は緊迫した呼び声にせかされ、階段をかけおりた。

「大変なことがおこったけん、すぐに来てくれ」

医局の看護員が、両肩をはげしく上下させながら訴えた。

「あばれているのか?」

「いえ、患者はみんな静かばい」

「じゃあ、何が大変なんだ？」

「大川先生が大変だ、といよる。ばってん、うちは知らん」

と、かれは少し間の抜けた顔にもどった。

「医局のみんなは、どうしている？」

「いつもどおりばい」

「おかしな話だな」

欣一郎が戸惑っていると、

「渡部先生に大急ぎで来るよう伝えてくれ、とのことやけん、詳しかことは大川先生に訊いてくれんや」

と看護員は言い、はよ、はよ、と手招きをしてせかした。

一緒にはや足で病棟まで行き、医局へ顔をだすと、入口で助手の大川が欣一郎を待っていた。細い目がつりあがり、口元がとがっている。廊下の隅に欣一郎を誘い、小声でつげた。

「平田さんが、大けがをして、病院に運ばれた」

「大けがが？　一体どういうことだ」

欣一郎は食いつかんばかりに顔をつきだした。

大川は、つぎのようにいった。

少し前、平田がかつぎこまれた附属病院から、柔道部の部長でもある王丸医局長へ連絡があった。あいにく医局長は学会出張で不在だったので自分が対応した。平田は個室に入院し、重篤な容態だという。それで大川はすぐに渡部へ知らせることにした。

「ムネは、帰省していたはずだが？」

「二日前に、こっちへもどっていたらしい」

「それで、けがはどこだ？」

「わからん。ただ、大変なことだそうだ」

大川は緊張し、ふたたび目をつりあげた。

「外科は本館の南病棟だな、会ってくる」

「ダメだ。面会謝絶」

「そんなこと、知ったもんか」

大川が止めるのもきかず、欣一郎はかけだしていた。

外科の医局には煌々と明かりがついていた。

応急処置をした医師が呆れた顔でいった。

「激痛で唸っていたら、大屋さんが発見したそうだ」

「階段でもふみはずしたのですか？」

「ちがう、陰茎、陰茎だよ。自分で切り取ろうとした」

「切り取る！」

欣一郎は目をむき、絶句した。

「血まみれだったが、なんとか手当はした。ここしばらく絶対安静だ」

「何か、いっていましたか」

「聞いとらん、いまは麻酔で眠っている。落ち着くまで面会はいかん」

と医師は強い口調で断言した。長崎の本人の実家には学校から知らせるが、命にかかわることではないから心配はしないよう、言い添えるとのことである。

脳神経科の医局へもどりながら、欣一郎は花街通いのことで平田と口論したことをふりかえっていた。あのとき、どこの世界でも女犯は建前だとかれは気色ばんでいた。根っからの共産主義者でもある平田は、人間や社会の真実を求めようと抑えがたい熱情をもっている。だからこそ、平田は澤木興道に魅かれている。しかしそれにしても、陰茎を切り落とすというのは異常である。ひょっとしてかれは、人間であることに失望して死ぬつもりだったのではないか。ふとそんな思いがつき上がり、欣一郎は臨床講義室前の小道で立ち止まった。それから、夜道を外科病棟へ引き返した。

「付添いをしたい」

と先ほどの医師へ申し入れたが拒絶された。気づかいなく休ませないと回復の妨げになる、という。

「平田は気を病んでいます。話し相手がいる」

「それなら、抜糸してからにしてくれ」

「それは遅い、心配です」

「脳神経科がいらん口出しをするな、付添いも面会も断る！」

と医師はいらだち、声をあらげた。

欣一郎はひるまず、押し返すようにいった。

「自殺のおそれがあります」

医師はたじろぎ、しばし考えこんだ。それから顔をあげ、あした王丸教授にすべてを報告する、あんたは教授の指示を仰いでくれ、と応えた。欣一郎は医局にもどって、大川に事情を話すと下宿に帰り、荷造りを解いた。

翌日、医局で王丸が欣一郎に質した。

「君は、しばらく帰っていないようだが、いいのか」

「元気になるまで、毎日様子を見にいきます」

「そうか、平田君とはお互い、一生の付き合いになるなあ」

というと、王丸はやさしいまなざしを弟子へむけた。

お盆の初日、見舞いの許可がでた。

平田は上体を起こして、雑誌を読んでいた。

「ムネ、おいどんだ。痛みはとれたか」

平田は雑誌をベッドの端にやると、弱々しく笑顔をつくった。白くなった顔に翳りがある。

「退院するまで、おいどん、毎日来るぞ」

欣一郎はイスにどっかり腰を落とした。

王丸先生の指示で、このことはだれにも知らせないことにした。だから余計な心配はするな、と欣一郎はいたわった。

患者は安堵の表情をうかべ、

「欣しゃん……」とよびかけ、いきさつを語ろうとした。

欣一郎は患者から視線をはずして立ちあがった。窓辺へゆき、背をむけて外の景色へ目をやった。

平田は、身をよじるような声でうち明けた。

「長崎へ帰らんと熊本の二本木で遊んどった。久留米にもどると、こんどは桜町へゆきとうなる。そがん自分が情けなくて、もうゆるせなくなった」

「ゆるせなかったのか」

欣一郎は、景色をながめながらくりかえした。

「みんなに合わす顔がなか」

消え入りそうな声である。

欣一郎は窓辺からはなれた。

「ムネ、いまはな、元気になることだけ考えろ」

肩へそっと手をやり、また話してくれ、と声をかけて切り上げた。

見舞いにゆく度に、患者がベッドで読む雑誌や本が増えていった。それも精神医学のものばかりである。

患者は順調に回復して、一週間後に大部屋へ移った。

退院が近くなった九月初めの昼休み、欣一郎は病院の中庭に平田をつれだし、ハナミズキの木陰にあるベンチにならんで腰かけた。庭の周囲に配置された花壇は秋の草花に彩られ、噴水が青空にきらきら輝いていた。

花壇のキキョウに目をやりながら、平田がぽそっとこぼした。

「ぼくは、王丸先生を落胆させてしもうた……」

「そんなことあるもんか、先生が一番心配していたぞ」

「ありがたかね。こがん、しょうもなか男やけんど……」

と嘆いて空へ目を上げ、せつなそうにいった。

「弟子にしてくれるかなあ」

欣一郎はまじまじと平田をみつめた。そして声をはずませた。

「王丸先生、喜ばれるぞ。一緒にやろう」

平田はうれしそうにうなずいた。両手を頭の後ろで組み、じっと空をみつめた。それから、張りのある声になり、

「精神医療こそ、ぼくが求めとった一生の仕事や」

と誓い、さらにつづけた。入院してからは、医学書をかたっぱしから読んだ。精神病はもっとも理解しがたい疾患であるが、発病の原因は個体ではなく、国家社会そのものにあると考えるに至り、精神医療こそ自分の使命だと気づいた、という。そうか、もっと詳しく聴かせてくれ、と欣一郎は催促した。するとかれは、つぎのようなことを諄々と話した。

精神病学は、病理学的には大脳皮質の疾患ということになっていたが、もはやこの定義では、今日の精神病の説明はできない。外傷性、拘禁性、心因性の精神病をどうとらえたらよいか、年々精神病者が増加するのはなぜだろうか。遺伝や素質、性格が重要視される内因性精神病患者もここ最近激増している。これらはいずれも環境の変化、すなわち文化の発達、時代の流れの変遷ということを考慮にいれなければ説明不可能である。文明の進歩は多数の神経衰弱患者をつくり、同時に精神病患者を発生させるのだ。日本が近代化される前、精神病者はひどい症状の場合をのぞいて、その大半は村落共同体内で放置または保護されていた。精神病者の数は、治安あるいは社会の発展をおびやかすほどではなかった。しかし明治の近代化以降、精神病者は増加し、大正時代の調査では患者数は十五万人近いと推計されている。そして昭和の今日、患者数はさらに増えつづけている。このことは、われわれが享受している文化の内容に大きな

欠陥があるからである。これまでの精神病学が、あまりにも遺伝、素質、性格を絶対視し、これによって精神病の発現を説明してきたことは大きな誤りである。精神病は個体と環境との適応不能の場合に発生するのである。したがって精神病学の対象は生命機関としての個体ではなく、全人格でなくてはならない。一歩進めていえば、民族でありその環境でありその社会である。現代の精神病学はかくして、われわれがつくる文化文明を対象とするものでなければならず、内科の一分野などではないのである。われわれは、精神病を発生させる社会自体を変革していかなければならないが、自分のように気弱な小心者にはとてもできないことだ。それで自分は、文化文明の犠牲者である精神病患者を治療し社会復帰させる仕事を天職とすることにした——。

いかにも平田らしい論理だった。その中身や動機はともあれ、頭脳明断な親友が王丸教室を志望するのはうれしかった。柔道で苦楽を共にし、今度は精神科医として同じ道を歩むことになる。欣一郎は初秋の空にうかぶ雲へ目をやった。

秋が深まった十一月中旬のことである。

学校の正面玄関の車寄せに、久留米では一台しかないビュイックのタクシーが停まった。秘書がすばやく外へでて、後部座席のドアをいっぱいに開けた。ゆったりした所作で下りてきたのは、着物姿の大柄な女性である。出迎えた王丸教授と学校の理事に笑顔を見せて、「富田千代でございます」とよく響く声で名乗った。

応接室で名刺をとりかわした。客人は女相撲の力士並みの堂々たる恰幅である。王丸は学校から、訪問者は福井では、「雲の上の女傑」と呼ばれる剛腕の病院経営者だと聞かされていた。名刺には、富田病院、財団法人更生会病院、平岡脳病院の三つの病院名がある。富田は順につぎのように紹介した。

富田病院は大正八年に開業し、医師の夫が県内屈指の総合病院へと発展させた。ところが昭和五年、夫は肺炎を患い急死してしまった。福井県は肺結核患者の多いところである。夫は生前から結核患者の療養施設をつくりたいと念願していた。女史はその遺志を実現するために奔走し、富田家一族の私財を投入した上に、知事と代議士にも働きかけて大蔵省から二十万円という大金の融資をうけた。そして福井市に隣接する、吉田郡円山東村の平岡山の麓に広がる田畑二千坪を手に入れた。ここに昭和六年十二月、二百五十床からなる結核療養施設を開設した。これが更生会病院である。

「私たち夫婦にはもう一つ、かなえたい願いがありました」

女史は茶碗に両手をそえて八女茶を飲むと、改まった。

「脳病院のことでしょうか」

と王丸が目で名刺をたしかめて、いった。

「はい、そうでございます。福井県には公立はもとより代用精神病院もありません。実は、私たちの一人息子に障碍がありました。それで夫婦で県外の名のある施設をたくさん見学いたしましたが、施設も待遇も劣悪で信頼できるようなものはありません。それなら、と私たちで納得のゆく脳病院をつくることにしたのです」

「福井の場合、患者さんはどこへ入院されていますか」

「私宅監置（私宅内の施設に軟禁すること）がほとんどでございますが、いくらか余裕のあるご家庭は、京都の岩倉病院へ入院させております」

「岩倉ですか、家庭看護をおこなってきた歴史ある施設ですね。現在では欧米にも負けない先進的な病院です」

王丸が評価すると、女史は大いにうなずき、それから秘書に目で指示した。秘書は平岡脳病院の概要を記した用紙を王丸と理事の前にさしだした。

「病院設置にあたりましては、京都帝大の医学部精神科に指導を仰ぎ、岩倉病院を参考にさせていただきました」

と誇らしげに語り、脳病院の概要を説明した。

昭和七年五月、更生会病院の隣接地に開院。岩倉病院から実績のある精神科医をひきぬいて初代院長とした。看護婦六人、看護員四人、事務員二人の体制でスタートし、このうち看護スタッフ四人は岩倉病院から転勤したベテランである。また、岩倉で療養していた福井の出身者も開院後しばらくして、大半が平岡へ転院した。現在の収容定員は九十八名、満床である。

ひととおり説明すると、女史は用件をきりだした。

「九州帝大のほうへご挨拶にあがりますと、九州医専の王丸教室門下の若くて優秀な精神科医が各地でご活躍だと、ご紹介をうけました。それでぜひ、福井へも派遣していただきたい、とお願いに参った次第でございます」

富田女史は膝に両手をそろえて姿勢をただした。そして、豊かな黒髪で耳隠しをした頭を品よくさげた。

各地で活躍といっても、これまで四人の教室出身者の派遣先はいずれも九州圏内だった。よい話だが北陸の福井はいかにも遠い。思案する王丸の脳裏に欣一郎の顔がうかんだ。教授は自信に満ちた表情になり、教室の者に声かけしてみましょう、と女史に約束した。

翌日、王丸は欣一郎に平岡脳病院の話を伝えた。

「先方は、十二月からといわれるが、年明けからどうだね」

「医局は大丈夫でしょうか」

「まだ卒業前だが、平田君にきてもらう」

「わかりました」

突然のことなので欣一郎は驚いたが、すぐに合点した。福井はまったく見聞のない土地である。持ち前の好奇心が漠とした期待をふくらませた。幅広く臨床の経験を積むのに絶好の場所でもある。それに何よりも岩倉病院から院長が来ているというのは魅力であった。

欣一郎は久留米を去る日をぎりぎりまでのばし、澤木興道老師を招いて行なう尚道会の歳末鍛錬会に参加することにした。老師の講話は千栄寺で季節毎にひらかれていたが、仕事を優先せざるをえず、参加できなかったのが何とも心残りだったからである。

ささやかな送別会がすんだ二日後、歳末鍛錬会がひらかれた。会長の王丸教授をはじめ平田や大川も顔をそろえて、千栄寺の仏間に集まった。熊本からやってきた老師は最初に、「生活は座禅でなければならない」という趣旨の講話をした。いつものことだが、老師の話は具体的である。くしゃみ、咳払い、洗面、挨拶、食事、入浴、排便にいたるまですべてが修養である。修養によって態度と身構えがそなわれば、そこに威徳威光があらわれてくる。地位や肩書ではなく、おのずからにじみだす威徳威光がなければ、何をしてもダメである、と老師は道元禅師の訓えをひもといて語った。

鍛錬会のあと、王丸会長と住職のはからいなのだろう。久留米を去る欣一郎にだけ独参がゆるされた。かれは作法にしたがい老師が待つ部屋で対面した。間近で向かい合うと、興道老師は思った以上に大きくがっしりした体格である。欣一郎は接心の謝意を述べ、年明けに福井へ赴任することを告げると、老師は一言、空はよく澄んでいる。折々に見上げるとよい、といった。

この国に生まれた不幸

欣一郎が生まれ育った北条町は、山と海にかこまれたのどかな農漁村である。背後の大きな山は高縄山という。前の海には瀬戸内の島々が遠く近くに浮かび、大小の船がゆきかっている。

この地は、奈良・平安の時代に「風早《かざはや》」とよばれ、五つの郷からなっていた。伊予の豪族河野氏はこの風早から台頭し、瀬戸内海の要所を支配する水軍へと成長していく。武将の河野通《みち》信《のぶ》は、源平の合戦で功績をあげ、源頼朝から伊予国道後七郡の守護職に任命され、風早郡の河野郷に館《やかた》をかまえた。その後、うつりゆく時代の中、幾ばくかの盛衰をへて、河野一族は勢力を失い、安土桃山時代以降には歴史からすがたを消してしまう。高縄山は河野山とも言い、一族を祀る神社が鎮座し、周囲の山々には山城や砦の跡が数多くのこされている。河野郷の館跡には善応寺《ぜんおうじ》が創建され、河野一族の栄枯の歴史をいまに伝えている。もう遠い昔のことなのだが、風早の村人たちは河野水軍の栄耀栄華に思いをはせ、その末裔《まつえい》であることを秘かな誇りとしているのだった。

風早の村々が一つになり北条町が誕生したのは、明治三十一年である。その十年後の明治四十一年十二月、欣一郎は旧河野村の庄屋渡部家の六男として生まれた。父好五郎と母ユキの間には七人の子がいた。欣一郎は末っ子で、姉一人の七人兄姉である。渡部家は藩から名字帯刀をゆるされた旧家で、善応寺の有力な檀家だった。

福井の脳病院へ赴任することになった欣一郎は、小倉港から旅客船で海を渡り、大晦日の夕まぐれに北条町へ帰ってきた。二年ぶりの帰省である。生家の屋敷は新年を迎える支度をすでに終えていた。長屋門に門松が立ち、玄関には注連縄が飾られていた。出迎えてくれたのは両親と長兄の家族、それに一つ年上でまだ独身の五男順平だった。広間であいさつをすませると、背中が丸くなった母に従い仏間に入った。鉦をうち、母は仏壇にむかい十句観音経を五回唱えた。欣一郎は医師として、年明け早々の三日に福井へ旅立つことをご先祖様に伝えた。

年が明けて昭和九年になった。

元旦は晴れて風もない好日である。

勤め先のある大連へもどるため、明日出発する順平とつれだって、欣一郎は善応寺へ初詣にでかけた。山麓の寺へいたるゆるやかな坂道は、晴れ着すがたの村人たちが列をつくっている。その中にまじって参道の石段をあがった。昼下りの境内は梵鐘を打ち鳴らす音が響き、厄除けの線香が匂い、新春らしいにぎわいである。二人は参拝したあと、どちらが誘うともなく、見晴らしのよいところへ行って佇んだ。眼下には冬枯れした田畑が広がっている。街道の松並木の間から、沿岸にそってつづく漁師の平屋がみえる。春の陽に白くきらめく遠い海をながめながら、兄弟は久しぶりにみる故郷の風景を楽しんでいた。

京都帝国大学で学び朝鮮銀行に勤めている順平は、少年の頃から文武ともに優秀でよく勉強もした。村のガキ大将になって遊んでばかりの弟とは好対照だったが、いまでも一番気の合う兄弟である。

順平がその弟へ視線をうつして、意外そうにいった。

「欣ぼは、軍人さんが向いとると思とった」

「いや、軍人は、性に合わん」

すぐ、吐き捨てるように欣一郎が応えた。

浪人していた弟へ、海軍か陸軍の士官学校への進学を熱心に勧めたのは順平だった。弟は気が強く、小柄だが俊敏で体は頑強である。

一呼吸おいて、順平が訊ねた。

「それで……、福井の病院へ行くのか」

「ほうよ、市内から近いとこにある脳病院」

「脳病院？　それって、癲狂院《てんきょういん》か」

と兄は心外な表情になった。精神病が脳の病であるという理解が、世間一般に受け入れられる以前は、それは明治から大正時代にかけてのことだが、狂疾や乱心の者を入院させて治療する施設は癲狂院とよばれていた。

「兄さん、いまは癲狂とは言わん、脳の病気じゃけん」

兄の端正な横顔へ目をやり、欣一郎は少し語気を強めた。

順平は背後に人の気配がなくなると、

「父さんや母さんは、お前が内科医になったと思うとるけん、脳病院いうたら、どう思うじゃろうな」

と気をもんだ。

「誤解したらいけん。精神科医は医者の中の医者じゃ」

欣一郎が大きな目を見開いて正すと、それはどういうことか、と兄が問い返してきた。弟は要点をいった。

「内科や外科の対象は身体の一部分だが、精神科医は人間そのものが対象だ。一人の人間を深く広く総合的に診断せんといけん」

なるほど、と兄はうなずき、考えをまとめた。

「人間の本質が精神である、というのはまったくその通りだ。その精神も肉体と同じように病むし、傷もつく。だから精神科医が脳病院で医学的な治療をする。俺にもそれくらいのことなら分かる」

兄はいったん話すのをやめて、田畑の中にこんもりと繁る鎮守の森へ視線をむけた。それから諭すようにいった。

「でもなあ欣ぼ、いまは狐憑きや犬神憑きだ、などとはさすがにいわなくなったが、世間では脳病院というと、まだまだ癲狂院と同じじゃと思っているのが大半だろうな。そやから福井へ発つ前、父さんや母さんに脳病院や精神科医のことをあらまし話しておくほうがええ」

「うん、それは兄さんのいうとおりじゃ、ちゃんと話す」

欣一郎も、兄と同じほうへ目をうつしながら応えていた。

日本ではじめて政府が認めた精神病の施設は、明治八年にできた京都府癲狂院である。その後、時を経ずして東京の小石川に私立加藤瘋癲《ふうてん》病院、上野に東京府癲狂院がつくられたが、精神病への科学的な知見がまったくない時代であったから、これらの施設は病者をなおすというより、しばったり閉じ込めたりして自由をうばい、逃げだすことを防ぐのがねらいであった。そして施設と縁のない大半の病者は、家族や親せきがなるべく外へ出さないようにして、自宅で世話をしていた。明治三十三年に精神病者監護法が制定されるものの、この法律は精神病者を施設や自宅に軟禁し、社会から隔離してしまうことを容認し合法化することに主眼がおかれていた。治療して社会復帰させよう、という趣旨ではなかったのである。病者の救護を目的とする精神病院法ができたのは大正八年のことである。都道府県が精神病院を設置できるとする法律ではあるが予算がなく、私立病院を代用病院とすることが多かった。この頃のある調査では、官公立と私立を合わせて、全国の精神病室は約五千床、治療を要する精神病患者は約十四万人であった。病床の不足がつづく中、欣一郎が福井へ赴任する昭和九年頃は、精神病患者は約二十五万人と推定されていた。この内、自宅で世話を受けているいわゆる私宅監置の病者は、警察に届け出があった数だけでも七千二百人、法律により病院に収容されている者は約一万人となっており、大半は劣悪な状況下での家族による保護か、あるいは放置され、流浪している者も少なくなかったのである。

翌日、欣一郎は北条駅まででかけて、旅立つ兄を見送った。順平は下関から船で対馬海峡を渡って釜山へ行き、そこからは朝鮮半島を列車で北上し、奉天で乗り換えて大連へ帰る長旅である。

この日の夕食のあとだった。

話しておきたいことがあると父に告げると、そんなら洋間で待っといてくれ、といわれた。屋敷にひとつあるこの洋間は、日露戦争後に近在の素封家の誘いをうけた好五郎が、地元に設立された風早銀行に出資し、役員になったときにつくった応接室だった。たいして利用することもないうちに、第一次世界大戦後の不況のあおりで経営が苦しくなり、風早銀行は松山の大手銀行に吸収されてしまった。ユキはもともと好五郎が銀行などに金を使うことには大いに反対で、「金とばばは、貯まれば溜まるほど臭うなる、汚いもんよな、もし」というのが口ぐせであった。汚い金から縁が切れて、これでええ仏縁ができらい、とユキは風早銀行がなくなったことを喜んだ。以後、洋間はちょっとした密談の場になっていた。

暖炉の薪に火をつけて待っていると、両親が入ってきた。母は番茶を淹れた湯呑をテーブルにおいた。ソファにどっかり腰をおちつけた好五郎は、丹前の袖からダンヒルのパイプタバコをとりだして、ながめたり、なでたりしはじめた。役員時代に身に着けた習慣で、パイプはたくさん持っているが、たばこは喫わない。

ユキが咳払いをした。好五郎の手の動きがとまった。

「そんなら、聴こうかいな」

好五郎は酔眼を息子の方へむけ、ユキは背を伸ばした。

欣一郎は精神医療のあらましを話した。今日では大学医学部に脳神経科があり、臨床とあわせて科学的な研究が進められている。公立の病院と医学部附属病院、それに私立病院で精神病の治療をおこなっているところは全国で二百か所近くにもなっている。昔からある社寺での祈禱や呪術、あるいは温泉療養をするよりも、こうした医療機関で治療をすれば病状はよくなり、社会復帰にもつながる。自分が赴任する福井の脳病院での仕事は、とかくやっかい者扱いされてきた病者を治療し、家族や職場や地域社会へ帰すことなのだ。

じっと聴いていた好五郎はパイプを袖にしまうといった。

「そういや欣一郎、脳病院は松山にもあらいな」

「はい、二年前、吉田浜の海辺にできています」

「やっぱし、病院のほうがええんかの」

と、好五郎は暗に私宅監置をひきあいにした。ユキは湯呑をおいて、頼もしそうに欣一郎へ目をむける。風早の郷にも、家のなかに檻をつくって、娘を介護している小作人の家族がいて、ユキはなにかと相談にのっていた。

「医学はどんどん進歩しています。病院がええに決まっています」

欣一郎は医者の顔になって応えた。

「そやけど代々の遺伝や、と思とる者もおるが……」

「育ちや環境、それに社会のせいだという声もあります。遺伝は原因のひとつですが、いまは脳が注目されていますよ。しかし脳そのものがまだ何も解明されていません。これからきっと、いろいろなことが分かってくると思います」

と、欣一郎は力をこめて話した。心配は杞憂で、自分が選んだ仕事を両親が理解し納得してくれているのが嬉しかった。かれは精神科医ならだれもが敬服している呉秀三《くれしゅうぞう》のこともかいつまんで紹介した。

呉秀三は日本の近代精神医学や治療の創設者で、精神医学の父と呼ばれている精神科医である。東京帝大教授だった呉は、明治三十四年十月にドイツ留学から帰国し、東京府巣鴨病院（現在の松沢病院）の院長を兼任すると、ただちに患者の身体を拘束している器具を撤廃するなど処遇の改善を大胆に実施した。さらに私宅監置の全国調査を行ない、精神病者がおかれている悲惨な実情を明らかにして、十分な治療を施すため官公立の精神病院の設置を国へ請願した。呉は二年前の昭和七年三月、六十七歳で亡くなっていた。

呉秀三のことを想うと、欣一郎は胸が熱くなる。座右の銘にしている呉秀三博士の名言を両親の前で暗唱した。

「わが国の十何万の精神病者は、実にこの病を受けた不幸の他に、この国に生まれた不幸を重ねるものというべし、という言葉を博士はのこされています」

「ふーむ、この国に生まれた不幸とはのう……」

好五郎はかみしめるように言い、眉宇をせばめてユキをみた。

「家の者が隠してしまう、そりゃつらいわな」

とユキは家長にいい、目を息子にむけた。

「隠さんでええ世の中にしていかにゃなるまいな」

「精神病者には何の責任もありません。閉じ込められ、苦しんでいます。自分は患者がおれば、どこへでも行くつもりです」

と欣一郎は力んだ。

好五郎は湯呑の茶を飲みほすと諌めた。

「ええ人ばかりじゃないけん、純粋な気持ちだけでは世間は渡れん。あっちへ行っても喧嘩だけはせんように」

「はい、どんなところか、いまから楽しみです」

と、欣一郎は期待を口にした。

目を細めたユキは、観音経の訓えをひもとくようにいった。

「ちんまいときから、欣一郎はまがったことが嫌いな子やった。こげん立派になって、人様の苦しみを救うため、遠い福井にまで行く、これぞ観音様のみこころというものよな、もし」

好五郎も満足げにうなずいていた。

脳病院の実態

琵琶湖を過ぎたあたりから、車窓は雪景色にかわった。かんと晴れた空へ目をやり、思う以上に福井は寒いところのようだ、と欣一郎は汽車にゆられながら身構えていた。

昼下りに福井駅のホームに下りたった。混みあう改札口をぬけて、周りに目をくばっているとすぐ背後から、「渡部しぇんしぇ！」となまりのある声をかけられた。声の主は近づいてきて、「年初めで院長はいそがしゅうございましてな、かわって波多野がお迎えにまいりました」とくぐもった声でいった。脳病院の事務長である。昨年の暮れから、事務長とは連絡をとりあっていた。布団や衣類など久留米で使っていたものは、そのままそっくり病院が世話をした下宿へチッキで送ったので届いているはずである。

先に下宿へ行きましょう、と波多野が申し出た。あとについて駅前の広場へでた。広場の周辺と建物の陰に雪がのこっているが、雪景色というほどのことはない。波多野に訊くと、こんなもんではありましぇん、これからですが、とちょっと声を強め、タクシーの方へ手をあげた。数分も走らないうちに下宿先に着いた。道路の中ほどに立ち、このお餅屋さんです、と波多野は屋号の書かれた看板へ目を上げた。まだ松の内なので、正月飾りをした店は硬く戸を閉めていた。一本道の道路の両側には、軒の深い商店と鈍い鼠色の屋根瓦をふいた民家がならんでいた。

「ここは松本通り、商店街ちゅうより通勤路です」

「ああ、そうですか……。ふだんはにぎやかだ」

欣一郎は人気が妙に少ない通りを見通した。

「正月休みですでな、八日の月曜日が仕事始めです」

波多野は周辺へ目をやりながら、交通事情をかいつまんで説明した。

この餅屋から東へ五分も歩くと福井口という駅がある。そこは永平寺方面から来る越前電気鉄道（通称・えちぜん鉄道）と、東尋坊の手前の三国を出発する三国芦原電鉄が乗り入れている。官公庁や会社がある町の中心へ通う勤め人の多くはこの福井口で降り、松本通りを歩いて職場へ向かう。いっぽう、町中から郊外の繊維工場などへ通う者は、始発の福井駅を利用するか、あるいは歩いて福井口まで行き、そこから電車に乗る者も多い。福井中学や女学校へ通う生徒の通学路でもあるから、月曜日からは活気がもどってくるという。

「それにしても、お店が少ないな」

「昔からの繁華街は、お堀の西のほうです。ここはもともと住宅地ですでな、ほれでもちょっこしした物なら、このすぐ近くに小間物屋がありますで、ほこにたいていものはあります」

波多野は方言まじりで話すと、欣一郎を伴って餅屋の横の小道へ入った。店舗裏は和風の住居とつながっている。波多野が玄関から奥へ声をかけると、間を置かず家主の夫婦があらわれた。あいさつを交わしたあと、さっそく下宿する離れへ案内してもらった。六畳と四畳半の二部屋あり、六畳に置炬燵と箪笥、四畳半には欣一郎が送った荷物が届いていた。おおよそのことを確認すると、表の道路にもどり、待たせていたタクシーで脳病院へ向かった。

福井口を右へ折れると風景が一変した。茅色にくすむ田畑が一面に広がり、左手の奥に黒い森がある。クルマは田畑の中をゆるゆると走り、その森をぬけた。すると右手に結核療養所である更生会病院があらわれた。そして左の農園のリンゴ畑の上には、平岡脳病院の白っぽい外壁がみえていた。

欣一郎はクルマからでて、あたりをみわたした。

筋雲のすき間からふりそそぐ明るい日差しに、療養所や農園がつつまれている。寒気は強いが、澄んで目にやさしい風景である。

「春がくると、まわりは花と新緑でまさに桃源郷です」

「桃源郷ですか、それは楽しみだ」

「なにしろ採算を度外視してつくった施設ですでな、よそとはまるでちがう。院主の経営方針は何事も患者優先ですから」

と事務長は胸を張った。かれがいう院主とは、精神病院の経営者のことである。開院当初、平岡脳病院は富裕層の家庭の患者を対象としていたので私費患者の割合が多く在院期間も短かった。ここ最近、公費患者は増加傾向にあるが、公費収容は病院の使命です、と事務長は胸を張ってみせた。欣一郎は、「公費収容」という表現にひっかかりを感じたが、王丸教授が富田千代のことを、「肝っ玉のすわった女傑だ」と評していたことを思い浮かべ、やる気がわきあがるのを覚えた。

赤い実がなるリンゴ畑の横を通り、畑の中の小道を歩いて行くと、コロニー風のしゃれた建物にゆきあたった。門の右には「平岡脳病院」、そして左に「福井縣代用精神病院」と人の高さほどの門札がとりつけられていた。

玄関で日勤の看護婦、看護員、それに事務員一人のあわせて七人のスタッフに迎えられて病院の中に入った。事務室で最初に波多野から、病院の施設と入院者の現況について説明をうけた。収容定員九十八名で現在の入院者は百三名、ここ一年間の入退院者数はともに二百名前後で、入院者数のほうが若干上回っている。病室は中廊下の南北に男子用が八室、女子用の別棟に四室あり全部で十二、それと保護室が八室。スタッフは医療・看護関係者と給食員、清掃員、作業員もいれて二十一名。正月なので患者の三割ほどは自宅に帰っていた。スタッフも半分は休んでいる。副院長は隣接の更生会病院の医師が兼務していて今日は当直になっている。そして院長の杉原の出勤は月曜日からだという。九医専の王丸医局とはまるでちがい、正月とはいえ、勤務状況はずいぶんゆるくのんびりしたものである。つづいて看護科長兼病棟主任の野見山が、木造平屋建ての病棟内を案内してくれた。十二の病室はすべて和室の八畳だった。一部屋に十名のときもあるが基準は八名、年末年始は帰宅している患者も多数いるので病棟内はふだんよりもずっと静かだ、と野見山はいった。中廊下に面した出入口は板張りの引戸で、目の高さに、のぞき窓がつけてある。野見山はそこから一部屋ごとに室内へ目を走らせていたが、ふと気づいたように、

「しぇんしぇー、みてみるか」

と狐目の厚ぼったい顔を新任の医師へむけた。でっぷりして背丈があり、腕っぷしも強そうである。

「戸を開けてくれますか」

「開けんでも先生、窓からみえるが」

「いや、患者さんみんなの様子がみたい」

「ほうですか、それなら」

野見山は面倒そうに引戸をひいた。

丸い手あぶり火鉢のまわりにいる着ぶくれした患者たちが、気だるそうな目を病棟主任へむけ、それから初対面の医師へ視線をうつしたが、なにも言わず火鉢のほうへ目をもどした。窓の鉄格子が外の情景を寒々とさせている。四隅には布団にもぐったままの者もいる。

「新しいしぇんしぇーじゃ、よろしゅうな」

野見山がみんなに声をかけると、患者のひとりがゆっくりと面《おもて》をあげ、にーっと笑った。

先に女子用の病室をみたあと、看護員詰所のそばの中廊下を仕切る扉を開けて保護室のある閉鎖病棟にはいった。各部屋の鉄製の引戸には鍵がかかっている。のぞき窓は小さく、引戸が床に接する箇所に食事を差し入れるための開口部がある。窓をのぞくと糞尿の異臭が鼻をついた。保護室だから当然一人だろうと思っていたら、どの部屋も二人から五人の患者が薄暗い室内にいた。身体をゆすったり、歩き回ったり、ぶつぶつひとり言をいっている者はいたが、たいていは寝ているか、うずくまっている。のぞき窓に顔を近づけてしばらく観察したが、こちらに寄ってくる者はいなかった。暴れる者もいないらしい。

「ここはまた、変に静かだ」

「安静にさせとかないといけましぇん」

「一部屋に二人も三人もだと、看護は大変でしょう」

「いえ、どうってことありましぇん」

と、野見山は病室のほうへ顎をしゃくっていった。

「長い患者もおられるようだ」

「ほとんど一年以上、引き取る者がおりましぇん」

「なるほど、そういうことか……」

欣一郎は事情を察して黙りこんだ。

保護室は本来、不安、恐怖、幻覚、妄想にかられ暴力や自傷行為のおそれがある患者の保護と治療ための隔離室である。一室に一人が原則で、医療と看護に細心の注意と労力がそそがれる。王丸医局では、急性期の患者だけに限って保護室を使用し、長い場合でも一週間をこえると、一般病棟へ移していた。精神医療先進国の欧米では、一日から長くても一週間をこえて保護室へいれておくことはない、と欣一郎は王丸教授から教わっている。

喉元をしめつけるような沈黙が支配している閉鎖病棟をでて、欣一郎は事務室へもどった。どうでしたか、と波多野が気をもんだ。建物が新しいのは気持ちがよい、とだけ応え、保護室のことは口にしなかった。タクシーを呼びましょうか、といわれたが、ゆっくり歩いても三十分あれば下宿へ戻れそうなので断った。

月曜日、初出勤の朝がきた。

松本通りは、厚着をした勤め人と生徒や学生が途切れなく歩いていた。福井口駅のほうへ少しゆくと、欣一郎は中折れ帽のつばに手をあて、小間物屋の店先で空をあおいだ。雪になりそうである。店内に足を向けた。店先に恰幅のよい和服の男がいた。あいさつを交わすと、「平岡山の病院に来られた渡部先生ですね、手前はここで小間物屋をしております山本紀瀬太郎と申します。よろしくお願いいします」と名乗り、丁重にお辞儀をした。はや自分のことを知っているのに驚き、欣一郎はしげしげと店主の実直そうな顔をみつめた。すると、「餅屋さんから先生のこと、お聞きしております」と応え、「何か入り用のものがございましたら」と如才がない。防寒用に手袋を買うつもりだった。目をやると、化粧品から草履や靴、それに文具や台所用品などの雑貨がならび、番頭と女店員が客の相手をしていた。手袋はありますか、と訊くと、案内してくれたのは上等な皮手袋が陳列してある棚だった。ちらっと目をはしらせただけで、欣一郎は軍手が欲しい、と求めるものをいった。店主はひとなつっこい表情を変えることなく、横の箱から純綿のものを一双ぬきだした。

「これはぬくいですよ」

とすすめる。軍手をして表へでると、欣一郎はどんよりした空へ目をやり、見送りにでた店主へそれとなく訊いた。

「この空、やっぱり雪ですかね」

「たぶん、今日は大丈夫でしょう。でも、こちらでは降ると大雪になりますからね、長靴を用意しておかないといけません」

紀瀬太郎は客がはいている革靴へ目をやり、やんわりといった。

福井口から脳病院まで、田舎道を歩いて十分ほどである。

山本商店の前を通り、病院と下宿を往復する日々が始まった。行きがけに店主へ必要なものを注文しておくと、何でも下宿に届けてくれた。病院は診察や治療の通常の仕事にくわえて週に二回の当直があったが、九医専での数々の臨床経験が役に立ち、勤務は思惑よりもずっと楽である。二週間もすぎると、一般病棟の患者のことは一通り頭にはいった。それとともに、保護室の患者が気にかかるようになってきた。カルテを調べ、薬漬けになっているのではないか、という疑問が頭をもたげた。欣一郎は杉原院長に尋ねる頃合いをさぐった。

杉原は腰の低い五十年配の医師で、何をいっても訊いても「なるほど」とうなずき、ふんふんと合点はするが、行動にはうつさず、また自分の考えをいわない院長だった。スタッフは、「なるほどさん」と陰で呼んでいる。無理なことは要求されないので働きやすい職場であるが、自己研鑽の目的もあって赴任してきた欣一郎は物足りなさを感じ始めていた。

本格的な寒波がきて、じっとしていると手足がしびれるほど寒い日の夕刻である。人気のない医局で杉原がダルマストーブにあたり、帰宅する前の暖を取っていた。昼中に院長の指導の下で持続睡眠療法の施術をした患者の容態観察をすませた欣一郎は、医局へもどってくるとストーブの前に腰をおろした。

「今夜は冷えますよ、ご苦労様です」

親子ほど年がはなれている院長は帰り支度の手をとめて、当直する新任医師をねぎらった。欣一郎はストーブから目をあげた。王丸教授から、岩倉病院の優秀な精神科医が平岡脳病院の院長だ、との情報を携えて欣一郎は福井に来ている。

「京都も、冬は寒いでしょうね」

と、かれは杉原院長の前歴に話をあわせた。

「京都ですか、どうでしょうな……」

杉原はやんわり語尾をにごし、おだやかな表情で、

「この病院創設時の院長は京都からでしたが、一年ほどで岩倉病院へお帰りになりました。そのあとが私です。私は金沢医大ですから同じ北陸です。冬の寒さには慣れていますよ」

と、改めて自己紹介のようなことを口にした。

欣一郎は少々驚いたが、顔にはださず、

「金沢医大というと、前身は官立の金沢医専ですね」

と、さりげなく話をつないだ。岩倉病院だと思い込んでいたことはまったくうかつであったが、一緒に働く上司として、杉原が経験豊かで、高い見識をもつ精神科医であることにはちがいなかった。

欣一郎は保護室のことを尋ねてみた。

八室もあるのに、どの部屋も本来の役割を果たしていないようだし、収容している期間も長すぎて、患者が治療から見放されているような気がしてならない——。

「なるほど、渡部先生そのとおりです」

意外にも、老医師はあっさり同意した。

「保護の必要な患者がでたら、どうしますか」

「それはもちろん、保護ですよ」

「保護室はみんなうまっています」

「場合に応じて保護室を空けますから、問題はありません」

「いまいる患者は、保護室でなくともよいということですか？」

「それは、あなたもとっくにお気づきでしょう」

院長はいわずもがなの表情である。

欣一郎は頬を上気させせながらいった。

「一般病棟へ移さないのですか」

「一般病棟のみなさんは、家族や親族がいます。退院が入院生活の目標です。ところが患者のなかには身内がなく、退院しても行き場のない患者もいる。保護室の患者の半分はそうです。治療というよりもまさに社会的な保護ですな。それが脳病院の実情です」

院長は仕方なさそうにいう。

欣一郎はたかぶる気持ちを抑えながらいった。

「収容しているだけなら、病院とはいえません」

「脳病院が引き受けないと、行き場がありませんからな」

「病棟を増設し、ちゃんとした治療をすべきです」

「なるほど、しかし正論だけではいけませんよ。いろいろな背景や事情がありますからな」

というと、院長はそくさと立ち上がった、
翌日、釈然としない欣一郎は事務長から話を聴いた。

岩倉病院からやってきた前の院長と看護婦四人は、とっくに京都へ帰っていた。設立当初、

身内のない患者の食費も治療費もすべて病院が負担していたが、今は県から補助がでる公費患者である、と波多野は内情を明かし、

「渡部先生、いつまでも慈善事業では経営がもちましぇんがな」

と世間知らずの若い医師を諭すようにいった。

この日の夕刻から綿雪がふりはじめた。

一晩明けた翌朝、市内は静かな雪の世界を迎えていた。

食堂へ顔をだすと、今日は長靴がないと歩けんで、古いのでよかったらお使いね、とおかみさんが気をきかしてくれた。表は腰上までの積雪である。大雪で職場も学校も休みなのだろうか、人通りはまばらで、商店主や住民たちがあちこちで除雪作業をしている。欣一郎はぼこぼこ雪面をふみながら、借りた長靴で山本商店まで歩いた。

店の前では、紀瀬太郎と番頭が雪を水路へ運び、道を広げている。欣一郎に気づいた紀瀬太郎がすぐに手をとめた。長靴が欲しいと伝えると、かれは待っていました、とばかりに店の奥へ声をかけた。すると紀瀬太郎の女房が新品の長靴をささげもち、いそいそとやってきた。母親の背中に隠れるように、制服すがたの子女もいる。紀瀬太郎は順序よく、女房の千代乃、福井中学四年生の長男俊夫、そして福井女学校二年生の長女芳子を欣一郎に紹介した。みんな色白ですっきりした顔立ちである。とりわけ真っ白なブラウスに紺色のジャンパースカート姿の芳子に欣一郎は目を奪われた。腰には校章をデザインしたえんじ色のバンドを通している。こ

れくらいの雪なら、中学と女学校は雪道ができると通えるで、この二人は制服を着て待っているのです、と千代乃が朗らかな声でいった。兄妹は母親の横から顔をのぞかせ、目を輝かせながら若い医者をみつめていた。

紀瀬太郎が用意していた長靴は足にぴったりだった。

「餅屋さんへお返ししときます」

「それはありがたい。助かります」

借りた長靴をおいて椅子から立ち上がり、行こうとすると、

「先生、こんな時に何ですが……」

と、紀瀬太郎が遠慮がちに声をのばし、手をもみながら、俊夫の家庭教師をお願いできないでしょうか、と頼みごとをした。傍で千代乃が、あなたもお願いしなさいと長男をうながした。

俊夫は一歩前へでると、若い医師へはきはきといった。

「数学が難しゅうて、困っています」

「数学か、受験でいるんだ」

「はい、師範を目指しています」

「そうか、お役に立てるかどうか、少しみてみるか」

「はい、お願いします」

俊夫がおじぎをすると、両親も妹もそろって頭を下げた。

病院の帰り、家庭教師をひきうけた欣一郎は山本家で夕食をご馳走になった。越前ガニの鍋料理である。台所で千代乃がお燗をつけ、着物にたすきがけした芳子がお盆に徳利をのせて客間へ運んできた。手伝い慣れているらしく、万事にきびきびしていて所作が美しかった。座卓にならべられた食器は、水瓶から小鉢、飯椀、湯呑椀、小皿、徳利、盃、それに箸置きまですべて渋い赤褐色の越前焼にそろえてあった。それらの器を手にすると、二の腕まで袖口をまくった芳子の肌は白くつややかに映え、まだあどけなさのある容色が色香に匂うようである。酒はつよくはないのだが、欣一郎は紀瀬太郎とほどよく盃をかわし、永平寺の近くの山村で育ち、大阪の船場の卸問屋で丁稚奉公をしていたという紀瀬太郎の苦労話に耳をかたむけた。福井へ帰り、人に恵まれ先代から小間物屋をゆずりうけたのだという。心地よく酔い、郷土料理でもてなしをうけたあと、俊夫が数学の教科書をもってきた。欣一郎は内容をたしかめ、何度もうなずいた。

紀瀬太郎がためらいがちにいった。

「どうでしょう先生、週に一度ぐらいで」

「曜日を決めるのは無理ですが、勤務が空いている日なら」

「ありがとうございます。ご負担おかけしますが、どうかよろしくお願いします」

紀瀬太郎は膝をそろえて丁重に礼をいった。

こうしたいきさつで思いもかけず、欣一郎は家庭教師をすることになった。家族と一緒に食卓をかこむ日もあった。芳子の下には弟と妹がおり、紀瀬太郎夫婦は四人の子持ちである。そろってみんなで食事をするときは、芳子は下の弟妹の世話を実にこまめにするのだった。彼女が食卓につくと、まわりが明るくにぎやかになる。欣一郎は山本家へ行くのが楽しみになった。

俊夫の部屋で数学をみていると、いつも頃合いをみはからって、芳子が番茶と水ようかんをもってきてくれる。欣一郎は廊下に芳子の気配を感じるだけで緊張した。ひとまわりも年下だというのに、いったいどういうことだろう。下宿でも病院でも、ふっと芳子のすがたが脳裏をよぎった。それはジャンパースカートの制服で学生鞄を手に通学する様子だったり、たすきがけをした着物の袖口からのぞく二の腕だったりした。欣一郎は彼女が特別な存在になりはじめていることに、夢見るような気分のなかで気づいていた。

足羽山公園と白山連峰

月がかわって三月になった。

春といっても、福井の三月は寒い。松本通りにはとりのぞかれた雪が山をつくってならんでいた。脳病院がある平岡山の麓の雪原はあぜ道や土手の雪がとけて、黒っぽい土が見え隠れしている。

その日、保護室にいる四十代の患者が看護員につれられて診察室へきた。夜半から熱がでて、下がらないという。肌着をぬがせ、上半身へ聴診器をあてようとして、「うん？」と欣一郎は声をもらした。右わき下から胸部へかけて赤黒い痣がある。看護員が横から視線を走らせ、「ぶつけたんやろ」と患者へたしかめた。かれはうなずき、しんどそうに背中を丸めた。欣一郎は患者へ上体を起こすように言い、痣の具合を診察した。かなり以前に打撲でできたもののようだ。原因をあえて聴かず、カルテに胸部の図を書いて痣の位置を記した。それから喉を診て、胸と背中に聴診器をあて、感冒の薬を処方するように看護員へ命じた。

医局で院長へこの件を報告した。

「どこかにぶつけたのでしょう」

と、杉原は当たりさわりなく応えた。

欣一郎は合点がいかない。

「顔や手足なら、患者同士の喧嘩や幻聴による暴行だと判断できますが、胸の痣は初めてです」

急性期では、殴れ、倒せ、捕まえろ、といった幻聴にかられ、まわりの者に突然、暴力をふるう患者がいる。それで幻聴が消えない間、興奮がやむまで保護室に収容する。また一般病棟の患者でも不意に幻聴がおこって暴行をはたらき、喧嘩沙汰になることはままあった。この場合、被害者は目のまわりや口元に打撲を負うか、手足を噛みつかれることが大半である。胸元に痣ができるのはまれである。

「出窓の縁に接触してできたんでしょう」

杉原は他人事のように言い、背を向けて机上の書類へ目を落とした。出窓は奥が深く、窓ガラスに手が届かないように鉄格子で仕切られている。格子をつかみ揺する患者はいる。

一目みたときから暴行による痣ではないか、という疑念が晴れない欣一郎はかさねて訊いた。

「院長は、胸に痣のある患者を診られたことありますか」

「ありません、胸はない」

杉原は背をむけたまま、面倒そうに応えた。

「一般病棟の患者はどうでしょう?」

と、欣一郎はなおもこだわった。

杉原はふりかえった。細い眼が少しつりあがっている。

「渡部先生、何かお疑いですか」

「原因をはっきりさせたいと、ただそれだけです」

「なるほど、この際いっておきますがね、平岡脳病院ほど患者思いの病院はありません。職員はみんな同じ思いです。先生の評判、大変よいですよ。患者から信頼され頼りにされている。私もよい方が来てくださった、と喜んでいます。一緒にやりましょう」

と、杉原は話をそらして目元をやわらげ、再び机に向かった。

日差しが長くなるにつれ、脳病院の農園は日ごとに彩りが豊かになり、春らしい景観に変わっていく。ウメ、ツバキ、カワズザクラがつぎつぎに花をつけはじめると、一般病棟の患者たちが農場へでて、春まきの大根やキャベツを植える畝づくりにいそしんだ。菜の花が風にゆれ、モモの花の咲き誇る小道にはフクジュソウが可憐なすがたをみせている。もうしばらくすればサクラも咲き、やがてリンゴ園も開花の季節を迎える。事務長がいう桃源郷の幕開けである。たしかにここの環境は、療養所として申し分のないところだ、と欣一郎は感心した。この頃、午後の休みに農園のなかを散歩していると、はずれにある豚舎や鶏舎のまわりで、患者たちへ指示をだす野見山をよくみかけるようになっていた。

明日から学校は新学期だという日曜日である。

欣一郎は紀瀬太郎にさそわれ、家族みんなとつれだって足羽山《あすわやま》公園へ花見にでかけた。足羽山は市内の西部に位置する標高百十メートル余りのなだらかな丘陵で、すそ野を蛇行する足羽川の河岸の桜並木とならぶ景勝地である。桜だけでなく、山上の公園からの四季折々の眺望は市民の自慢でもある。せっかく福井へやってきたのに、どこにもでかけない若い医師を紀瀬太郎がさそったのは、公園からの眺望を楽しんでもらいたいと思っていたからだった。

天気にめぐまれて、北陸の青い空は光にあふれ、野も山も桜が満開だった。川岸も公園も花見客であふれている。桜並木をそぞろに歩いたあと、一行はそれぞれ手荷物をもち、俊夫が先になってなだらかな坂道をゆっくり上がった。母の千代乃と芳子は下の弟妹が人込みにまぎれないように後ろから登ってきた。公園の桜の下にござをひき、車座になって重箱を開けた。まるで正月のおせちのように、たくさんの料理がつめられていて、目を丸くしている欣一郎に千代乃と芳子がそれぞれの料理のコツを話しながら小皿に盛ってくれる。そこへ花びらがひらひらと舞いおり、花見ならではの風趣をかもしだしていた。欣一郎は家族と団らんし、紀瀬太郎と酒をくみかわした。

酒宴がすむと、紀瀬太郎は欣一郎を見晴らし台へ案内した。

「ほら先生、まっすぐ北へ線路が走っているでしょう、ここからは見えましぇんが、あの線路の終点が三国、ほの先が東尋坊です」

紀瀬太郎はまっすぐに伸ばした手を北の方角へむけた。

視界をさまたげるものはなく、実に広々としたながめが眼下に広がっている。欣一郎は市街地のほうに視線をもどした。

「福井中学はみえますか」

「ええ、あそこの福井口駅から西へ伸びる線路が北へ曲がるかど、そこからちょっこし東です。まわりは田んぼ、運動場が広いで、すぐわかります」

紀瀬太郎は自慢の息子が通う福井中学校を指さした。目を凝らすと田畑のなかに運動場と瓦屋根の建物がみえた。

「ほれと先生、師範はすぐそこです」

と、足下をのぞきこむようにいう。手前の足羽川がくの字に曲がるところに林にかこまれた木造の校舎が建っていた。

欣一郎はその校舎をみさだめると、平野の奥に青黒い山容をつらねる山並みへ目をうつした。その峰々のかなたに雪をかぶった白山連峰が峻厳とそびえている。

欣一郎と同じ方向をみつめながら、やっぱ足羽山からの白山が一番です、と紀瀬太郎は大仰に感嘆してみせ、永平寺はあのあたりです、と青黒い山のふもとを示した。そして、お寺の向こうの山里に生家があるで、お盆前には墓石をみがきにでかけています、といった。

欣一郎はかさなりあう稜線の谷間へ目をやり、興道老師のことを想った。永平寺の甍《いらか》の上の空をみつめてみたい。

「越前本線で小一時間、ぜひ一度参拝なさるとよいです」

「はい、いまからたのしみにしています」

欣一郎が応ずると、すぐ背後で声があがった。

「先生、ずっと福井にいてください」

と俊夫がすなおに感情をぶつけてきた。

兄の傍で芳子はしぼりだすように、

「四国にお帰りたら、もうみんな……」

と声をつまらせ、兄の背中にそっと隠れた。

気づかなかったが、兄妹は見晴らし台へやってきて、父と家庭教師のやりとりを聞いていたのだった。

「まだ来たばかりです。帰るなんて、とんでもない」

欣一郎は兄妹の心配を強くうちけした。それから前方の景色へ視線をうつし、脳病院をさがした。すぐに紀瀬太郎が察して、福井口駅のすぐ近く、平岡山のふもとの森のなかです、と教えてくれた。

「先生、あたしの女学校、あそこです」

と芳子が口の中で小さく叫んだ。彼女は医師と同じ方向へ視線をそろえ、病院の森にそってみえる卵の形の広場が競馬場で、その入場門と同じ並びに女学校が建っている、と説明した。その校舎を目にして欣一郎がうなずくと、赤レンガを積んだ門柱と玄関の腰折れ屋根が女学校らしくて、あたしとってても気に入っています、と楽しそうである。横で聞いていた俊夫が、競馬場といえばここから陸上競技場はみえるかなあ、とつぶやきながら、見晴らし台の手すりから上体を乗り出した。西の方へ顔を向け、やっぱしここからやとみえん、と上体をおこして向き直り、やにわに宣言した。

「先生、五月に陸上競技場で妹が走ります」

「走るって、女学校の運動会?」

「若越《じゃくえつ》大会です。こいつ、五十メートルで県の記録をもっています」

俊夫は得意そうである。芳子は、やだあお兄さん、と手をふって照れている。若越は若狭国と越前国に由来する福井県の別称である。

欣一郎は制服すがたの芳子をあらためてみつめた。彼女はうつむくと、スカートの箱ひだへ手を伸ばした。

「福井で一番速い女学生だ」

欣一郎は感心した。紀瀬太郎は満面の笑みでうなずいている。

「よかったら先生、応援に来とくんね、学校代表ですで、女学校からもようけ応援に来ます」

と方言まじりに俊夫がいった。

若越大会が開催されたのは、五月中旬の日曜日だった。

欣一郎は当直を終えると、病院から陸上競技場へかけつけた。県下の中学校と女学校の陸上競技の俊英が参加するこの春季大会は、五十と百と二百メートル競走、四百メートルリレーの他にも砲丸、円盤、やり投げ、走り幅跳び、走り高跳びなど多種目なので、競技場はたくさんの選手と応援する学校関係者や家族で喚声につつまれていた。

芳子は五十と百メートルにエントリーしていて、欣一郎は家族と一緒に観戦した。午前の最初にそれぞれ一回予選があって、五十は一番だった。紺色の短パンにえんじ色の鉢巻きをしめて疾走する芳子は、家の中で普段着の着物を着ている彼女とは別人物である。午後の決勝では五十で優勝、百は三位に甘んじたが、それにしても抜群の運動能力である。

大会から数日後、俊夫の勉強をみていると、いつものように芳子がお茶と水ようかんをお盆にのせて部屋にきた。日焼けした顔と手を気にしたのか、夏休みに北陸四県の大会があるで、毎日放課後は練習です、といった。手のひらだけが白い。

「五十メートルは、敵なしだね」

欣一郎が激励をこめていうと、

「そんなことありません。速い人、ようけいます」

と芳子は控えめに応え、石川で一人、富山と新潟でそれぞれ二人の名前と記録をあげ、三位入賞が目標です、と冷静に分析する。欣一郎は彼女が謙虚で高ぶらないことに感心した。

「芳子は運動よりも、勉強のほうがもっと得意なんです」

俊夫がふりむき、誇らしげに妹をみた。

「そう、なにが得意?」

「特別ありません。決まったことをやっているだけです」

と彼女は淡々としている。

「こいつ、勉強は女学校でもずっと一番ですよ」

「ずっと一番、運動も勉強もなんでもできる人だ」

お盆を膝にのせ、妙にかしこまってしまった女学生へ欣一郎は熱いまなざしを向けた。田中絹代に似た清楚な面立ちが恥じらいでいる。

「でもよくしたもんで、苦手科目はちゃんとある。なあ芳子、先生に教えてええか」

俊夫は目元をやわらげ、面白がっている。

「やめてお兄さん。先生、がっかりなさるから」

あわてて止めようとしたが、俊夫はかまわず話した。

「こいつ、オンチなんですよ。合唱するとき、音楽の先生から口はあけても小声で、といつも注意される」

「お兄さんのバカ!」

一瞬、怒って叱責すると、ふだんの声にもどり、

「でも先生、あたし音楽は好き」

といって立ち上がり、でて行った。

分からないことばかり

梅雨に入り、日ごとに蒸し暑くなっていた。

昼下りである。警察から脳病院へ電話がはいった。私宅監置をしている農家の息子が暴れているので、至急対応願いたいとの要請である。その息子は以前入院していた患者だった。家は鯖江市の郊外にあるので遠い。病院へ収容するため、事情をよく知る二人の看護員が院長の指示で出向いた。かれらが患者と両親をクルマに乗せてもどってきたのは夕暮れである。院長は定時に帰宅してしまったので、当直の欣一郎が診察した。初めて会う患者は二十代前半でまだ

若い。カルテには、schizophrenia（精神分裂病・現在の統合失調症）とあり、手足のしびれ、動作緩慢、幻聴による被害妄想、攻撃的言動といった特徴的症状と持続睡眠療法のことが書き込まれていた。

興奮はおさまり、息子はおとなしくなっていた。

背後にひかえた看護員の一人が、足げにされ、つばをかけられ、胸もとをつかまれて、ほりゃ大変でした、と連れてくるまでのドタバタを報告した。両手を拘束してクルマに乗せてからは従順になった、と口ほどになく手慣れた様子である。

息子は表情の失せた顔をあげ、

「先生、ぼく、入院はいやだじぇ」

としゃがれた声で訴えた。

「もう遅いから、今日はここに泊まることにしよう。どうしたらええか、明日、先生と相談しような」

欣一郎は一般病棟へつれて行くよう、看護員に指示した。それから両親を診察室へよんだ。

「二、三日病院で診ますが、帰宅して大丈夫です。病気をなおすには自宅で暮らすのが一番です。ふだんはどうされていますか」

二人は疲労がたまった顔を重そうにあげて医師をみつめた。ややあって首をかしげながら、母親がぽつりぽつりと話した。日中は農作業を手伝っているが、今年は花が咲くころからそわそわし始めた。ここ最近は夜になると近所をうろつく。それで夜の間は鍵のかかる奥の部屋へ入れた。すると明け方から部屋で暴れだしたので、管轄の駐在所へ連絡し、また脳病院へつれてくることになってしまった——。

「しぇんしぇ、再発したんじゃなかろか」

「まわりがあれこれ心配しないことです。心配が一番よくない」

「ほやけど、なしてあんなになってしもうたのか……」

母親は涙をほろりとこぼした。

「すなおでやさしいお子さんですよ。信じましょう」

欣一郎は自らを励ますようにいった。

この日の夜、雨音を聴きながら仮眠室で寝入っていた欣一郎は、遠くの人声で目を覚ました。だれかが怒鳴った気がした。しばらく聞き耳をたてたが、ぽつぽつと雨音がひびくだけである。柱の掛け時計は午前一時過ぎをさしている。白衣を着て看護員室をのぞくと、横になっていた当直の野見山が上体を起こした。

「何か、声がしませんでしたか」

「はあ?」

野見山は焦点のさだまらない目をむけた。

「病棟のほうで、大声がしたような気がする」

「ちょっこし前、巡視をすませて休んでいたとこです。保護室も女子棟もみんな静かでしたがなあ」

野見山は不快気に眉をよせ、押し黙った。

「そう、ちょっと視てくる」

「ほなら、あしも行きましょうかな」

白衣を手にのっそり立ち上がった。

欣一郎は野見山をしたがえて、各病棟の室内を念入りに視て回った。目を覚ましている患者もいたが、変わったことはなかった。二度目の入院になる鯖江の若者は、エビのように身体を丸めて寝入っていた。

一夜が明けた。ふりつづく雨のせいか、外来患者は少なかった。ひととおり診察をおえると、欣一郎は若者をよびだした。かれは丸イスにかけると、一人にして欲しいと要求した。診察には看護婦か看護員がひかえているのが決まりであるが、欣一郎は看護婦へ間仕切りカーテンの奥で待機するよう指示した。若者は自ら肌着をめくって、腹部を医師へみせた。腹部の脾臓の上部あたりにうっすら打撲のあとがある。さわってみたが、痛がる様子はなく、腫れてもいない。腹腔内の出血をもたらすような強い打撲ではない。

「どうした?」

若者は唇をかみ、上目づかいに医師をみた。

「心配するな、先生だけのことにする」

小声でうながすと、かれはこのようにいった。

真夜中だった。小用をすまして、病室へもどっていたときである。看護員がいきなり自分の病室からでてきたので、ぶつかりそうになった。相手は、「この、ばか！」と怒声をあげ、自分の腹部を殴打した。激痛というほどではなかったが、うずくまると、「鯖江の兄さんかな、危ないだろ、気いつけねぇ」と言い放つと向こうへいった。このドタバタで病室の者は目を覚ました。寝床にもどるとすぐ横の患者が、あいつにはかかわらんほうがええ、また殴られるぞと忠告した。

もとより、入院患者のいうことを丸ごと信用はしないのだが、野見山の勤務ぶりが患者に威圧的なのは欣一郎もとっくに気づいていた。この世の厄介者の面倒をみてやっている風がある。

「殴られたのはたしかだね」

若者は合点すると、ひそひそといった。

「前の入院のときも、みんな主任をおとろしがってました」

「主任が殴ること、医師は知っていますか」

「聞いてはくれんで、だれもいわんです。主任にそむくと保護室送りになる」

「保護室……」

若者はぶるっと顔をふり懇願した。

「ぼくが退院するまで、このことは伏せてくんねぇ」

「もちろん、そうする」

「いつ、ですか」

顔を近づけ、退院をせかした。

「院長の承諾があれば、早くて明日。両親に迎えにきてもらう」

「ありがと、先生！」

かれは嬉々とした表情になり、腹部の打撲のことなど忘れて立ち上がった。

以前、院長はこの患者の主治医だった。医局で欣一郎は、打撲の件はふれずに、患者がすでに回復期であることを話し、自宅でこれまで通りに農業を手伝いながら暮らすのが、本人にとって最善であると所見を述べた。院長に異論はなく、患者の退院が決まった。

この出来事をきっかけに、欣一郎は野見山の様子を以前にもまして注視するようになった。野見山は農園での作業療法を管理し、患者がやっている豚や地鶏の世話を監督していた。そのような立場は病棟における患者への接し方にも通じていた。かれは看護というより、監視し抑圧することに徹しているようにみえる。そもそも看護員は看護婦とちがって、精神病院で働くために必要な資格は不要である。平岡脳病院で看護員に要求されているのは、身の回りの介護と患者が暴れるときに制御する体力や威圧感であった。この点において、教育を受け知識と医療経験がある看護婦といえども野見山にはかなわない。さらに病棟主任でもあるかれは、病院の経営にも発言力をもっているように思われた。

七月八日、国では海軍の長老である岡田啓介が総理大臣に就任した。越前福井の出身者から最初の総理大臣誕生ということで、地元は祝賀ムードに包まれた。そんなある日、欣一郎はそれとなく波多野事務長へ野見山のことを訊いた。

「主任さんは鯖江の連隊におりましてな、工兵でしたが上海事変に出陣しとります。除隊後に脳病院へ来られた」

「医療の仕事はここが初めてですか」

「尋常小学校をでたあと、ずっと農業をされてましたでの」

「農園は手入れが行き届いて見事ですね」

「それりゃ渡部先生、なにしぇ、主任さんは富田院主の遠い縁戚やから、仕事は一番熱心です。脳病院の実力者ですで」

と事務長は野見山を高く買っていた。

ちょうどこの頃である。

九医専の王丸医局に入り、精神科病棟で勤務医をしながら研究生活をしている平田宗男から分厚い封書が届いた。

久闊を叙する内容が細いペン字でおよそ次の如く記されていた。

医局の門下生は各地に職場を得て久留米を離れていった。大阪回生病院、宮崎刑務所医務官、福岡脳病院、県立筑紫保養院、それに親交が深かった大川勤三郎は、久留米の隣町に設立された佐賀精神病院に勤めている、と近況にふれたあと、いかにも平田らしいことも書いていた。昭和恐慌後の経済社会と政治のことである。東北地方の娘の身売りが、コメと繭の生産額の増減に反比例していることをあげ、軍備の増強に走る政府を批判していた。農村の貧困、娘の身売りは軍国主義と国家独占資本主義がもたらしたものだ、というのである。福井県民は岡田首相の誕生を喜んでいるだろうが、この先軍部による国家支配はますます強まり、日中間の対立はぬきさしならないものになる、と予見していた。このあたりのことは読み飛ばしたが、平田のつぎの記述は、欣一郎を大いに勇気づけるものであった。

〈精神病院の一日はなかなか愉快だ。もちろん苦労心配もたくさんある。病識のない連中だから、ある方面の看護は必要である。大過なく過ごし得るのは、一つに看護員諸君と看護婦諸姉の忠実な勤務と親切な看護による。患者から暴力をうけることはままある。ある看護員は肋骨を折られたし、またある看護員は煙管で頭を叩かれた。大便を浴びせかけられた者もいるし、痰を吐かれた人もいる。僕も一、二度このような目にあっている。だが、患者を殴るのは絶対に避けなければならない。してはならないことだ。治療上有害だからだ。患者は叱るだけで結構目的は達する。腹をたてて手をだすようでは、精神科医或いは看護員としての資格はない。精神病者も人間だ。あくまでもその人格は尊重されねばならない。王丸医局長は、患者に学べとつねにいわれる。貴兄も承知のように、吾が精神科病棟には身体拘束の器具は一切なく開放療法に徹している。信ずれば患者は応えてくれる。
精神病者は吾々浮世の人間とはおよそかけ離れた世界をもっている。このことはかれらに一層親愛の気持ちを覚えさせるのだ。浮世の人間に対しては、吾々は武装してかからねばならない。騙される心配があるし、時には利害関係から対立し喧嘩も生じる。精神病者はおよそこの世から離れた存在だ。吾々はうちとけて共に談じ共に笑うことができる。精神分裂病患者の超然たる態度、誇大妄想型患者の愛嬌のよさ、躁病患者の元気のよい大ぼら、吾が精神病院の一日は笑いに明け笑いに暮れる。吾が病棟の空気には、世人が想像するような陰惨な空気は微塵もない。精神科医の道を選んで本当によかった。これも貴兄のおかげである。改めて謝意を伝えたい〉
平田は文末に、王丸教授が会長を務める尚道会が昨年の歳末に実施した鍛錬会のことにふれていた。講師の澤木興道老師が永平寺に入山をゆるされたときのことを話されたという。明治二十九年、老師は十七歳のときに三重県河芸郡《かわげぐん》の養家を飛び出し、小田原提灯と生米二升、懐に二十七銭をしのばせ、四日四晩かけて永平寺へたどり着き、何度も拒絶された末に、作事部屋の男衆として寺においてもらえることになった。そして永平寺で出会った和尚が、自分の道を開いてくれたそうである。貴兄は永平寺にすでに行かれたことと思う、とあった。
欣一郎は書簡を何度も読み返した。王丸教授の薫陶にあずかり、平田が医師として成長しているのが目に見えるようだった。王丸医局の門下生が各地で活躍していることは嬉しいが、ここ福井の脳病院は、京都の岩倉病院の理念にそって開設されたのだが、いまは経営が優先し、患者本位の医療にゆがみが生じている。「おいどん」はこのゆがみを正すつもりだ、と欣一郎は返信に書いた。そして文末に、忙しさにかまけてまだ永平寺へでかけていないが、お盆には帰省せず永平寺に足を運んでみたい、と申し訳のようにつけたした。

その永平寺へ行く日はひょんなことから決まった。

家庭教師をすまして表の通りにでたところで、商店組合の理事会の帰りだという紀瀬太郎とばったり出会った。ふだんとはちがい、着物に薄羽織すがたでパリっとしている。かれは欣一郎の労をねぎらうと、お盆は四国へお帰りですか、と訊いてきた。

「まとまって休めないから、ずっとこっちにいます。ただ一日休みをもらって、永平寺へ行くつもりです」

「ほれはようございますな。いつですか」

「決めてはいませんが、お盆前には……」

欣一郎は旦那然とした雰囲気の相手から、そっと目をはずした。空が紅くそまりはじめ、松本通りに赤トンボが舞っている。

「うら（私）どもは十日の金曜日に上志比《かみしい》村へ墓掃除に行きますが、もし先生が十日に永平寺へ行かれるようでしたら、えちぜん鉄道で途中までご一緒できるが、いかがでしょう」

と紀瀬太郎はさりげなく誘ってくれた。

断る理由もなく十日の早朝、福井口駅で待ち合わせると、紀瀬太郎は夏の学生服を着た俊夫と芳子をつれてやってきた。男たち二人はシキミの束を手にし、麦わら帽子の芳子は弁当箱をくるんだ風呂敷包をもっていた。

越前電気鉄道は、福井駅が始発である。路面電車のような小ぶりでぬくもりのある車両が、山あいの村落をつないで奥へ奥へと九頭竜川の上流へ走っていく。福井口駅から九つ目の永平寺口駅で、線路は本線の勝山線と支線の永平寺線の二手に分かれる。永平寺へ行くにはここで乗り換えて山峡ぞいに六キロほど走ると、終点の永平寺門前駅に着く。墓掃除の三人はそのまま本線の電車で九頭竜川上流域へ向かい、五つ目の越前野中駅で下車する。紀瀬太郎の本家と菩提寺は、この駅からさほど遠くない山里にある。代々コメ作りと山仕事を生業としていた。

昼前に、欣一郎は永平寺門前駅に着いた。永平寺口駅で乗り換えたときに、芳子が弁当を手提げ袋にいれて渡してくれた。梅干と昆布のおにぎりがアジロ篭《かご》につめてあった。門前町の通りを参拝客の列について歩きながら、手提げ袋をもつのが億劫になった。土産物屋で預かってもらい身軽になると、杉木立のなかの坂を上り、二層建ての山門の前に立った。

大本山で修行をしようと、必死の覚悟で地方からやってきた一人前の僧侶でさえも、なかなか山門を開けてはもらえず、一昼夜立ちつくすこともあるという。家出をして四日四晩、やっとたどり着いたものの、素性の怪しげな澤木少年の場合は、何度も追い払われている。いま、その山門をみつめればみつめるほど、生涯をかけて、「人生の真実」を求め続けた澤木老師の本気にふれる思いがした。荘重な山門が老師にかわって、欣一郎に何事か語りかけてくる。

大本山永平寺は夏安居《げあんご》の修行があけ、解間《げあい》の期間にはいっていたので、雲水の修行すがたを目にすることはなかったが、七堂の伽藍《がらん》をむすぶ回廊も階段も磨き上げられ一点のクモリもない。説法の道場である法堂《はっとう》の濡縁で欣一郎はあぐらを組み、境内の上に広がる夏空を一心にながめていた。すると、わき上がる白雲が芳子の面影とかさなってくるのだった。

帰りにくだんの土産物屋へ寄って、手提げ袋をうけとった。そして合格祈願のお守りを求め、まよいながらも簪《かんざし》を一本買った。駅前広場のベンチに腰掛けてアジロ篭をあけ、おにぎりをひとつひとつ大事にたいらげた。来た甲斐はあったと思った。山門と向き合い、境内の上の空と雲に思いをはせているうちに、たしかな気づきがあったのだ。

永平寺口駅にもどってくると、予期しないことが待っていた。

駅舎の入口に芳子がいて、乗り換えの乗客たちをせわしなくみつめていた。彼女は欣一郎をみつけると手にした帽子をあげて合図をし、はちきれんばかりの笑顔になった。いまにもこちらに駆けてきそうである。近づくと、少女のようなふるまいをとめて、まぶしそうに顔をあげた。

「ひとり?」

「はい」

と芳子は応え、首筋の汗をハンカチでぬぐいながら説明した。挨拶に出向いた本家で引き留められたが、父と兄は残り、彼女は一足先に帰ることになった。帰途、欣一郎に渡した弁当箱のことが気になった。弁当を持参して参拝するのは無粋で気が利かない。昼食を摂るなら門前町で名物のそばやゴマ豆腐にするのがよいに決まっていた。先生はどうされたのか、一刻も早くたしかめたくなり、途中下車をして、待っていたというのである。

「ごちそうさま」

欣一郎は軽くなった手提げ袋を手渡した。

「まあ嬉しい、みんな召し上がってくださった」

両手で受けとり、芳子は胸をなでおろした。

「ひさしぶりに、ゆっくりしたなあ」

改札へ向かいながら話しかけると、

「永平寺は、生き方をみつめるところですから」

と芳子はまだあどけなさののこる面持ちで、ずいぶん大人びたことを口にした。

「禅の道場だからね、自分をみつめる場所だ」

ホームへでるとふりかえり、欣一郎は教科書に書いてあるようなことをいった。もっと気をひくことをと思ったが、相手はひとまわり以上も年下の女学生である。熱い気持ちをもてあまし、かれはまっすぐ伸びる線路の先へ目をおよがせていた。

車内はすいていた。ちょっとの間ですけど、九頭竜川がみえるからと芳子が誘い、行きとは反対の窓側に向かい合って席をとった。客車がうごきはじめて間もなくだった。線路がゆるやかな丘陵にさしかかると、群生する葦原の頭越しに青い川面がみえてきた。

「やあ、いいなあ、これが九頭竜川か」

同じ大河でも、久留米でいつも目にしていた深い藍色の築後川とはちがう景観である。石ころ混じりの浅瀬をキラキラ光らせて流れ下っている。その流れに目をやっていると芳子が川の名前について、由来を紹介してくれた。権現様が現われ、仏像を川に流すと、「九つの竜」が川面にすがたを現わしたという伝説と、昔から洪水でよく氾濫するので、「崩れ川」と呼ばれていた、という二つである。

「先生は、どちらだとお思いですか」

「さあ、どうかなあ」

応えるのをためらっていると、

「権現様と洪水、つまり名前の由来を宗教にするか、それとも科学にするか、その人の人生観というか、生きる姿勢のようなものが垣間みえて興味深いです。兄と父は崩れ川、母とあたしは九つの竜のほうです。家族内で科学と宗教の対立です」

と大げさに表現して、ころころと笑った。

欣一郎は楽しくなり、自分の考えをいった。

「九つの竜からの由来を宗教ではなく、文学と解釈するなら、ぼくは権現様や仏像の肩をもちますよ。そのほうが断然人間らしい」

芳子は大きく目を見開いて意外そうに、

「あたし、先生は当然、崩れ川のほうだと思いました。だってお医者様だもの、そうでしょ、医学は科学ですから」

とませた口調でいった。

それで、がぜん会話がおもしろくなった。

「科学で分かることなんて、たかがしれています。分からないことばかりですよ。とくにぼくの専門である精神医学なんて、なんにも分かってはいないのです」

「精神医学、それは脳の研究、ですか」

「そうです。脳そのものはまだ何も解明できていません。たとえば、なぜ脳が意識をもつのか、研究者はだれも答えられない。そもそも意識とは何か。脳の中で、怒りや喜びの感情はどのようにしておこるのか。精神活動のもとにこころがあるとしても、そのこころのことがまだまだ闇のままです。脳病院で患者さんを診ていると、分からないことばかりです。この先、科学がいくら発達しても人間の本質をつきとめることはできない、とぼくは思っています」

話しながら、すっかり大人同士の対話になっていることに気づき、欣一郎はわれながら驚き、気分を高揚させた。

真剣なまなざしで聴いていた芳子は、

「あのう、禅は脳病院のお仕事にお役立ちですか」

と尋ねた。若い精神科医はうなずいた。話はとたんに難しくなった。

「禅の境地を表現する言葉に純粋経験って用語があります」

「純粋経験?」

「ええ、純粋経験です。ぼくはまだまだ生半可な理解だけど、禅と純粋経験の知識や心得があれば、患者さんと向き合うための手助けになると思っています」

と精神科医は気負い、芳子は困惑した表情をうかべた。

「難しいお話ですね」

「いや、つい一方的になって、申し訳ない」

「いえ、そんなこと。あたし、脳病院の患者さんや先生のお仕事のこと、少しだけど分かった気がします」

「それは嬉しいな」

「あたし、禅や精神医学のこと、これから勉強します」

芳子は女学生の表情にもどって、告白するかのようにいった。

福井口駅で下車すると、ふたりは駅舎でわかれた。下宿に帰って、欣一郎は土産を兄妹へ渡すのを忘れてしまったことに気づいた。数日後、俊夫には家庭教師のときに手渡したが、簪は文机の抽斗にしまわれたままになった。

さよならはいわん

袋をはずされたリンゴの実が、秋の空に輝いていた。

病院の農園は、春も美しいが秋も彩り豊かで味わい深い。事務長が自慢するとおり環境は申し分なかった。しばらく前から、鶏舎のまわりのオミナエシの花が見ごろになっている。

欣一郎が昼食後の散歩から医局へもどると、廊下にいた婦長がこわばった顔をゆるめ、処置室へ目をむけた。患者がケガをしたという。中をのぞくと、昨日入院した中年の男の患者がベッドに横たわっていた。左の頬骨の下からあごにかけてガーゼを貼りつけている。側には野見山ともう一人の看護員が仁王立ちし、患者を見下ろしている。打撲の手当をした後、院長が鎮静剤をうったのだろう。患者の男は目を閉じてじっとしていた。

「興奮状態でしたから、デクスを投与しています」

院長は丸イスから立ち上がり、欣一郎に鎮静剤の種類を伝えた。昨日病院へつれてこられたとき、男はまだ幻聴がおさまらず、職場の上司をののしっていた。保護室でゆっくり休ませるべきだと欣一郎は判断したが、保護室はどこも身元引受人のいない患者に占有されていた。転室させるなどして、本来の保護室を一部屋だけでも確保しておくべきだ、とつねづね意見をしていたが、院長は耳をかたむけるだけで、保護室の収容者はむしろ増えていた。それは野見山主任の意向が強いからだ、と欣一郎は婦長から聞いている。処置室で鎮静剤を投与して興奮がおさまるのを待ち、一般病棟の八人部屋で治療することになった。そしていま、昨日と同様のことが再現しているが、顔のケガだけは違っていた。

「夕方までここで様子をみて、病室へもどしましょう」

院長はなんでもないように野見山へ指示をした。

行こうとする院長をひきとめ、欣一郎は質した。

「顔は、自傷行為ですか?」

「まあ、そんなもんです。少し腫れていますが、すぐ治ります」

と院長は早口で応えた。

欣一郎は立ちふさがり、声を強めた。

「この際、保護室を空けて、二三日でもこの患者を保護すべきです」

「その必要はありません」

「幻聴は消失していません」

「なに、大丈夫ですよ、先生」

と院長はめずらしく断言した。そして野見山にあとは任せますよ、と声をかけた。

夕刻、欣一郎は当直の看護婦と看護員をつれて回診したあと、婦長に声をかけて処置室をのぞいた。眠っていた男がうっすら目をひらいた。婦長は左頬に貼った湿布とガーゼをとった。

かすかに青黒く痣がのこっている。欣一郎が丸イスに腰を下ろすと、正気をとりもどした男は、すみましぇん、すみましぇんと弱々しい声で謝った。気になさらんくていいですよ、私から先生へちゃんと伝えるで、と婦長が言いきかせた。院長が帰宅すると、欣一郎は事の次第を目撃した婦長から報告をうけた。午後のはじめ、診察をうけさせるため野見山が男を病室からつれだし、ついて来いと命じた。すると、背後を歩いていた男が野見山になぐりかかった。背中を叩かれた野見山は、顔をなぐりつけたので、患者は悲鳴をあげてうずくまった。たまたま近くにいた婦長と看護婦が手伝い、患者をストレッチャーで処置室へ護送したのだった。

「患者さんの前を歩くなんて、主任はどうかしてます」

「それはご法度だ。見守りにならない」

どこの脳病院でも、先に行かせるのが鉄則である。

「なぐらんでもよいのに、まるで仕返しです」

「率直に答えて下さい。主任は暴力の常習者ですか」

「常習かどうか、患者さんはおとろしがってます」

「院長は知らんふりだ。ぼくが事情を聴いて注意する」

欣一郎は厳しい表情になった。

翌日、当直室に野見山を呼び、なぐったことをたしかめると、あっさり認めた。悪びれる様子はなく、当たり前だといわんばかりである。患者に甘くみられたら、精神病患者の看護は務まらない。規律と統制が第一で、乱す者への制裁は当然だ、と主張した。

「野見山さん、ここは脳病院だ。何らかの理由で精神を病んだ患者が治療をうけている。どんな理由があっても暴力は禁止だ。今後、もしあれば、処分します」

野見山はひくひく鼻で嗤い、

「処分ってぇ、患者を、ですかな」

見下したように皮肉った。

欣一郎はぶるぶる拳をふるわせた。

「あんただよ、ほかにだれがおる！」

「しぇんしぇーなあ、気がふれた患者は野犬とかわりはしぇん。威嚇しぇんと、わしらは襲われる。なめられたら世話はできん」

「野犬とは何だ、相手は人間だ。いますぐ考えを変えろ」

「ふん、それだけですかな」

「一番大事なことだ。ここは軍隊ではないぞ」

「軍隊には狂うた者はいましぇんぜ」

「ばかやろう、軍隊……、戦争そのものが……」

言いよどみ、欣一郎はこみあげる怒りを抑えていた。

悪態をつかれたが、注意した甲斐はあったようだ。野見山主任は患者を先に行かすようになった、と婦長から報告があった。命令口調は変わらないが、声もゆるくなったともいう。反省し改めたらしい。

秋が深まり、朝夕は冷え込むようになった。足羽山の紅葉も見ごろを過ぎ、北陸に冬が近づいていた。

努力家の俊夫の受験勉強は順調だった。福井師範に合格できる学力は十分についている。それで欣一郎は女学校三年の芳子の進路の方が気になっていた。学校は五年制だからあと二年はある。まれにみる才媛の彼女は、その先どうするつもりなのだろうか。家庭教師の合間に、茶菓子をはこんできた芳子に欣一郎がそれとなく尋ねると、いまは兄の進学が一番ですから、と自分のことは話さなかった。妹がいなくなると俊夫が、「アイツ、医者になりたいらしい」と、ここ最近、急に大人びてきた妹の代弁をした。欣一郎はさっそく東京にある女子医専の要覧をとりよせた。

十一月の最後の週の木曜日である。

通勤の途上、山本商店に立ち寄って紀瀬太郎に会い、「娘さんへ」と、封筒に入れた要覧を渡した。父親は中身のことはとくに訊かず、愛想よく受け取ってくれた。

病院はこの日、外来患者がとても多く、診察が長引き昼食が遅くなった。一休みしたあと、農園内の散歩道を歩いていると、鶏舎の方で野太い声がした。足をとめ、耳を立てた。野見山が罵倒していた。相手は作業にかりだされた患者たちにちがいなかった。速足で近づき、鶏舎前に踏み入れたそのときである。野見山は前に立たせた患者の胸をこづき、さらに平手で頬を殴打した。まわりの者たちはおろおろ立ちつくしている。

「おい、やめろ！」

と大声をあげ、欣一郎はかけよった。

「なんだ、しぇんしぇーか、こいつあばれる、でな」

野見山は平然と、目の前の患者を指さした。

「暴行はゆるさん」

「指導しているだけや」

「バカをいうな、処分する」

「バカとはなんだ、処分するとな。この野郎、若造のくせぇに偉そうにいいやがって」

野見山は吐き捨てるようにいうと、つかみかかってきた。

欣一郎はうけとめると、巨漢の相手を腰に乗せ、一本背負いで思い切り投げ飛ばした。野見山の図体は、鶏糞の山の中にすっぽりおさまり、糞の中から、ひえーと悲鳴があがった。患者たちは、やったあーと口々に叫び、とびはね、顔をほころばせた。

翌朝、いつもどおり出勤した。波多野事務長がやってきて、主任は腰を痛め、しばらく入院することになったと告げた。二人のいさかいにはふれず、妙によそよそしかった。

医局で、杉原院長は重々しくいった。

「傷害沙汰は困ります」

「身をまもるために投げた。正当防衛です。落ちたのは鶏の糞の中だからケガはない」

「なるほど、それで野見山主任が納得すればよいが」

院長は苦り切った表情である。

「患者への暴行はゆるされない。処分が必要だ」

「それはそうですが……」

といったきり、院長は口をつぐんだ。

「入院したそうですね」

「富田院主に相談するつもりでしょう」

「私も院主に会ってみたい」

「じきに連絡があるでしょう。それまで待って下さい」

院長はくるりと机のほうへむきなおった。

一週間が過ぎても、野見山は出勤してこなかった。

十二月にはいって二週目の、当直明けの月曜日である。

院主の富田千代のところへ出向くように、と院長はかしこまった口調で欣一郎へ命じた。午後、事務長が手配したタクシーで、富田病院へでかけた。すぐに広く豪華な理事長室へ案内された。執務中だった院主はすぐに立ち上がり、わざわざおこし下さって恐縮でございます、と丁重な言葉遣いで若い医師をでむかえた。着物を着こなし、老舗旅館の女将のような風格である。彼女はやせた秘書を横に座らせ、会議用テーブルで欣一郎と向かいあった。ここ十日間、満州へ視察旅行にでかけていたので、平岡脳病院でのトラブルは帰国したあとに報告を受けた、とおだやかな表情でいった。そしてそのことにはふれず、大連と新京の間を満鉄の「あじあ」号で往復した車中のことを楽しそうに話しはじめた。発展いちじるしい大連の街並みを語り、アカシアやイチョウの並木が綺麗な日本人街の美観をほめちぎった。そして一呼吸おくと、怪訝な表情をうかべている欣一郎に、日本人街にある病院を手に入れたので、年明けから経営に乗り出したい、と遠回しに用件をいった。

欣一郎は、頭をガツンと殴られる気がした。医師といえども経営者からみれば一介の雇用者にすぎない。脳病院でトラブルをおこす医師は不要ということである。

「大連へ行け、ということですか」

ぶっきらぼうに訊いた。

富田女史は口元に微笑をうかべ、何事でもないかのようにいった。

「王丸先生には、電話で事情をお話ししました。渡部君に任せます、とのことでございました。それで今日、お越しいただいた次第です」

女史は野見山とのことは一切不問にし、要件を人事だけにしぼって、左遷か罷免か、雇われ者の医師に判断をあずけてきたのである。

「お返事は、今月の二十日まででよろしゅうございます」

余裕たっぷりに、彼女は妙に甘ったるい声でいった。

帰宅すると、欣一郎は王丸教授へ手紙をしたため、平岡脳病院を退職して教室に戻りたい、と希望を伝えた。教室のジッツ（地位）は用意できないがすぐに帰れ、待っている、と返信があった。

病院にとって欣一郎の退職は想定内であったようだ。院長と事務長、それにわずかばかりの職員に見送られ、欣一郎は病院を去った。

翌日、木村商店へでかけて紀瀬太郎に会い、九医専の医局へ帰ることを明かした。突然のことに紀瀬太郎は驚いたが、すぐ世慣れた顔になって引越のことなど気を使ってくれた。下宿の部屋の片づけをした日の夕刻、欣一郎は家庭教師にでかけた。これが最後である。俊夫は師範への進学が十分に可能な学力がついていた。苦手だった数学は得意科目になっている。明るい見通しもあって、お別れだ、という感傷的な気分はお互いになかった。もっとも、休憩の時間になっても芳子は部屋にあらわれなかった。「アイツ、先生が久留米へ帰ると知ったとたんに気難しくなって、部屋に籠っている」と俊夫がいった。この日、欣一郎は山本家で送別会をかねた夕食を家族と共にしたが、芳子はすがたをみせなかった。母の千代乃が、「からだの具合がよくなくて、申し訳ありません」と何度もいい訳をした。

年の瀬も押し迫った二十八日の昼前、ボストンバックを手に福井口駅へゆくと、改札口に木村家の家族が見送りにきていた。みんなと別れを惜しみながら、欣一郎の目は芳子をさがしていたが、すがたはどこにもなかった。突然久留米へ帰るので、彼女は裏切られた気持ちになったのだろう。去り行く者に恋心をふくらませるのはせん無いことである。いちずな芳子を愛おしく思ったが、行くよりほかにはない。福井口駅で家族と別れ、越前電気鉄道の終点である福井駅に着いた。それでも、もしかしてという思いにかられて、待合室をのぞき、駅舎内のあちこちに目をはしらせてみた。そうこうするうちに特急列車の出発の時間がせまってきた。コートの襟をたて、改札口をぬけて北陸本線の下りのプラットホームへでた。列車の到着を予告するアナウンスに動かされて、旅客がホームの乗車口にならびはじめた。欣一郎が列の一番後ろについたそのときである。まっすぐ欣一郎の方へ人影が近づいてきた。

「先生！」

欣一郎の耳元で、だれよりも会いたかった女《ひと》の声がした。驚いて顔をむけると、薄茶のコートを着た芳子が立っていた。射るような視線で欣一郎をみつめている。

「ごめん、こうするしかなかった」

「そんなこと……」

瞳がふくらみ、まなざしがやさしくなった。

「これ、汽車の中で召し上がって」

彼女は風呂敷にくるんだ弁当箱をさしだした。

到着を告げるベルが鳴り、アナウンスが構内にながれ、乗客の列がうごきだした。

「さようならはいわん」

「あたしだって」

「女学校を卒業したら必ず、迎えに来る」

「待っています。きっとよ」

芳子の瞳がゆれ、みるみる涙があふれでた。

第二章　生まれか育ちか

脳の疾患

欣一郎は年末の三日間、郷里で過ごした。

両親には九医専の王丸教授の脳神経科教室へ帰ることになった、とだけ話した。ほーかな、近こうなってええことじゃわい、と好五郎もユキも顔をほころばせてよろこんでいた。大晦日の昼すぎ、大連から帰省している順平と墓参りをした。墓所は屋敷の近くの小高い丘にある。その丘は山すそから海へ扇形にひろがる平野のまんなかに寝そべり、高縄山とむきあう南の斜面に墓標が階段状にならんでいる。渡部家の墓所に立つと、村役場や小学校、鎮守の森、それに寺院やため池など、子どものころに遊んだ場所が一望できる。みわたすと遠く善応寺の土手下をながれる川が、ほそく白い光の帯をつくっている。その帯へ目をやりながら、欣一郎は結婚の約束をした娘《ひと》がいる、と芳子とのことをあらまし話した。そして彼女が女学校を卒業する二年先には、ふたりで所帯をもつつもりでいる、とかくすことなく打ち明けた。

順平は弟をしげしげとみつめていた。まるで婚約したかのように聞こえるが、ふたりだけの約束なのか、と慎重にただした。福井駅で別れ際に約束しあったのだ、と欣一郎は顔をあからめ大真面目に応えた。

順平は頬をゆるませ、口ひげをなでるとさとすようにいった。

「相手はまだ女学校の三年生じゃないか。純情な恋心がいけんとはいわん、ほやけど考えとうみや、その娘《こ》はまだ世間しらずのおぼこじゃろうがな。恋情でその娘をしばるのは男らしくないぞ」

「しばる、それはちがう、お互い本気や」

「本気かどうか、卒業するまで自由にさせてやれ」

「それ兄さん、ほっとけということか」

欣一郎は気色ばんだ。

「季節の便りだけにして、自由にさせてやれ。二年たってもお互い気持ちが変わらんなら、一緒になればええけん」

「変わるはずはないわい」

「だったら、しばるのはやめろ。欣ぼ、お前のほうはずっと大人だ。その娘の成長を楽しみにしろ」

「兄さんがいうこと、わかるが……」

「なんだ、自信がないのか」

「そんなことあるもんか」

「そんならのびのびさせてやれ、大人の分別というもんじゃ。福井の話はように承知した。胸にしまっておくけん、一緒になるという日が来たらまた相談してくれ、かならず応援する」

順平は、目の前の景色に語りかけるようにいった。

年が明け、昭和十年になった。

欣一郎は松山の港から客船で小倉へ渡り、二日の昼すぎに以前住んでいた下宿へもどってきた。王丸教室にしばらく研究生としておいてもらい、医局で臨床の手伝いをすることになっている。

平田宗男には九医専にもどることはすでに伝えており、三日の午後に医局へゆくことをはがきで知らせていた。それで、予定どおり医局へあいさつにでむいた。柔道部の稽古相手だった元部員と、尚道会で一緒に座禅をくんだ後輩が出勤していたが、同僚だった大川勤三郎も平田もいなかった。「勤三郎はどうした、正月休みなのか」ときくと、後輩の医師が少し緊張した表情で、「大川先生は退職されました」と思いがけない返事である。転勤先をたずねると、かれは視線をはずして黙っている。気まずい空気をやわらげるように、「平田先生がもうすぐこちらへ来られるので、詳しいことは先生から直接聞いて下さい」と柔道部の同窓が意味深に応えた。それで欣一郎はいったん医局をでて、人気のない構内をぶらぶら散策し、附属病院中庭のベンチに腰をおろした。自傷行為で入院していた平田と語り合ったベンチである。あのとき中庭は秋の彩りにあふれ、噴水が青空へふきあがっていた。冬のいまは噴水もとまり、庭は寒々としているばかりであったが、福井での一年間の体験が欣一郎の気持ちをあたたかくしていた。兄の意見をくんで昨日、山本家の当主の紀瀬太郎宛に礼状をしたためたが、芳子へは手紙もはがきも書いていない。

日が落ちて、寒くなってきた。

ふたたび医局へ顔をだすと、平田がイスからのっそりと熊のように立ち上がった。お互い、うんうんとうなずき合い、「ムネ」、「欣しゃん」と呼び交わした。タクシーを呼んで久留米駅前の居酒屋へでかけ、ふたりで酒をくみかわしながら夕食を摂った。

ころあいをみて、欣一郎は大川の消息をたずねた。平田は声を落とし、ぼそぼそとこんなことを話した。

大川は去年の八月、とつぜん佐賀精神病院の院長になった。佐賀といっても、病院は久留米市と隣接する佐賀県三養基郡《みやきぐん》の北茂安村にあった。名称は精神病院であるが、実態は私立の小さな保養院で、軽い精神病者を対象にしたいわば療養所である。北茂安村に新設されたこの保養院は、九医専からごく近いところにあった。筑後川の橋をわたって、田んぼの中の小道を八キロほど行った小高い丘陵の上である。王丸教授の医局から精神科医をだすことになり、大川が抜擢された。大川は毎日、自転車で保養院へ通勤した。患者は年寄りが大半で、重度の患者はうけいれていないので、勤務はラクだったようだ。大川は保養院からの帰り、いつも医局へ立ち寄り、食堂で夕食をすませていたのだが、九月になると顔をださなくなった。院長の仕事にも慣れて、順調にやっているようだ、とみんなは思っていた。

ところが十二月の初めのことである。保養院からとんでもない電話がはいった。大川先生は十月と十一月のまる二か月、一日も出勤されていないが、当方にはなんの連絡もことわりもない。九医専へもどられたのか、と問い合せてきたのである。医局のみんなは驚いた。すぐに平田が保養院へでかけ、大川が二か月間、まったく出勤していないことをたしかめた。とってかえして大川の寄宿先をたずねると、「先生は毎日弁当ば鞄に入れて、自転車で筑後川ばわたって保養院へ出勤されよる、夕方にはちゃんとお帰りになります」と女主人は応えた。変わった様子はないという。すると大川は昼間、いったいどこにいるのだろう。平田は医局にもどり王丸教授に報告した。教授は大川が帰宅する時間にもう一度寄宿先をたずね、事情をきくように平田に指示した。

「で、勤三郎に会えたのか」

欣一郎は卓上の皿を横にやり、顔を平田に近づけた。

「自転車で帰ってきたところをつかまえた」

「そうか、で、毎日どこへ行っていた？」

「保養院の近くにため池がある。堤に寝転がって空ば見上げ、昼になると弁当ば食べ、日が暮るると下宿へ帰っとった。雨の日には農家の納屋にこもっとったそうだ」

欣一郎は平田から目をはずし、眉宇をよせ唇をかんだ。二か月もの間、院長が出勤しないのに、医局へなんの連絡もしなかった保養院もどうかしているが、大川はもっとおかしい。精神が病んでいる。

平田は大川をつれて医局へもどった。診察した教授に大川はすらすらと告白した。夏が終わるころから、保養院の建物も病院内も、患者も医療スタッフもしだいに何もかも灰色がかってみえるようになり、やがて野山も畑も稲穂のたれる田んぼもモノクロームの絵になってしまった。ただ不思議なことに、空だけは晴れの日も曇りの日も色彩にあふれ、自分に語りかけてくるのだ。それで耳をすまし、聴き入っていた、という。

教授はただちに大川を入院させた。それから日をおかず、平田を同行して保養院へでむき不始末を謝罪した。医局からは大川に代わって、平田が派遣されることになった。

そんなことで、ここひと月ほど、平田は正式名称である佐賀精神病院の院長を務めているのだった。

「気づくとが、あと少しでも遅れていたら、危なかった」

平田はぐい呑みの酒をのみほすと、両肩で息をした。

ため池の堤で、大川は二か月も寝転んでいたのである。

欣一郎は目元を少しゆるめ、ふりかえるようにいった。

「勤三郎、空と話していたのか。まあ、大事にならんでよかった。おいどん、明日、病室をのぞいてみる」

「それが、欣しゃん」

平田は手をふって制し、大川の現状を話した。かれは昨年の暮れ、引き取りに来た両親と豊前市にある生家へ帰って行った。おだやかな内海に面した郷里で当分、療養することになる。一年あれば元気を回復する。まわりが心配しすぎるのが一番よくない。静かに待てばよい。王丸教授はこのように医局の者へ言い聞かせている。

話がひとくぎりすると、平田は黒ぶちのメガネをかけなおした。欣一郎に酌をしながら、

「保養院はのんきなところやけん、気に入っとる」

とまんざらでもなさそうだった。

翌日、出勤してきた王丸教授の研究室へでかけ、欣一郎は平岡脳病院のことを手短に報告した。

「本来、国がやるべき医療を富田さんは私財を投じてまでやっている。大連への進出はともかく、彼女はまれにみる篤志家だ。君はよい勉強をした」

教授は院主を褒め弟子の労をねぎらい、そして本題にはいった。

「大川君のことは、平田君から聞いているな」

「はい、豊前に帰り療養していると……」

「保養院は平田君にまかせたが、ちょっと困ったことになった」

言葉とは裏腹に、王丸は鋭い視線で弟子をみつめた。

「困ったこと、ですか」

「うむ、唐突だが渡部君、保養院へいってくれ」

「はっ、この僕が、ですか」

欣一郎は思わず腰をうかした。

「君だから率直にいうが、困ったというのは、保養院が平田の経歴を心配している。医局としても関係を大事にしたい。それで君にいってもらうことにした」

「経歴、平田の五高時代……」

王丸はゆっくりうなずくと、つけ足した。

「平田君は優秀だし人物も立派だ。しかし保養院としては、院長にしておくわけにはいかんのだ。かれのせいではない。時代のせいだ。それでかれを医局にもどすことにした」

「平田は、もう知っていますか」

「この人事を保養院が承諾すれば、平田君に伝える。かれにかわって院長は君だ。最低でも三年間はやって欲しい。平田君には医局勤務と教室での研究にも力をいれてもらうつもりだ」

と教授は声をはずませた。

王丸教室からすれば、適材適所ということである。

九州帝大の系列下にある教室では、この当時に盛んだった治療術の研究がすすめられていた。すでに、精神病は脳の疾患であるという理解が定着しており、この脳病説にもとづく欧米の身体療法が明治の後半からつぎつぎと日本に導入されるようになっていた。その主なものはつぎの四つである。

持続睡眠療法は、睡眠薬を持続的かつ大量に投与して、一日に十七時間から二十二時間の睡眠におとしいれ、疾患の改善をはかる治療である。日本では九州帝大で躁うつ病の治療として臨床研究がおこなわれ、睡眠薬ズルフォナールを投与する治療の具体的方法と実施上の注意点などが確立し、持続睡眠療法の標準的な術式となった。熟練の医師が細心の注意を払って実施したが、患者が死亡することもままあった。王丸医局では主にうつ病の治療にもちいられた。

発熱療法は、高熱発作を何度も起こすことによる治療でマラリア療法ともよばれる。マラリア患者からの採血にクエン酸ソーダを混ぜて、患者の筋肉内または静脈内に注射すると、潜伏期間のあと発熱が生じる。三十九度以上の発作が十回に達すると、治療を中止する。麻痺性痴呆、妄想性痴呆に効果があり、松沢病院、九州帝大、大阪帝大等ではこの療法を行なって良い成績をあげていた。

インシュリンショック療法は、大量のインシュリンを皮下注射して低血糖性昏睡におちいらせ、この状態を一時間程度継続後にブドウ糖を注射して覚醒させる治療である。毎日くりかえすが、覚醒しない危険があるので、熟練の医師及び看護婦が行なった。

カルジアゾール痙攣療法は、カルジアゾールを静脈内に注入することによっててんかん性の痙攣をおこさせる治療である。痙攣の出現が確かでないことや、副作用が多いことなどから、ほどなく行なわれなくなった。

頭部への通電による電気ショック療法の術式が確立したのは、昭和十三年から十四年にかけてのことである。この療法は施術がきわめて簡便で適用範囲も広く看護も容易なので、前述の四つの身体療法にとってかわることになった。そして戦後の昭和三十年前半に薬物療法が登場するまで、どこの精神病院においても電気ショック療法が身体療法の主流を占めるようになる。

月の光

二月から、欣一郎は松林のなかにある保養院へ自転車で通勤することになった。診察室からは大川が寝転がっていた、ため池がみえる。

治療のほうは、王丸医局から応援の医師を派遣してもらい、持続睡眠療法を行なうこともあるが、患者の大半をしめる高齢者は大部屋で日々静かに療養しているだけである。病棟内をうろうろ歩き回る者はなく、精神病院特有の奇声があがることもなかった。平田がいうように、患者も医療従事者ものんびりしている。とりたててしなければならないこともなく、無為であることがまるでこの世のことわりでもあるかのような表情である。欣一郎は王丸教授を会長に仰いで発足した、尚道会の最初の鍛錬会で聞いた澤木興道老師の講話の一節が頭をよぎるのだった。それは証道歌の話だったが、生死の問題について、「生死悠悠として定止なし、と証道歌にあるが、この悠悠とは、雲がふんわりあてもなく流れてゆくのと同じであって、どうしなければならぬということではない。また、どうしてもかくならねばならぬということもない」と老師は語ったが、保養院の患者たちと過ごしていると、悠悠とはいかなることか、身をもって学んでいる気がしないでもなかった。二か月も出勤しなかった大川院長のことを気にかける者がいなかったのも、むべなるかなと納得するのだった。

とはいっても、かれは大川のようにひねもす寝転んで過ごすことはなかった。月に三日は、夜明け前に千栄寺へでかけて座禅をくむことにした。そして毎週の火木土は、早起きして学校の武道場で参禅したあと、朝練に参加した。さらに勤務を終えて下宿に帰ってくると、柔道着に着替えて武道場へでむき、後輩たちと稽古をつんだ。さっそく三月の初めに他校との練習試合があった。医局から自分の代わりの新米医師を保養院へまわしてもらい、部員と一緒に試合会場へ行き、終始大声をあげて応援した。まるで主将をしていたころの生活にかえったようだった。部員たちはもどってきた先輩の達磨大師に似た顔と、面倒見のよい人柄に敬意と好感をもった。欣一郎は後輩たちへも、「おいどん」と自称したので、かれらはこの大先輩を仲間内で、

「おいどんさん」とか、「だるまたいし」の愛称をつけた。

寺町の桜の花がほころびはじめた、三月下旬のことである。

澤木興道老師の定例の講話が千栄寺であり、欣一郎は平田をさそってでかけた。老師に会うのは、福井へ赴任する直前に同じ千栄寺でひらかれた歳末鍛錬会のときに独参をゆるされたとき以来である。

興道老師のほうは、駒澤大学からのたっての要請に応えてやっと重い腰を上げ、十三年間住んだ熊本の万日山を去り、四月から東京の駒澤大学の寄宿舎へ転居することになっていた。大学で座禅を教え、月給をもらう身になることに忸怩たる思いを抱いている老師は、このことをだれにも話さなかったから、千栄寺も聴衆も老師が熊本を去ることは知らなかった。

この日、興道老師は、「本当の人生」と題して自身の少年期の苦労話と遊郭の裏町で暮らした日々の見聞をありのままに語り、真実に生きるとはいかなることか、という問いかけをした。

五歳で母と死別し、八歳のときに父が死に、興道少年は提灯屋の澤木という叔父の養子となる。叔父の提灯屋は遊郭の裏通りにあり、その界隈は詐欺師、香具師、博徒、スリなどおよそ世の中のインチキばかりを生業とする無頼漢たちの巣窟であった。提灯屋は名ばかりで、いつも酒びたりの叔父は、家で博打を開帳していた。興道少年は見張り役をさせられ、あさましい大人たちの出入りと、欲望をあらわにした狂態をみながら育った。叔父には十一人目の女房がいて、娼婦あがりの古手だが、やたらヒステリックで優しいところなどみじんもない女であった。

ある日、自分の家の庭のように気安く出入りをしていた遊郭の二階の一室で、若い娼妓を買った五十年配の旦那が、心不全で腹上死をした。遊郭のまわりは見物人であふれ、わいわいがやがや大騒ぎだった。興道少年が抜け道から遊郭へこっそり上がり部屋をのぞくと、死んだ男の横で娼妓がしらけ顔で座っていた。そしてつれあいらしき女が、死人にとりすがり、おいおい泣きながらぐずぐず恨みごとをぶつけていた。興道少年はそれまでに数多くの死に遭遇してきたが、このとき、はじめて深刻なものにぶち当たった気がした。人間はいつ死ぬかわからないのである。まさに人の世の無常というものを観たのであった。自分が育ってきた環境が環境だけに、決してインチキではなく、金や体裁や地位や名誉にとらわれない人生、清らかで品格のある人生はないのか。きっとあるに違いない。人が生きるとはいかなることか。本当の自分とは何か。人生の真実を知りたいという願いがふつふつと湧き上がってきたのである。その後、家をとびだし、永平寺で坊さんになろうと決意した。永平寺では、お前は親の菩提をとむらうために坊さんになるのか、とさんざん問い詰められた。しかし興道少年には、そのような気持ちはさらさらなかった。興道少年は坊さんになって、ただひたすら人生の真実を求めたいと願っていた。太陽のようにギラギラしたものではなく、月のようにひそやかでつつましく、澄んだ光を放つ人生こそ、自分が求める真実なのだ、と少年は思ったのである。

講話を聴き終えて外へでると、月夜になっていた。

寺院が建ち並ぶ寺町のすみずみまで、白い光がさしこんでいる。土塀ごしにみえる桜の花々が、あたりに玄妙な雰囲気をかもしだしていた。ふたりの足音だけが路地にひびき、まるで月光がつくる舞台にいるようである。中空にのぼった月へ、目をとめていた欣一郎がたちどまった。

「こんな気持ちで、月をみるのは初めてだ」

「本当の人生か、いつ聴いちゃっても老師の話はよかばい」

平田も足をとめた。講話と月の光がふたりをとりこにしていた。

「澄んだ光を放つ人生、ええ言葉やなあ」

だるま顔を月へむけて欣一郎は嘆息し、芳子もこの月をみているのだろうか、と恋心をつのらせ、音信を断っていることにせつなさと潔さを感じるのだった。ふたたび歩きだすと、平田がとつぜんドイツ語で何やらつぶやくように歌った。

「バンデア　シルバンモンド　ドーシュ　デイグシュタイヒエ　ブリンクト（銀色の月が樹の枝ごしに光そそぐとき）」

「なんだ、いきなり……」

「ブラームスの歌曲ばい、孤独と憂愁ば照らす月の光」

「ふむ、ブラームスと月の光か」

音楽に関心がない欣一郎も、ブラームスの名前とドイツリーチェのいくつかは知っている。たしかに今夜はやたら芳子が恋しく、ブラームスがふさわしい夜である。

小声でぶつぶつ歌っていた平田が、歌うのをやめた。

朋輩に肩をよせて、声をひそめていった。

「欣しゃん、満州はどなんなると、関東軍の思うままだ」

「満州？　政治のことはわからん」

欣一郎はそっけなく応えた。月が雲にかくれはじめている。

平田は歩くのをやめ、つづけた。

「農村はどこもひどか。東北では餓死者もでている」

「うん、軍人だけが元気じゃ。いやな時代になった」

欣一郎は親友の顔をまじまじとみて、ふだんの思いをはきだした。

幸徳秋水の信奉者だった平田とちがい、欣一郎は政治を論じるのは性に合わないのだが、満州国を承認しなかった犬養首相の暗殺からもうすぐ三年になる。軍部が政治に大きな影響力をもつようになり、満州では関東軍の発言力が年毎に強まっていた。九医専でも軍医になる卒業生が増えている。

雲の間で見え隠れする月へ目をやり、平田がぼそっといった。

「みんな、押し黙ってしもうたばい」

「ムネ、まさかお前、いまも……」

欣一郎はぐっと言葉をのんだ。察した平田は、

「こぎゃん僕でも、王丸先生は弟子にしてくれた。迷惑ばかけるつもりはなか」

ときっぱりいった。

欣一郎は一緒に月をみあげながら、親友に語りかけた。

「精神病の患者は隅においやられ、お国のためにならん、と厄介者あつかいのご時勢になりよる。精神科医はなあ、その一隅に光をあてる。一隅が輝けば輝くほど、世の中は明るくなる。これこそあの月みたいに、澄んだ光を放つ人生じゃないか。そうだろ、ムネ」

「うん、あんたのいうとおりだ」

ふたりは雲間から顔をだした月をみつめていた。

四月六日、満州国皇帝の溥儀《ふぎ》が来日した。

礼装した昭和天皇が東京駅に出迎えた。この日のために駅前広場には奉迎門がつくられ、両国の小旗をふる沿道の観衆の中を皇帝と天皇を乗せた馬車がはしりぬけて、赤坂離宮にはいっていった。

新聞はどこも大々的にこの慶事を報道した。〈日満感激の一瞬・東京駅頭の御握手〉、〈日満のちぎりいよいよ固く〉などなど奉祝の見出しと写真が紙面をうめた。

夕刻、保養院から帰ってくると、下宿の食堂にうかない顔の平田が待っていた。すぐに手にした新聞をみせて、読んだか、と口をとがらせる。保養院には全国紙と地方紙がそれぞれ二紙はいっていた。いずれも特大の写真と歓迎の大きな見出しがおどっていた。ざっと目を通し、よいニュースではないか、と欣一郎は素直にうけとめていた。兄の順平が勤める朝鮮銀行も、住んでいる大連にしても日満の関係がいっそう緊密になるのは喜ばしい。ところが、平田はこのニュースに過敏に反応した。胸の奥にしまっている信条を唯一信頼する友にぶつけてきたのである。「朝鮮ば併合し、満州国ばつくり、こん先日本はどぎゃんすっとか。新聞にはそぎゃんことは一切書いとらん。新聞は太鼓持ちになったばい」と方言まるだしにして、国の行く先を憂い、権力べったりの新聞をけなした。

「いうことはわかるが、ここだけのことにしとけ」

室内に視線をめぐらせ、テーブルの上の夕食へ目をとめて、欣一郎は忠告した。賄いの婆やは帰宅しているので、だれもいない。

平田は目を宙におよがせながら、やりきれない思いをぶつけた。

「みんな患者ばキチガイ、キチガイいうが、略奪し、破壊し、人ば殺して、正義も軍神もあるもんか。戦争ばこそキチガイのやることじゃなかか。関東軍にあおられ、日本ちゅう国は狂いはじめとる」

「ムネ、わかった、わかった。お前のいうこと、おいどんは胸にしっかりしまっておく。だからもう口にするな」

憤る友の背をかるく叩きながらおだやかに諭すと、これをふたりで食べよう、と鍋の蓋をあけた。すき焼きである。平田は頚をふってことわった。食べる気にならんという。

「柔道部にもどって来い。ときどきは武道場に顔をだせ。汗をかいて畳の臭いをかいだら気持ちがすっきりする」

と誘い、肩を怒らせたままの朋輩の気持ちがおさまるのを欣一郎は待った。平田はテーブルの上に両手を広げ、手のひらをじっとみつめていたが、やがてこくん、とひとつうなずいた。三日後、かれは朝練にやってきて、ぎこちない動作で欣一郎や後輩の部員たちとくみ、汗をながした。その後、週三日の朝練に参加するようになった。

恒例の高専柔道全国大会の西部戦は十五校が参加して、七月十五日に福岡の武徳殿で開催された。ふたりも応援にかけつけたが、優勝候補の山口高校と対戦し、九医専は一回戦であえなく敗退した。翌日の反省会で、王丸部長は部員につぎのようにいった。気合いも大事であるが、これからの柔道はますます固め技が勝負を決することになる。その固め技は三十をこえてあるが、あれかこれかではなく、おのおのが最も得意とする技を一つだけとことん磨き、その得意技で勝つ柔道を目指すようにしよう。

気合いよりも得意技を磨け、という王丸部長の練習目標に平田は大いに感じるところがあったようだ。七月の末、朝練が終わった帰り、欣一郎とつれだって歩きながら、いかにも平田らしいことをいった。

「気合いの稽古じゃなく技の鍛錬ばせよ、と部長はいわれる。気合いの稽古は自負心過剰になって、目ばくもらせる。技の鍛錬ちゅうのは身体がおぼえることだ。身体がおぼえればおぼえるほど、目もこころもますます澄んでくる。職人芸がそうだ。そう思わんか」

「まあ、たしかに気合いだけでは勝てん。気合いがすぎると相手がみえなくなる。大声をあげて威圧してもからまわりじゃ」

欣一郎は気合いではだれにも負けはしないが、それゆえに気合いだけではどうにもならないことは痛いほどわかる。得意技で勝つ柔道という部長の方針に前がひらかれた思いがしていた。いまは、後輩たちへ自分が得意だった袈裟《けさ》固《がた》めの指導に力をいれている。

平田はなんども合点し、

「精神主義は危なか。実力を見失い、夜郎自大になり下がる」

とかみしめるようにいった。

気合いだけではダメ、技こそ勝負を制す、とする王丸部長の方針転換により、部員は各自の決め技を高めることに汗をながした。この方針は九医専の柔道をかえた。九医専は西部地区で優勝をねらえる実力校へと成長し、昭和十五年の第二十七回の大会で悲願の優勝を勝ち取ることになる。

ところで、澤木興道老師は東京へ去ったが、駒澤大学では客員待遇なので、大学の勤務にしばられることはあまりなかった。全国各地から接心や講話の依頼は従来にもましてあった。尚道会の歳末鍛錬会も例年通り、老師が九州の各地をまわる接心の最後に千栄寺の仏間でひらかれることになった。この歳末鍛錬会は昭和十八年までつづけられ、戦争の激化と敗戦で二年間中断されたが、昭和二十一年から再開されている。

昭和十年の歳末鍛錬会で、老師は証道歌の「実相を証ずれば人法なし」について語った。般若心経には、諸法は空相にして生ぜず、滅せず、垢はつかず、浄《きよ》からず、美しくもない、汚くもない、生まれもせず、死にもせずとあるがこれこそが実相である。人間はいつも人間の立場で物事をみる。だから実相はみえないし、つかまえられない。この世の中のことは妄想の外にはなんにもない。ことごとく一切は妄想なのである。実相をつかむためには、この宇宙の全景をひと目にみる智慧が必要である。悠然と流れるのも、土手をこえて氾濫するのも同じ筑後川である。山から海へ流れくだるそのすがたに変わりはない。これが実相である。人間の立場、すなわち人法からではなく、宇宙の全景をひと目にみるとは、このようなことである。

欣一郎は講話に耳をかたむけながら、精神を病むということは、発熱と同じくひとつの症状であって、そもそも精神病という病気はない。あらわれた症状にとらわれて、精神科医が患者本来のすがたや人格（これを実相と表現してもよいかもしれないが）、を見失ってはならない、と自戒するのだった。

花園を荒らす雑草

昭和十一年になった。

年末年始も帰省せず、欣一郎は保養院の勤務と医局での研究、そして尚道会や柔道部の指導に明け暮れる日々をすごしていた。二月二十六日には、東京で軍事クーデターがあった。一般国民がこの事件の詳細を知ったのは、二十八日以降の一連の新聞報道からである。地元紙は、〈本県特高課も徹宵して緊張、県民よ冷静たれ〉などの記事を書き、安寧《あんねい》をよびかけていた。欣一郎は平田のことを心配したが、かれは国家を揺るがしたこの重大な出来事について、一言も口にせず、関心さえもないふうを装っていた。自由でおおらかだった学園においても、特高の気配を身近に感じる時代がすでに到来していたのである。といっても、事件が一段落した三月の末に、〈不祥事に鑑み要求される葉隠れ精神の再検討　皇国史観の教育に力を注ぎ国憲国法の尊重を鼓吹す〉と地元紙が書くと、その滑稽な論調によほど我慢がならなかったのであろう。朝練の帰り途、「こん国の進路はますますおかしな方向へむかっとる。国中が軍部ファシズムの暗雲におおわれて、まともな言論はとっくにのうなってしもうた」とひとしきり嘆いたが、それもこのときだけで、根っからの共産主義者でもある平田でさえも、雌伏しているよりほか、なすすべはなかった。

夏が過ぎ、筑紫平野に秋がきた。

夕焼け空の下、帰宅すると封書が届いていた。ながれるような行書で渡部欣一郎様としたためてある。芳子からだ。これまで年に二度、年始の挨拶と暑中見舞いで息災をたしかめあってきただけなので、胸騒ぎがした。封書を手に、畳にどっしり腰を落とした。それでも封を切るとき、はからずも手がふるえていた。一度、さっと目を通してあおむけに寝転び、上体をおこすと今度はじっくりと読んだ。

〈はからずもお便りを差し上げることにしましたのは、来年三月に福井高女を卒業するわたくしに、決断をせまられる事案が迫っているからでございます。この春、父紀瀬太郎からお見合いの話がありましたときは、相手様のことも聞かずにすぐにお断りいたしました。母千代乃は欣一郎様のことをいつも気にかけておりまして、わたくしの気持ちを母に話したことはありませんが、それでもうすうすと察するところがあるのでしょうか、この最初の話には、母も反対してくれました。ところがそれからというもの月に数回の割合で、父はもちこまれた釣書をわたくしに見せて、高女を卒えたら進学はせずに嫁いで欲しいと申します。もちろんわたくしの将来を案じてのことではありましょう。

欣一郎様もご承知のようにわたくしには妹と弟がいますので、いつまでも自分の勝手を通すことはできません。それで卒業後のことに真剣に向き合わざるをえなくなっていましたところ、このお盆明けに、金沢で病院を経営されておられるお方から、ぜひ、子息の嫁御に来て欲しい、という話を父がもち帰ってきたのです。ご子息は外科医で、先々病院を継がれるとのことです。母も、お前にはもったいないお話しだと、今度は反対しませんでした。わたくしは思い切って、欣一郎様と将来の約束をしていることを打ち明けました。ただ、遠く佐賀の病院にお勤めの欣一郎様のご都合もありましょうし、わたくしにもそれなりの覚悟が必要です。卒業後すぐに嫁ぐことは現実的ではありません。一年余りは花嫁修業をしたい。とそのようなことを母に率直に申し上げました。すると母は、好きになった人のもとに嫁ぐのが女のしあわせというもの、とわたくしの考えに賛成してくれました。それでつい先日、金沢のお話しはお断りしました。ただ、気がかりなことが頭をもたげてまいりました。母はそれとなく、欣一郎様のことを父に話していますが余り耳をかたむけず、お見合いを望んでいるようなのです。このまま卒業後も家にいるのはさすがに申しわけなく、家をでる覚悟でおります。上京して専門学校へ通うことも考えておりますが、父からの支援を仰ぐことは到底できません。もちろん、いきなりあなた様のもとへゆくのは野合のようで、渡部家にもご迷惑やご心配を多々おかけすることになりましょう。父に不義理をはたらくこともできません。

このように、卒業後の身の処し方について、あれこれ浅はかな悩みに沈んでいるところでございます。ご多用な日々、欣一郎様のお心をわずらわせることになり、誠に心苦しく申し訳ありません。どうかあなた様の率直なお考えをお聞かせ下さい。一日千秋の思いでお会いできる日をお待ち申しあげております。母がくれぐれもおよろしくお伝えくださいとのことでした

——〉。

この夜、欣一郎は二つの文書をつくった。

一つは、芳子へあてたものである。結婚したい気持ちにいささかも変わりはない。ただ、久留米や佐賀は福井から遠いので、ご両親は心配なさるに違いない。現在の保養院は、三年間勤

務することになっているので、昭和十三年春には役目を終えることができる。四国内へ、松山なら最善なのだが、王丸先生へ赴任先のお世話をお願いするつもりだ。貴女の卒業後のことについては、大連に住む兄順平に相談する。きっとよい解決策が届くと思う。しばらく待っていて下さい。

欣一郎は翌日、永平寺門前の土産物屋で買った簪をおさめた小箱の小包にこの手紙を入れて、芳子宛に発送した。

二つ目は、大連の兄順平に宛てたもので、芳子と自分のおかれた状況を赤裸々に説明し、どこかよい花嫁修業先を探して欲しい、と書いた。

返信は早く、それも思いがけない朗報だった。

順平によると、上司の支店長が前々から、小学生のふたりの子どもに家庭教師をもとめていた。できれば日本国内の女学校卒か来春に卒業する人で、家族と一緒に暮らし、少なくとも一年以上は滞在できることが条件である。それに支店長夫人の話し相手にもなれる教養があることが望ましく、芳子さんならこれらの条件を十分に満たしている。炊事、洗濯、掃除は二人の満人の使用人がするので、家事をすることはない。給与もそれなりの厚遇で、さらに本人の希望があれば、大連市内の高等女学校への進学もできる、とのことであった。

この話はとんとん拍子に進み、十二月に東京へ順平を伴って出張した支店長は、帰途に福井へ立ち寄り、芳子と両親に会うことになった。大連からの二人の賓客を迎えた山本家は大わらわだったが、支店長は芳子をひと目みてすぐに気に入った。先々、渡部家に嫁ぐことになる長女の大連行きを紀瀬太郎も認めた。両親と芳子は、舞鶴港から海路で大連へ帰る客人を福井駅まで見送った。

それからあっという間に月日が去り、昭和十二年三月になった。

芳子は女学校を卒業して十日後、千代乃につき添われて松本通りの生家をあとにし、汽車で敦賀から小浜線で西舞鶴まで行くと、駅の近くのホテルに一泊した。そして翌日、正午に出航する日満連絡船に乗るため、少し早めに港へ行き、待合室で乗船の手続きをすませた。出航までまだ二時間余りあったが、桟橋には大きな客船が接岸していて、港の周辺は大陸へ渡る人たちで混雑がはじまっていた。

さっきから、待合室の出入口がよくみえる二人掛けのイスに腰掛けて、芳子はじっと回転ドアの方へ目をむけたままでいる。

「本当にいらっしゃるのかなあ」

千代乃が娘の横顔へ目をやりながら心配した。

卒業後、芳子はショートカットした髪に軽くパーマをかけていた。ふっくらした頬から首もとまでのぞく、若い膚が瑞々しい。淡いグリーンのブラウスコートは、彼女の楚々とした顔立ちに映えて、ひときわまわりの目をよくひいていた。

「来るわよ、お母さん。ほやけどまだ早い。十一時の約束ですもの」

芳子は待合室の時計で時間をたしかめ、すぐに目をもどした。

「はるばる久留米から汽車を乗りついで、まあ大変なこと」

「あたしお母さんに話さんだったけど、欣一郎先生はいったん四国の家にもどられて、ご両親にお会いになるそうです」

「ほうかね、お前のこと、きちんとお話しされるんや」

「ええ、でもお兄様の順平さんがあたしのこと、すでにご両親に話されているそうですから、安心しています」

と口にしたものの、欣一郎とは丸々二年以上も会っていなかった。不安がないわけでもない。打ち消すように、

「先生、昨夜、松山発の夜行列車に乗られています。朝、京都に着き、綾部から舞鶴線に乗りかえて、十時半に西舞鶴駅着とお書きになっていました」

と、手紙に記された舞鶴到着の時刻と経路を母に伝えた。

舞鶴には港が二つあり、鎮守府がおかれ軍港として発展してきた東港と、貨物や旅客船の発着でにぎわう西港がある。釜山、大連、旅順、青島、そして上海へと大海原を渡る民間人はこの西港へ、大きな荷物をかかえて集まってくる。

いつの間にか、待合室が旅客と手荷物、それに見送りの人たちでうまっていた。旅立ちと惜別の思いが港特有の寂しげな喧騒をつくりだしている。やがて時計の針が十一時を指し、乗船

をうながすアナウンスがながれた。人々は待合室から桟橋のほうへぞろぞろと移動をはじめた。

（来ないなんて、そんなことありえない……）

出入口へ目をくぎ付けにして、芳子はじっと待っていた。

千代乃は旅行鞄を手に立ち上がった。

桟橋へ向かう人々の流れは速くなり、出入口の周辺はがらんとしている。千代乃が列にならんだ乗客たちの背に目をやり、あと少し待って、おいでなかったら桟橋の方へ行こう、と芳子へいった。

（ひょっとして、桟橋で待っているのかも……）

時計へ目をはしらせると、長針が十五分を指していた。ゆれるまなざしを回転ドアの方へもどした瞬間、芳子はあっと小さく叫ぶと立ち上がり、駆けだしていた。

ドアのほうから、スーツすがたで山折れ帽をかぶった欣一郎が、まるで柔道の試合のように両手を広げて近づいてきた。欣一郎の胸に芳子は上体をぶつけ、太い腕に抱きとめられていた。

恥じらい、両腕からのがれると、

「もう、いらっしゃらないのかと、心配しました」

いい終わらないうちに、涙が頬をつたいおちていた。

欣一郎はまちがえて東港へ行ってしまい、タクシーをつかまえ大急ぎで西港へ引き返したのだった。順平から、お前にはもったいないほどの才媛だ、と手紙をもらっていた。二年の月日が芳子をすっかり娘へと成長させている。

王丸教授に、欣一郎は大連へ渡ることになった婚約者のことを話した。彼女はまだ十六歳である。できることなら数年後、保養院の勤務が規定の三年間をこえてからのことだが、松山で彼女と所帯をもちたい、と希望を申し出た。王丸は終始にこにこと耳をかたむけていた。そして、眼鏡の奥の目をやわらげ、

「クヌルプも恋をし、いよいよ妻を娶るか」

と純真一徹の弟子を青春小説のクヌルプになぞらえ、転任先については気をくばっておく、と約束してくれたのだった。

欣一郎はそのようなことを芳子へ話し、気づかって遠くからふたりをみつめていた千代乃のもとへ歩み寄ってあいさつを交わした。そして一月分の給与がはいった餞別ののし袋をそっと手渡した。

桟橋へ一緒にでた。乗船がはじまっていて、船へかけられたタラップを、重い足取りで旅客が次々にあがっていた。見上げると舷側には、たくさんの家族や若い男女が肩を寄せ合い、首をのばして埠頭を見下ろしている。タラップの手前にたちどまり、芳子はこれからはじまる大連での生活のことをあれこれと語った。福井よりもよほど都会で、ガスも上下水道も完備しセントラルヒーティングだから冬も室内は暖かい。商店街にはなんでもそろっていて、三越百貨店の通りには洋食のレストランが軒を連ねている。支店長宅のある居住区にはアカシアの並木

道があり、秋になると広い碧空《あおぞら》が紅葉に彩られ、それは綺麗である、ともうまるで大連に住んでいるかのようにいうのだった。それから千代乃にうながされ、ふりかえりふりかえりしながらタラップをあがっていった。銅鑼《どら》が打ち鳴らされ、汽笛を響かせながら連絡船は埠頭をはなれていった。欣一郎は船が半島の先にすがたを消すまで、たちつくしていた。

この年の夏、国は盧溝橋事件をきっかけに中国と全面的な武力衝突に突入し、国民の暮らしのすみずみにまで軍事色が強まっていった。こうした中、優生学思想の台頭は精神病の本質や原因についての研究と論議を活発にさせるとともに、優生政策を国の表舞台へと押し上げる。健全な素質を有する者の増加を目的とする優生運動は時代の趨勢となり、昭和十五年五月に「国民優生法」を成立させることになる。

「優れた種」を意味するギリシア語にちなんでつくられた「優生学（eugenics）」は、民族の遺伝的形質の向上を目的とした学問でありその実践でもある。優生学は公衆衛生的な「社会衛生学」と、優良な形質の遺伝をうけつぎ増やすことに目標をおいた「民族衛生学」の二つにわかれ、二十世紀初頭から欧米各国では後者の立場にたつ優生運動がさかんになっていた。

日本では昭和五年に設立された「日本民族衛生学会」が、昭和十年には財団化された。会長に就いた東京帝大医学部教授の永井潜は、民間向けの雑誌や学会誌の中で、「民族の花園を荒らす雑草は断種手術によって根こそぎ刈り取り、日本民族永遠の繁栄を期さねばならぬ」、あるいは「人類をして佳良なる子孫を蕃殖せしめ、不良なる者を絶滅せしめようと思うたならば、先ず第一に其の種子即ち遺伝によりて、子孫の形質を定むべき単位性質に目を著けねばならぬ」、さらに「玉磨かざれば光なしという諺があるが、要するに環境の力は磨くことである。併しながら、いくら磨けばとて瓦は所詮瓦であって、到底玉にはなりえない。個体の生存の上に環境の必要な理由も、種性の改善の上に環境の無力な所以も、之によって甚だ明瞭である。どうしても内的遺伝が第一義であり、外的環境は第二義でなければならない。」などの啓発活動を展開し、民族優生保護法案（国民優生法）の作成を目指すことになる。

すでに昭和初期には、アメリカ、フランス、ドイツ、カナダ、デンマーク、メキシコ、スエーデン、ノルウェー、フィンランドの九か国で各種の優生法が制定されていた。昭和十一年十二月、日本民族衛生協会（学会を協会に改称）はこれら九か国の法文と国情を検討勘案して作成した民族優生保護法案を国会へ提出した。全国紙は十三条からなるこの法の草案を解説付きで詳しく報じた。なかでも読売新聞の報道はインパクトが強いものであった。同紙は、「悪血の泉を断って護る民族の花園、研究三年、各国の長をとった〝断種法〟愈々議会へ、画期的な法の産声」と大きな見出しをつけ、永井潜博士（協会会長）の顔写真と共に条文の解説をした。

この法案の核心はいわゆる「断種」であって、「悪血の泉」たる悪質なる遺伝性疾患の素質を有する者の増加を断つため、かれらの生殖を不能にする手術あるいは医療処置を施すことにあった。第一条に規定された悪質なる遺伝性疾患とは、精神薄弱者、精神乖離症者（いわゆる早発性痴呆症）、躁鬱病者、強度の病的人格者（俗にいう変質者でアルコール中毒、ヒステリー症者、凶悪な犯罪者を含む)、盲者聾者又は強度なる身体的畸形者にしてこれら劣等なる素質を遺伝する虞れ顕著なる者、となっていた。

民間の各種の団体からも、「断種法」制定に向けて積極的な運動が展開されている。日本精神衛生協会、代用精神病院協会、精神病者救治会も政府へ制定に向けた陳情を行なっている。

しかし、精神科医や学者たちがそろって断種法制定に積極的であったわけでは決してなかった。批判や否定的な意見も数多くあり、日本精神神経学会は反対論が主流であった。

十二年十月初旬、福岡で西日本精神神経学会が開かれた。

この日の夜、王丸教授に随行して学会に出席していた平田が欣一郎の下宿にやってきた。かれは学会で配布された茶封筒から発表資料をぬきだして、断種法をめぐる会員たちの意見をかいつまんで紹介し、反対が多数であったことを伝えた。そして、

「この国ば、こぎゃん乱暴な法律ば平気でつくろうとしとる。悪血の泉を断つ、とは何事や。障碍者は花園の雑草なんか、こぎゃん言論が平気でまかりとおる時代こそ、一刻も早う終わらせんばならん。欣しゃん、みんなの意見ば総括すればこぎゃん調子やった」

とやや興奮気味に学会の意見を要約した。

「そうか、やっぱしの。おいどんも医療処置はせんぞ。そげなことは絶対にせん。悪血や雑草とはなんだ！　だれがそんなことを決めるんだ。衛生協会のお偉いさんは、いったい何様のつもりだ」

と欣一郎も鼻息をあらくした。

平田はなんども合点して、決めつけた。

「お偉いさんたちは、遺伝性疾患ばもつ者は人間でなか、ちゅう考えで一致しとる」

「それはけしからん話じゃないか。精神病の本質は、まだまだだれもわかっとらん。生まれつきか、それとも育ちか、長い論争はあるが、だれも明らかにしてはおらん」

医学のなかでも、精神病は最も解明が難しい疾患であり、何がこの疾患を引き起こすのか、謎はのこったままである。

平田は力説した。

「生まれか育ちか。僕は欣しゃんも承知のとおり、問題の本質ば環境や社会にあると思うとる。ところが優生学ば、生まれそれ自体に善悪をもちこんどる。とんでもないことだ」

学会の資料をめくっていた欣一郎が顔をあげた。

「王丸先生は、発言されたのか?」

「もちろん。先生は断種法反対の理由を述べられた。まだまだ精神疾患の遺伝生物学的研究は不充分だし、単一の原因で発現するものでもない。それに精神病の治療はもっと進むだろうから、断種などやってはならん、と明確だった」

「なるほど、さすが先生だ」

欣一郎は目を輝かせ、うなずいた。

王丸教授は病跡学の権威でもある。この立場からも発言していた。平田はその要旨を話した。教授は古今東西の誰もが知る歴史上の人物を何名もあげ、画家、音楽家、作家、学者、政治家で名を成した人たちの多くは何らかの精神疾患に苦しみ、かれらの業績とそれぞれの疾患は決して無縁なものではない。支配者であった王侯貴族においても精神の病に侵されていた者は多い。かれらを苦しめた遺伝形質を劣等とするのは、人類の歴史への冒涜ではないだろうか、と問いかけ会場から拍手がわきおこったのだった。

国防婦人会の活動がさかんになり、国内でも総力戦体制がつよまるなかで昭和十二年も師走に入った。

佐賀保養院では、大晦日の前日に職員と患者が一緒になって、庭で餅つきをするのが恒例となっていた。その準備をしていたところ国防婦人会から時節柄、もち米の量を半分にして欲しいと申し出があった。その分を戦地の兵隊さんに送りたいとのことである。院長の欣一郎は一も二もなく承諾し、正月飾りを例年よりもずっと小ぶりにして、昭和十三年の新春をむかえた。ところが年初めに、近在の施設や病院などへ国防婦人会から依頼があったのは佐賀保養院だけだと知り、なんとも解せない気分の年明けになった。

国では一月に厚生省が設置され、精神病に関する事項は予防局優生課が所管することになった。優生課はさっそく断種法制定にむけて、入院患者の遺伝の有無の全国調査を実施した。対象は北海道から沖縄まで百六十三病院で、調査する在院患者数一万八千九十一人である。三月になると、佐賀保養院にも県庁をとおして調査依頼が届いた。二月末日現在で、入院患者を国民優生法案に準じて精神薄弱、癲癇性精神病、精神乖離症、躁鬱病、病的人格、其の他の六つの病類にわけて、それぞれの患者が、「遺伝アルモノ」なのか、それとも「遺伝ナキモノ」なのか、あるいは「遺伝不詳ノモノ」に該当するのか、調べよということである。佐賀県の精神病院は保養院を含めて二院しかなく、患者数は二院合計で五十五人（男三十七人、女十八人）、その内の三十人が保養院の患者であった。どこの病院でも患者の血縁関係は詳細に調べられている。佐賀県の二院では調査の結果、全体の約半数の二十七人の患者が遺伝と推定された。

手間がかかったのは、「精神病患者退後院ニ於オケル出産調」だった。過去にさかのぼって、退院後に患者が何人の子どもの父親または母親になったのか、可能な限り本人や親族に会い、事実を正確につかむことが求められた。佐賀の二院では男女計四百十一人に追跡調査をし、退院後に一子をもうけた者は十七人（父親十三人、母親四人）、二子をもうけた者は三人（父親二人、母親一人）、三子以上はなし、という結果が得られた。したがって退院後に子をもうけた元患者は二十人となり、退院後の出産率（父親になることも含む）は、約五％ということであった。翌年の昭和十四年十月に厚生省予防局は全国の調査結果を発表した。この調査の眼目である患者退院後の出産調べによると、調査対象者二万九千八百二十八人の内、出産していない、すなわち一子ももうけていない者は一万九千十五人で六十四％、一子以上の子をもうけた者は二千七百十五人で九％となっていて、子をもうけたか否か不明な者が八千八十八人の二十七％

であった。退院後に子をもうけた二千七百余人の元患者の子どもたちに、国民優生法に規定する精神病等の病状がでたのかどうか、この調査だけでは不明であるが、この法がかれらの誕生を祝福していないことだけは確かである。

欣一郎は保養院として、できるかぎり調査に協力したが、退院した患者が子をもうけたか否かを追跡調査するのはさすがに気が重く、いつまでもわだかまりが残った。

一番の楽しみは、大連から届く芳子の手紙を読み、彼女が描いたスケッチ画を観賞することだった。渡航から一年が過ぎ、芳子の手紙は机の抽斗いっぱいになっていた。スケッチ画のほうは順序よく壁に貼りつけている。手紙は当初、ひと月に一通ほどであったが、ほどなく二通をこえ、今年に入ってからは三通をこえて届いていた。欣一郎に対する思いの表現も敬愛から、婚約者への愛慕を伝えるものに深められていた。「わたくし」だった自称が「芳子」にかわり、欣一郎につけていた「先生」の敬称は、「様」や「さん」になっていた。欣一郎も「私」から「おいどん」と表現するようになっている。スケッチ画のほうは昨年の夏からである。支店長の家族と星ケ浦海岸へでかけ、海水浴を楽しんだ様子をコミカルにつづった手紙に添えて、保養地でもある星ケ浦の風景をスケッチして送ってきたのだった。欣一郎が返信で画を褒めると、それからはいつもスケッチ画が届いた。彼女が暮らす厚いレンガ造りの日本人居住区の美しい景観、連鎖商店街の角地にそびえる三越と郵便局、子どもたちが通う大連常磐尋常小学校（芳子は送り迎えをしていた）、それに日本人居住区の通りを朝夕行き来する下駄直し、綿打ち、煙突掃除人、野菜屋、豆腐屋など満人の行商人の顔立ちや服装などが描かれ、どの画にも気の利いた説明がつけてあった。欣一郎は送られてくる画をみるのが楽しみになり、紙芝居に夢中になった子どもの頃のように、次に届く画をわくわくしながら待つようになった。この二月は、雪のふりつもった居住区の通りを北支へ向かう日本の兵士の隊列のスケッチ画だった。そして同じ二月に、「増税になる前にパーマをあてました」と一言そえて、アカシアの並木道にある美容院のスケッチが届いていた。

欣一郎は、壁にならんだたくさんのスケッチ画をながめ、芳子の大連での暮らしを思いえがいていたが、ここ最近になって、漠とした不安にかられることが多くなった。一昨日も部屋にあがりこんだ平田が、壁に貼られた「兵士の隊列」のスケッチをみつめながら、「欣しゃん、最愛のフェアロープター（婚約者）ば外地においたままでええんか、大連は所詮植民地じゃなかか」と心配した。いつもだと、すぐに言い返すのだが、欣一郎はスケッチの兵隊たちを無言でみつめていた。

七夕の日からしばらくして届いた画は、大連の夏の星座だった。日本の七夕の日に、芳子が子どもたちと屋上からみつめた七夕の星座である。天の川をはさんで、こと座とわし座が描かれ、おりひめ星とひこ星は赤と青のクレヨンでうすく色がつけられ、〈一日千秋〉と下に墨書されていた。

数日後、思いがけない話がもたらされた。

脳神経科の医局から、保養院の帰りに立ち寄って下さい、と電話があった。何事かと、少し早目に医局を訪ねて待機した。看護婦がやってきて、王丸先生がお待ちですと告げた。部屋に入ると、白衣すがたの教授が厳しい顔で欣一郎を迎えた。

「ご苦労だが、九月には転任だ」

教授は表情をかえず、単刀直入につげた。

「九月？　どこでしょうか」

突然の話に、欣一郎は大きな目を白黒させた。

「君の郷里の愛媛だよ。松山脳病院」

王丸はまなざしをやわらげた。

「松山ですか、ありがたいです」

声がはずみ、欣一郎は腰が浮きそうになった。

「フェアロープターを呼び寄せ、身を固めればよい」

愛弟子に、王丸はさりげなくいった。

下宿にもどると、芳子と兄の順平に手紙をだした。年明けには松山で所帯をもちたい、と二人へ宣言し、芳子には松山で新婚生活をはじめるので、福井の両親に知らせて承諾してもらうよう促した。そして兄には、年末までに芳子が帰国できるよう手助けして欲しい、と丁重に意を尽くして書きとめた。

「まあ先生、こないなもんですけん」

病棟をひととおり案内して、汗をふきふき部屋にもどると、松山脳病院の事務局長は応接室の肘かけイスに腰をおろし、せわしなくうちわをあおいだ。

こないなもん、というのは何のことか。五千七百坪もある敷地に建つ男子と女子の病棟はあわせて四棟、それに医師、看護婦、監視人の官舎と二階建ての本館管理棟をふくめると病院の総建坪は八百二十坪で、二百名をこえる患者が収容できる、と局長は各病棟を案内しながら欣一郎に説明してくれた。白亜の管理棟はセンダンとケヤキの林につつまれ壮麗である。二階の西の窓からは砂丘とおだやかな伊予灘の海がながめられ、東は松山平野のかなたに石鎚山が望見できる。病棟はいずれも片廊下なので、採光も風通しもよく清潔だった。見て回ったかぎり立地も建物も申し分ない。

設立のいきさつについて、局長はこんな話をした。

精神医療がたちおくれた愛媛県内には、「脳の悪い人」が二千人以上はいるといわれていた。病人と家族の窮状をみかねて、松山市医師会が昭和四年、天皇御大典事業の一環として医師会附属脳病院建設の認可を県から得て、市の西隣の温泉郡生石村の吉田浜（現松山空港滑走路東南端）の田んぼを確保した。しかしさまざまな方面からの反対やいやがらせがあり、医師会自体は設立を断念した。それで医師をふくむ篤志家六人が共同出資して設立することになった。設計士を京都の岩倉病院などへ派遣して、最新の理想的な脳病院の建設を目ざした。初代院長を九州帝大から招き、開院したのは昭和七年四月である。環境も施設もすばらしく、「風光明媚な吉田浜」が松山脳病院のうたい文句であった。

ところが開院してみると、大変な期待はずれであった。

愛媛は人々の脳病院自体に対する誤解と偏見が根強く、加持祈祷や水垢離《みずごり》などの因習に頼る治療が行なわれ、症状の重い者は私宅監置されたままであった。開院して三年経っても入院患者はわずか十数名にも満たず、病棟はがらがらだった。外来も日に数名なので経営は苦しく、昭和十年まで理事たちが赤字分を補填しあっていた。

「なんせ、四国は田舎ですけん、脳病院は嫌われとる」

局長はうちわをあおぐ手をとめ、しぶい顔になった。

こないなもん、というのは入院患者が少ないことらしい。

「今治にも脳病院がありますが、そっちはどうですか」

三年早い昭和四年、今治に脳病院が開設されていた。

「今治は先生、伊予の大阪ちゅうぐらい先進地ですからな。ここら中予や宇和島あたりの南予とは、文化ちゅうか、気風ちゅうのか、そりゃ大違いですがな。今治は最初から県の代用病院として始まり、規模はうちの半分もないが、百名をこえる患者でいつも満床です」

局長は着任したばかりの医師に麦茶をすすめ、自らもコップを手にした。格子がはめこまれた窓のむこうに青い空がみえている。

「ここ松山の患者は、いま何名ですか」

「七十ほどです。それでも法律によらん入院が増えました」

局長はすこしほっとした顔でいった。

精神病院法または精神病者監護法に係る公費患者ではなく、この二法によらない、私費患者の自発的な入院は望むところである。

「二代目の岩田太郎院長が来られて、病院は一変しましたな。こげんな田舎で待っとっても患者さんは来んちゅうて、町の中心部の三番町に診療所を開いた。これがよかった。それと同じ九州帝大から安河内五郎先生を招いて一緒に診察と治療をはじめた。それで外来も私費患者の入院もぐんと増えましたな。経営はいまも苦しいが、ががらよりはましですからな」

局長はまんざらでもない表情をうかべ、首まわりの汗をふいた。

岩田君は実直な研究肌、アクチーフ（活動的）な君なら大歓迎だ、と欣一郎は王丸教授から岩田院長のことを聞いていた。それと欣一郎と交代して福岡脳病院へ転任することになった安河内君については、Ｅｓ（Elektroschocktherapie：ドイツ語の電気ショック療法、以下は英語のElectro Convulsive Therapy：電気けいれん療法ＥＣＴで表記）の開発に取り組んだ実績をもつので、転任先では積極的に臨床研究をするつもりなのだろう、と話していた。ヨーロッパでは精神乖離症に有効な治療法として研究が行なわれていることは承知していたが、王丸は電撃によるショック療法には懐疑的だった。弟子の欣一郎も同じである。松山脳病院でも、安河内はECTの臨床研究をやっていたのだろうか、そのことを欣一郎は局長に質した。

「ECT？　まったく聞いていませんな」

「器具はありますか」

「見たこともありません」

「診療所はどうですか」

「それは先生、院長に訊ねてくださいや」

局長は壁の大きなカレンダーへ目をうつし、明日二日の金曜日も院長は診療所においでるから、お会いして業務の打ち合わせをして下さいといった。

暑い日差しをうけながら、門まで自転車をおした。横を歩いていた局長が、通勤は自転車ですか、と手で日陰をつくりながら訊いた。北条の親の家から汽車で松山駅に出て、駅からは自転車です、と応えた。雨の日なんか大変だからバスがええです、と局長が勧める。

欣一郎は門の前で立ちどまり、

「所帯をもつので、診療所の近くに家を借りるつもりです」

と、延々とつづく稲田のかなたの市街地へ目をうつした。

「それはようございますな、病院でお世話しましょう」

局長は目をほそめ、気軽にひきうけてくれた。

翌日、診療所へ出かけて、院長に着任のあいさつをした。岩田は欣一郎よりも六つ上の三十六歳、小柄だが理知的な顔立ちで頭髪は五分刈りにし、いかにも働きざかりという印象だった。ひと目見て、欣一郎は相性の良さを感じた。岩田院長は地元松山の有力な事業家でもある石丸惣藏理事長の信任が厚く、診療所と病院の経営をまかされていた。常勤の医師二人が原則として週の前半と後半にわかれ、病院か診療所に勤務し、医師会からは必要に応じて医師を派遣してもらっていた。病院で行なう治療は大半が持続睡眠療法で、診療所のほうは診察が中心であるが警察や保健所の依頼で往診にでかけ、患者を病院でひきうけることもままあった。

気になっていた新居は、三番町に平屋の一軒家を病院が用意してくれた。診療所に近く手入れのゆきとどいた庭があった。古いが所帯道具もそろっている。欣一郎は北条の家から布団ひとつを運び入れ、十月に引っ越した。結婚への準備は兄のおかげで順調である。芳子は十二月初旬に一年半余り暮らした大連を去り、福井へ帰ってくる。お互い一緒になる日を待ちに待った仲である。年内に北条の家で簡素な式をあげ、年明けからは松山の新居でふたりの生活がはじまる。そのことを思うだけで足が地に着かない。欣一郎は朝起きると座禅をくんでこころをととのえ、日々、患者と向き合うことに専念した。

宿直の日の夕刻、ＥＣＴのことをきっかけに、院長の考えを初めてじっくりと聴いた。

「安河内君はここでＥＣＴの研究をやりたがっていたが、私は賛成しなかった。いま、われわれがやるべきことは偏見や無知、それに医療行政の貧困でほったらかしにされてきた患者の救済です。そうは思いませんか、渡部先生」

と若い院長は明快だった。

「精神病者の救済・保護は人道問題、わが国目下の急務と呉先生はいわれましたが、いまもまったくその通りです」

欣一郎は、胸に刻み込んでいる呉秀三の言葉を引用して、院長への賛意をあらわにした。

「みんなは狂人というが、もともとこの世に狂人なんかいはしない。そうでしょ先生、脳やこころを患っているだけです。精神病は治療すれば治ることを国民みんなが知らないと、わが国に生まれた不幸は続きます」

「おっしゃるとおりです」

欣一郎は力強くうなずいた。

「診療所を開いたが、これだけでは足りない。われわれのほうからあちこちへ出かけないと」

「啓蒙活動ですか」

「そうです。まずは警察と役場や学校が対象です。署長さん、町長と村長さん、それに校長や先生方に話し、精神病は早期に治療をすれば治ることを理解してもらわないといけない。世の中の誤解を解いて正しい知識の普及をはかり偏見をなくしていく。これはわれわれの大事な仕事だと思います。渡部先生、一緒にやりましょう」

院長はやる気満々である。

すでに腹案をもっていた。中予の松山、南予の宇和島の各警察署と役場へ精神衛生の研修会を提案しようというのである。国民優生法のこともあるので、警察も市町村役場も研修会を開くことには好意的なはずである。実施は来年度四月からを予定していた。院長は欣一郎の仕事ぶりをみて、どんなことも本気でやる男だ、と見込んでいる。

「あちこちでかけるとなると、休みは取れませんよ」

院長は、もうじき花嫁を迎える相手を心配した。

「兵隊に征くわけではありませんから」

甲種合格の欣一郎は胸をはった。召集があればゆく心構えはある。院長は合点し、ためらいながらいった。

「先生には、南予方面をお願いしてよろしいですか。宇和島だと、汽車とバスを乗りつぎ一日仕事です。さらに南の海沿いの農漁村となると、一泊するようになりますが……」

「それは楽しみです。ガテン（妻）をつれてゆきます」

欣一郎は芳子と宇和海をながめる日を思い、頬をゆるませた。

「やあ、それは羨ましい」

若い院長も相好をくずし、膝をぽんと叩いた。

昭和十四年になった。

恋女房との暮らしがはじまった。夢の中にいるような毎日である。芳子といると、精神科医として最初に赴任した福井でのことが、いつもぐるぐると頭の中をかけめぐるのだった。雪の降る朝に山本商店で初めて会った女学生姿の芳子、陸上競技場のトラックを駆ける姿、永平寺の夏の空、えちぜん鉄道の車窓からふたりでみつめた九頭竜川、福井駅での約束、そして舞鶴港での別れ……。欣一郎にとっては決して忘れられない思い出である。かれはそのおりおりの芳子のふくやかな表情、きびきびした所作、思慮深いまなざし、明るく軽やかな語り口のすべてが愛おしく、新妻となった彼女のすべてを狂おしいほどに抱きしめ慈しんだ。またいっぽうで、自分だけが満たされていることに、そこはかとない不安と哀しみを感じるのであった。幸福感に包まれていると、日々向きあっている患者とその家族のことが頭に浮かんでくる。いったい、かれらに何の咎《とが》があるというのだろう。

四月から二人の医師がはじめた啓蒙活動は、国の調査に便乗して行なわれることになった。というのも国民優生法の「断種制度」にむけた準備として、厚生省予防局厚生課は一年前に全国の精神病院に在院している患者の遺伝調査を行なったが、今度は私宅監置されている全国で約七千人の患者に対し、専門家に委嘱して遺伝系統の調査を実施することになったからである。二人はその専門家の一員として、警察や保健所の調査に助言する立場であり、依頼をうけると監置されている患者への検診をし、また幹部を対象にした研修会をもった。南予ではどこへでかけても、国鉄の駅に警察の自動車が迎えにきていたので、交通の不便は解消されたが、新妻の同伴はできなくなった。

欣一郎は四十八種類もの精神疾患を一覧にした啓蒙用のパンフレットを研修会の参加者へ配布し、国民優生法案にある五つの精神病の治療の現状について話した。強調したのは、精神病は脳の病気であるから、治療すれば治るということだった。狂人呼ばわりされがちな精神乖離症（精神分裂病）も、急性期に幻覚や幻聴があらわれ、当人も周囲も大変であるが、この時期をすぎれば介護の困難は著しく減少し、当人も日常の生活をとりもどすことができる。早期に入院させて治療すれば必ず回復する、と明言した。最後はいつもこのように話を結んだ。生まれながらの狂人などはいない。だれもが祝福されて生まれ、それぞれの人生を楽しむ権利をもっているのだ。

私宅監置されている患者の四親等内血族の精神疾患の有無は、保健所が調査結果をもっていた。精神病、なかでも精神乖離症は遺伝するのだろうか。仮に両親のいずれか、あるいは祖父母にこの精神疾患があったとしても、それが患者本人へ遺伝したものなのかどうか。系統による推測はできても医学的なエビデンスはなかった。保健所から専門家としての判断を求められると、わからない、と欣一郎は率直に回答していた。

小中学校が夏休みに入って間もない日だった。

宇和島の保健所で研修会を終えると、所員も警察の自動車に同乗して山麓の農村へ向かった。

ある農家の年老いた親から、小屋にかくまっている息子を松山脳病院へ入院させてくれまいか、と何度も警察は相談をうけていた。それで専門の医師の診断をあおぐことになったのである。

青々とした稲田のなかをぬけて、小川沿いの道をゆくと目指す農家があった。杉木立の中に茅葺きの母屋があり、生垣の前には浮かない様子の村人と子どもたちがたむろしていた。巡査部長と保健所員、それに欣一郎がつれだって敷地に踏み入ると、村人たちもこわごわと少し後ろからついてきた。

玄関の前で一行を出迎えた両親は、すがるようなまなざしで慇懃にあいさつし、母屋の裏にある小屋へ案内した。格子窓から室内をのぞくと、畳の上に中年の男が寝転び、こちらへ焦点のさだまらない目をむけた。浴衣ははだけて、やせた胸元があらわになっている。窓は二つあり、風通しがよく悪臭はしなかった。欣一郎はこれまで福井、佐賀それと久留米で、私宅監置された患者を何人も診察し監置室もみてきている。その見聞からいえば、目の前の病人がかくまわれている状態は良好の部類である。こちらへ来る前に欣一郎は警察署に立ちよって、「監置精神病者台帳」を出してもらい、被監置者の氏名、年齢、病名、発病の原因、病歴の大要、主治医の氏名、そして監護義務者（ほとんどの場合戸主）の職業、資産状況、監置室の細部にいたる仕様（部屋の大きさ、天井の高さ、床と地表の距離、採光、換気、防暑、防寒、室内で使用する器具、便所等）について閲覧していた。監置義務者の資産状況は「中農」と記されていたが、病人にきめこまやかな介護ができているようであった。

とはいえ病人の息子は生気がすっかりぬけおち、暗鬱な淀みにうずくまっていた。

「この四月からですか」

と医師は小屋にかくまった時期をたしかめた。

額の汗をごつい手でぬぐいながら、父親はうなずき、

「暑うなったけん、毎日風呂にいれとる」

と息子のほうへ目をとめたままいった。

「ひとりで入れますか」

「家内が手伝うて、いれとる」

母親は小屋の前にしゃがみ、息子に何やら話しかけている。

父親は医師の方へむきなおり、

「みんなに迷惑ばっかしかけて、もう限界じゃ」

とつらそうにもらし、門のまわりの村人たちをちらっとみた。

「刃物をもって家をぬけだし、徘徊するけん警察から御許しをもらい、小屋にいれた。ここんとこ、大人しゅうなったけんど、なんやらいなげ（変）なけん、入院できまいかと……」

そこまで話すと、父親は押し黙った。

警察の「台帳」には、本人は三十代半ばに幻聴や幻覚にとりつかれ、夜になると、「おとろし、助けてくれ！」と叫ぶようになり、「特高が捕まえに来るけん」と震え、包丁を手にして家か

らたびたび逃げ出した、と書かれていた。

暴れる気配はなかったが、用心のため巡査部長と所員も欣一郎と一緒に小屋へはいった。病人は切れ長の澄んだ目で医師をじっとみつめた。四肢の筋肉はげっそり落ちて、寝たきりの老人のように細い。被監置者は強い鬱状態にある、と欣一郎は診断した。このままにしておくと、自殺の惧れがある。入院治療が必要である。

「先生とこの病院へ来たらええわい。元気にならい」

話しかけると、病人は口を開き、かすれた声で訊いた。

「お医者さまは、松山でしょうか」

「そうじゃ、海も山もみえて、ええとこじゃけん」

欣一郎はダルマ顔に笑みをうかべた。

すると突然、病人は医師の白衣をつかみ、上体をおこした。

「東京はイヤぞな、わいは東京で頭をこわしてしもたけんな」

興奮した目がつりあがり、白衣をつかむ手を小刻みに震わせた。

「東京やない、松山じゃけん、安心おしや」

とっさに二人の間にわってはいった巡査部長が病人をなだめ、白衣をつかむ手をはずした。

「台帳」には、病人はかつて村の秀才だったが、東京にある某繊維会社に勤務していた二十代のときに発病し、帰郷して容態がよくなり農業を手伝っていたが、再発したとある。

鎮静剤を打つまでもなく、病人の興奮はおさまった。

三人は母屋の土間で両親を交えて話し合い、息子は松山脳病院へ公費患者として入院させることになった。

「これで安心じゃ、あんたらように面倒みたわい」

巡査部長が両親を労わると、母親はほろほろと涙をおとしていた。

帰り際、欣一郎はひとりで母屋の裏へと回り道をして、腰をかがめて小屋をのぞき、「松山で待っとるけんな」と優しく声をかけた。行こうとすると、背後に母親が待ちかまえていて、「先生、すまんけど、ちょいとこっちへ来てつかぁさいや」と手招きをした。彼女は人気のない穀物倉庫の側でふりかえった。苦渋のうかんだ顔に西日が差し、涙の跡が光っていた。医師へとがった目をむけると、

「もう——」

といきなり悲痛な声をもらし、口元をわなわなふるわせた。

「みんなに迷惑のかけっぱなしや。小屋のなかで、死にたい、死にたいと毎日泣きよらいな。先生、病院で楽にしてつかぁさいや」

「しっかり治療します」

「いんにゃぁ!」

彼女は烈しく首をふった。

「先生、注射してつかさぁい。あの子を眠ったまま浄土へ行かせてやりたい。先生、目が覚めんようになる注射をうってつかぁさいや。お頼みします、お頼みします」

両手をぴったり合わせ、医師を仰ぎみる両目から涙があふれでた。

「そげなこと考えたらいけん。子どもにしたらお母さんは仏様だ。必ず元気になる。また一緒に働けるようにならい」

一言一言諭すようにいうと、母親は背を向け倉庫の板壁にすがり、肩をふるわせ泣いていた。

立ち去り、行きかけると、倉庫の角に単衣の着物に藁草履をはいた女学生らしき娘が、じっとこちらの様子を伺っていた。欣一郎が近づいても動かず、見開いた目をはなそうとしない。

「嬢ちゃん、みていたのか」

「すんません、つい……」

よほど驚いたのか、両手を日焼けした頬にあてたままである。

「だれにもいってはならん。胸にしまっておくように」

「はい、わかりました。先生」

娘は、かすれた声ではっきりと応えた。

宮崎のナポレオン

ヨーロッパではすでに戦争がはじまっていた。

年が明けた昭和十五年三月、日本軍が占領する南京に汪兆銘を主席とする国民政府が成立した。東西を問わず争いはやむことなく、戦火は広がるばかりである。

松山の桜が満開になった、四月三日のことである。

芳子が長男を無事に出産したというしらせが入ると、欣一郎は脳病院からかけだして自転車にとびのった。菜の花が咲く畦道をまっしぐらに走りながら、「芳子！　芳子！」と何度も何度も愛しい妻の名を呼びつづけた。空も雲も輝いている。

三日後の土曜日の夕方、父親になったかれは妻にいだかれて眠る赤子の様子をしっかり目にやきつけると、柔道部の後輩たちが待つ道後の宿屋へでかけた。力をつけてきた九医専の柔道部が、全国優勝を狙う松山高商との合宿練習を終えて、この日は打ち上げだった。合宿は二週間前から診療所の近くの錬成道場ではじまっていたから、欣一郎はたびたび道場に立ちより激励をしていたが、父親になって後輩たちと会うのははじめてである。打ち上げでは当然、夏の西部地区大会のことが話題となった。それがひとくぎりすると、来年は高専の全国大会は無期延期になるかもしれない、という心配にみんなの関心があつまった。日中戦争の長期化で昨年五月から国家総動員法が施行され、学校教育もさまざまな面で制約が厳しくなっていた。九医専では卒業後に軍医として召集される者がずいぶん増えている。

欣一郎のいる上座へ十二期生で二年生の井上良治がとまどいがちに腰を下ろした。かれは部員仲間からの噂で、「ダルマの欣さん」の愛称で呼ばれている大先輩の豪傑ぶりをよく耳にしていた。これまで試合会場で応援席にいるのをみかけたことはあったが、あこがれの先輩をまぢかにするのは初めてである。かしこまって酒をつぎ、同じ王丸教室から昨年の三月に召集された中島健一医師の近況を報告した。中島は満州国南端の吉林省敦化にある部隊から、この春に新京の部隊へ転属になったので、王丸先生が心配されているという。

「中島君は研究肌で学者タイプだからな、王丸先生が手放したくなかった弟子のひとりだ」

良治に返杯しながら中島のことにふれた。教室には医局で働く平田宗男がまだ残っている。平田から、中島は王丸教授の推挙で九州帝大へ内地留学することになるらしい、という情報をもらっていたが、召集によってそれは実現しなかった。平田がいうには、御国への忠節でみんな戦場へ行ってしまった、と教授はさびしがっていたそうだが、その平田にしてもいつ召集されるかわからない時局になっていた。

「ところで先輩、大恋愛で結婚されたとか……」

と良治が太い首をのばし、顔をほころばせた。

いつの間にか、ダルマの欣さんを後輩たちが囲んでいた。

「なんだ良治、そのことか」

欣一郎は目じりをぐっと下げた。舞鶴港の待合室で芳子を抱きとめたいきさつを話そうとして赤子の顔が浮かんだ。

「じつはな三日前、子どもが生まれた。おいどんは父親になった」

おーっと、一斉に雄叫びのような声がまわりからあがった。

「男ですか、それとも女の子ですか」

とだれかがせっかちに訊いた。

「男だ、可愛いちんちんがついてたぞ」

こんどはわっと歓声があがり、円座がどよめいた。

「名前は？」

「おう、名前か、まだ考えてもないな」

「今は、勝《まさる》、勇《いさむ》、功《いさお》ですよ、先輩」

と声があがり、みんながうなずいた。

欣一郎は杯をおいて周囲へ目をやり、腕組みをした。

すると合間をぬって、

「三日前ちゅうと、明け方はびゅーびゅー、風が吹いとった」

と夜明け時の天気のことを部員が口にした。

「そういやごーごーっと、嵐が来たみたいやったなあ」

良治がごつい肩をゆすってみせた。とたんに欣一郎は腕組みをとき、ポンと手をうち鳴らした。

「そうだ、決まったぞ良治。嵐だ、嵐がええ」

すくっと立ち上がり、後輩たちを激励すると、宿屋から往来へかけだしていた。

季節がめぐり秋になった。

九月になると、岩田院長は福岡の筑紫保養院へあわただしく転任して行った。後任として同じ九州帝大出身の精神科医がやってきたが、岩田院長とはことなり何ごとにもやる気がないので、欣一郎はひどく面食らい困惑した。このままではきっと対立することになる。そんな心配をしていた矢先、王丸教授から宮崎脳病院の院長をひきうけてもらいたい、と話があった。

この脳病院は、福岡に住む病院経営者が宮崎県にまだ精神病院がないことを知って、昭和十年七月に設立している。当時、宮崎は全国的（沖縄を除く）にみても精神医療が最も立ち遅れた後進県であった。十四年十月に厚生省予防局が発表した、「全国精神病院在院患者遺傳調」によると、宮崎県内には一病院しかなく、入院患者は男十八名、女十名の合計二十八名である。この調査の主眼である、「精神病患者退院後ニ於ケル出産調」については調査のしようがなく空欄となっていた。脳病院は宮崎市内を南北に二分する大淀川の畔にある。患者数がいっこうに増えないので給与が低く、これではやっておれない、と院長になった医師は見切りをつけて辞めてゆく。渡部君ならきっとやってくれるだろう、と王丸教授が白羽の矢を当てた欣一郎は、三代目の院長だった。

乳飲み子を抱いた芳子と親子三人で海を渡り、測候所に隣接する院長宅に入居したのは十月下旬である。嵐は丸々と肥えて、話しかけるとエクボをつくってよく笑った。明日から出勤だという日、乳児を乳母車にのせて、若い夫婦は大淀川の土手道を散策した。川幅が広く水量豊かな大河である。高く晴れ渡った青空を水面に映して、葦原のなかを川はゆったりとながれていた。対岸は昔ながらの農村で、刈り入れの終わった田に稲木が並び、点在する木立のなかに茅葺きの農家がみえる。脳病院はこの農村地帯の端の川沿いに建てられていた。院長宅からは長い木の橋を渡り、自転車で二十分ほどである。

しゃがんで息子をあやしていた妻が顔をあげた。

「まあ大きな空、景色がのびのびして気持ちいい」

「大連も芳子、こんな感じだったのか」

夫は周囲の景観へゆっくり目をやった。

ハンドルを手に、十九歳になったばかりの若い母は立ち上がり、

「大連はもっと広いけど、宮崎は人も土地も温けえ」

とさっそく、引越を手伝った病院関係者の方言を真似て応えた。

夫はゆっくりと歩いて来た道をふりかえり、安堵した。

「市街地はなかなかの都会だ」

大通りには洋風の建物が並んでいて、県都らしい文化的な装いがある。院長宅は閑静な住宅街にあり、商店街も近く生活には便利なところである。いっぽう長い橋のむこうの対岸は、日本のどこにでもある農村の風景をとどめていた。その景色に目をとめて、妻が女学生のようなことをいった。

「江戸と昭和が、河をはさんで向かいあっているみたい」

「そうだな、こちらだけ発展し、あっちは昔のままだ」

悠久なる大河の左右で、ながれる時間がことなっているようにみえる。木立の間から、野焼きのけむりがゆらゆら昇っている。

「ねえ、どちらが暮らしやすいかしら」

妻には何よりも子育てのことが気がかりである。

「それはわからんが、発展は必要だ」

座禅はさておき、夫は西洋医学を学んだ医師である。

芳子は母の顔になり、小声で少し反発した。

「昭和の日本は、中国まで進出して戦をしている」

「争いだったら、遠い昔からあるよ」

欣一郎がきっぱりいうと、芳子は乳母車のそばにかがみこんだ。

「ちっちゃな争いが、いまは国家の戦争になっている。あたし、この子が兵隊にとられるのは絶対にいや。大人になったら嵐、お父様のようにいのちを助ける仕事をしてね」

母のまなざしに応えて、嵐は瞳をきらきら輝かせていた。

河岸の丘の上に木造モルタル塗りの脳病院があった。これまで勤務したなかでは、一番小さく簡素な建物である。

隅々まで案内してもらうと、新任院長はさっそく事務長に訊いた。

「ここは閉鎖病棟だけなのか」

病棟のどの窓にも太い鉄格子がうちつけてある。中に獣でも飼っているような気配である。事務長がいうには、保護室と二、三の病室のほかは開放病棟扱いで格子はなかった。ところが患者がたびたび逃げ出すので、窓から外へ出られないようにした。それからは逃亡する者はいない。

「逃げ出す元気のある患者は治療すれば治る。逃げるのは病気のせいではない。われわれの方に問題がある」

病院側を問題にする発言に、事務長は狐目を白黒させ抗弁した。

「みなさん、一生懸命親身になってお世話されちょりますが」

「それはそうだろ。いかんのは鉄格子だよ。あんなものがあるから逃げたくなる。明日にも取り除き、五年前の状態にもどしてくれ。責任は私がとる」

欣一郎は大きな目をむき、断固として命じた。

一週間もすると、鉄格子のとれた病院の外観はぐんと明るくなった。逃げ出す患者はいなかった。院長は院内で働く者に規律を遵守させるよう婦長と事務長へ命じた。みんな時間にルーズで服装もだらしない。すぐに改め、挨拶や言葉遣いにも気を配ることを指示した。そして患者の名前を呼び捨てにしたりはせず、「さん」をつけるように命じた。三十人足らずの患者の容態と十数人の職員の名前をおぼえ、それぞれの人柄を理解したころである。みんなは猛烈な勢いで改革を実行していく院長に、「ナポレオン」というあだ名をつけた。太い眉毛、濃い口髭、決断の速さ、行動力、みなぎる自信、それらにくわえてジョセフィーヌを連想させる美人の愛妻が、このあだ名をいっそうふさわしいものにしていた。晩秋の早朝、大淀川にかかる橋は朝霧につつまれる。その白い霧のなかから自転車を漕ぐ院長が、馬に乗ったナポレオンのごとくすがたを現わし、病院へ近づいてくる。職員は凱旋将軍を迎えるかのように玄関前に整列するようになった。

欣一郎は宮崎でも啓蒙活動に力をいれた。警察や保健所からの依頼が増え、急性期や私宅監置の患者を引き取りにゆく日が多くなった。ゆっくり休む間もなく年がゆき、昭和十六年になった。入院患者の急増に対応するため、大急ぎで増築された開放病棟が初夏に竣工した。旧病棟も白い漆喰壁に改修した。バラックまがいの外観だった脳病院は、別荘地のサナトリウムのように目にやさしい建物に変貌した。

八月になって間もない日だった。

三年生に進級し、王丸教室で精神医療を学びながら医局で臨床も行なっている良治が、久留米から汽車を乗り継ぎやってきた。欣一郎は大喜びである。老舗の料亭でもてなした。ところが遠路はるばるやってきたというのに、客人の箸はすすまず、地酒を楽しむ風でもない。「どうした良治、遠慮はいらん、どんどんやってくれ」と意気さかんにいうと、後輩はかしこまり、「王丸先生から、宮崎の病院の院長は薄給だと聞いております」と小さな声で台所事情を心配した。欣一郎は膝をたたき、からからと笑った。月給はいま、赴任時の二倍の三百五十円だ、と胸を張った。入院患者の五か月分の入院料相当だった給与が改定されて、倍の十か月分になったのである。宮崎ではダルマ大師からナポレオンになって給与は高くなった。もともとかれは報酬にこだわりがなかった。昇給を断る理由はなく、院主のいうままもらうことにしているだけだ。

それで大食漢の良治は気が楽になったのか、すきっ腹に宮崎名物の冷や汁を何杯もかきいれ、芋焼酎をあおりながら、最新の治療法である電気ショックのことを話題にした。王丸医局でも、急性期の精神乖離症と重いうつ病患者を対象に、それぞれ数名ずつ電気ショック治療をしていた。額の左右に電極をあてて百ボルトの電流を頭部にながし、てんかん性けいれんを起こす。治療は週に二回のペースで通常一か月間である。症状の改善はみられるもののまだ始まったばかりなので、発表できるだけのデータはそろっていない。いまわかっているのは、薬物療法とくらべると格段に安価で手間がかからないことである。治療器具を一式そろえ、あとは処置室と回復室があればよかった。この先、身体療法の主流となりそうである。しかし問題はいくつかある。とりわけ患者の恐怖心はすさまじい。電撃を拒否して抵抗し、鉄格子にしがみつき、また便所に隠れてしまったりするので、看護人は数名がかりで処置室へ連れてくることもたびたびある。

欣一郎は開発者である安河内氏の研究論文などを読み知識はあるが、実際にみたことはない。率直に訊いた。

「通電は何秒ぐらいだ？」

「全身けいれんが起ったら、すぐに止めます」

「うん、で、何秒？」

「二、三秒でしょうか」

「てんかん性のけいれんと電撃は、また別なものだろうな」

欣一郎は患者の容体を案じた。

「四肢が硬直して目がつりあがり、口からあわを吹きます。事前に用足しをさせますが、失禁もあります。通電の瞬間は、全身の筋肉がけいれんしますから、若い患者の場合、身体がベッドから飛び上がりますね」

「そうか、そうだろうな。で、どうする？」

「回復室へ運び、看護婦がそばで意識がもどるのを待ちます。五分から長い場合で十分ほどです。回復したら、患者は自分で歩いて病室へもどっていますよ」

良治は治療の実際を正確に話すと、ふっと息をはいた。

話を聴くと、見た目にずいぶん暴力的な治療である。鉄格子にしがみつく患者の形相が目に浮かぶ。王丸教授はこの治療には消極的だったはずである。

「王丸先生のお考えは、どうなんだ」

「中には記憶が一部消失する患者もでたりして、副作用があります。王丸先生は治療方法の改善が必要だとおっしゃっていますが、効果が高いので中断するお考えはないようです。それに何よりも費用が安い。戦争でどこの医局も予算を大幅に削られていますから」

つい二週間ほど前、第三次近衛文麿内閣が成立し、東条英機陸相が主導する対英米開戦派の勢いは強まっていた。日本軍は南部仏印（フランス領インドシナ）への進駐を開始している。これに対抗してアメリカは日本への石油輸出を全面禁止したので、日米間の緊張はいちじるしく高まっていた。

夕焼けていた空が光をうしない、料亭の庭が宵闇につつまれている。ふたりはしばらく口をつぐみ、群青から濃紺へと沈む空へ目をやった。影絵になった庭の松が舞台にとりのこされたみたいである。里山から涼しい風が座敷にはいってきた。良治が口をひらいた。

「戦争、戦争で息苦しい時代になりました。軍医が足らないので医専の修業年限を半年、繰り上げようという話がありますよ」

「半年も！　延ばすならわかるが、短縮はダメだろ」

欣一郎は思わず大きな声をだした。医学や医術は日進月歩の世界である。すでに四年間でも足りなくなっている。

「このままだと、おそらく来年九月に卒業。すぐに初年兵として地元の連隊へ入隊し、訓練を終えるとおそらく満州です」

良治はひとごとのように、冷めた表情でいった。

翌日から三日間、良治は院長宅に滞在した。昼間は院長の助手になって臨床を手伝い、院内の患者の様子をみてまわった。病院から帰ると、芳子が夕食をつくっている間、嵐の遊び相手になった。

欣一郎は自分も電気ショック療法の実技を学びたいという趣旨の手紙を王丸教授へしたため、久留米へもどる良治に託した。二か月後の十月中旬、欣一郎は教授の紹介で福岡脳病院へ出向いた。初日は処置室で、安河内院長が自ら改善をほどこした電撃器具で治療する場面を観察した。翌日は同じ器具で動物実験をした。手術というほどではなく、治療自体はいたって簡単である。課題は患者の恐怖心をどれだけ取り除けるかにあった。宮崎へもどる途上、大分駅のホームの売店で求めた夕刊は、東条内閣が誕生したことを大きく報じていた。

良治が二度目に宮崎へやってきたのは、日本軍の真珠湾攻撃から五か月たった昭和十七年の春である。日米の開戦で国内は総力戦体制がつよまっていた。九医専の四年生は九月に繰り上げで卒業すると、すぐ召集が待っている。そのどうにもならない重苦しい先行きを遠ざけるかのように、良治は三月の初めからひと月余りも院長宅に逗留した。気の合う大先輩から精神科医として学ぶことはたくさんあった。朝は院長のあとに従って病院へ行き、入院患者の診察をした。また精神医療の講習や研修会があると、院長のかばん持ちで一緒にでかけた。病院では電気ショック療法がはじまっていた。治療の現場に立ち会わされた良治は、そのつど院長から率直な意見を求められた。

ちょうどこの三月、芳子は臨月を迎えていた。予定日が近づくと良治は午後病院からもどり、家事を手伝い、活発に動きまわる嵐の遊び相手をした。芳子は女児を無事に出産した。女の子なら、「美知」にしたい、と彼女は前々から決めていて、欣一郎は一も二もなく賛成した。「美知」は、芳子が尊敬する福井出身のフランス文学者片岡美知からとった名前である。

良治が久留米にもどる前日だった。

土手の桜の花びらが風に舞い、陽光がキラキラと川面を光らせていた。大淀川の中流域までのぼってくるクロダイに似たキヌチをねらって、欣一郎と良治は川岸に腰をおろし、釣り糸をたれた。もやっていた空はすっかり晴れている。見上げていると、「折々に空をみるがよい」と、福井へ赴任する際、澤木老師から頂いた餞《はなむけ》の言葉が浮かんだ。時がながれ、のどかなこの空にも戦雲が近づいていた。勝った、勝った、と国中がわきたつ中でも、老師は各地でふだんどおりの接心をつづけている、と風の便りに聞いていた。尚道会がやっている昨年末の接心で、老師はどんなことを話されたのか。ふと、そんなことが頭をよぎった。玉ウキへ眠そうな目をむけている後輩へ声をかけて、接心と老師のことを尋ねた。すると良治は眠りから覚めたような顔になって、こんなことを話した。

接心のあとの興道老師の講話は、「証道歌」の「法身覚了無一物《ほっしんかくりょうすればむいちぶつ》」だった。

法身覚了とは生命をつかむこと、足が地につくこと、すなわち宇宙から生えたような人間になることだ。人間は地球のカビのようなものだ。煩悩と邪心のカビである。このカビは文明だとか、発展だとか、哲学だとか、妙なことばかりいうが、こんなものは知れたものだ。文化文明というが、人間の本質は少しも発達していない。その証拠に釈迦のような人は二度とでてこない。達磨大師や道元禅師のような方もでない。よくよく調べてみても、このワシ・澤木興道のような愚か者ばかりである。電気を灯し、チョコレートを食べ革靴をはくのが文化かも知れんが、ちっとも偉くはないではないか。草履をはいているほうがよっぽど偉い。法身覚了というのは、宇宙とつづきであることを自覚することだ。われわれは宇宙とつづいているから生命がある。宇宙につづく仕事をしなければならない――。

「宇宙から生えたような人間、というフレーズにはっとしました。いまもはっきり頭に残っています」

と良治は感想をつけ足して話をまとめ、目を玉ウキへもどした。

じっと耳をかたむけていた欣一郎がつぶやいた。

「釈迦、達磨、道元のあとは愚者ばかりとはなあ」

「老師は、文化文明をよいものと思っていません」

「それはそうだろう。まがいものの文化が栄え、人間は愚かになるばかりだ」

と欣一郎は嘆息した。老師がいうように、文化文明が人間をこわしているように思えてならないのだった。


九月に九医専を卒業すると、良治は久留米の歩兵第四十八連隊に初年兵として入隊した。十二月に大分の連隊の軍医少尉に任官、昭和十八年一月から満州と中国の各地を転々とすることになる。

同じ十八年十二月、芳子は二番目の男の子を産んだ。こんどは愛媛の生家の父好五郎が、三人目の孫を「二郎」と命名した。年が明け、欣一郎は家族五人で十九年の新春を迎えた。六月にアメリカ軍はサイパンを占領、本土へ本格的な空襲がはじまった。宮崎における最初の空襲は、二十年三月十八日である。延べ千四百機のグラマン戦闘機が、大淀川河口の赤江飛行場を襲い、宮崎駅周辺を機銃掃射した。その後終戦を迎えるまで、宮崎市は二十五回をこえる空襲空爆にさらされた。欣一郎は家族と開放病棟横の職員住宅へ引っ越した。空襲警報が響き渡ると、その都度、欣一郎の指示の下に職員も家族も患者もじゅつなぎになって防空壕へ避難した。幸いにも病院は爆撃をまぬがれ、全員が無事に終戦をむかえた。市内中心部と飛行場周辺は焼け野原になったが、大淀川西岸の農村に被害はなく、病院は患者の食料の心配をすることはなかった。欣一郎は宮崎の地で、精神医療の新たな道を切り開こうと意欲を燃やすのだった。

ところが終戦から間のない十月初旬、王丸教授から思いがけない話がとびこんできた。いま、松山脳病院は精神科医が不在である。患者は行き場を失い、病院は存亡の秋《とき》に瀕している。渡部医師を院長として迎えたいといわれる。是非にも引き受けてもらいたい。

第三章　病める者は菩薩

収容から治療へ

終戦の暑い夏がゆき、秋が深まりはじめた十一月である。

買い出しや行商の荷物をかかえ、殺気立つ乗客たちで列車のなかはすし詰めだった。終点の松山駅で、欣一郎はプラットホームへはきだされ、雑踏にまじって改札口をぬけた。路面電車の停留所へ急ぐ群れからはずれ、バスを待つ行列のうしろにならび、町のほうへ目をむけた。あっけらかんとするほど、中心部はことごとく焼け落ちている。脳病院が診療所をひらき、芳子や嵐と暮らした家のあった周辺は、影も形もなくなっていた。かわりにバラックがあちこちに建ち、広く青い空と四国山地の稜線が視界にすっきりはいってくる。たくさんのものをなくしたが、その分自由で身軽になり、だれもかれもとらわれなく、痩せた頬に目を光らせてせわしなく歩き始めていた。

　バスにゆられ、十分もしないうちに美沢に着いた。ここは、松山駅から北西の三津浜港へつづく街道沿いの村落である。昭和十七年春、松山脳病院は海軍航空隊の滑走路建設のため、「風光明媚な吉田浜」から立ち退きを命じられ、この村落へ引っ越してきた。半年余りもかけて、建物を少しずつこの地へ移築し、患者を小分けにして運んだ。美沢は戦災からはまぬがれ、本館といくつかの平屋建ての病棟、それに給食棟と従業員宿舎が刈り入れのおわった田んぼにかこまれ、うずくまるように建っていた。

　砂けむりをあげてバスが去ると、道路の奥手に忘れられた受難者のように脳病院の本館がすがたを現わした。欣一郎の記憶にある斬新な外観はうしなわれ、白壁は黒くぬりこめられていた。敷地に人の気配はなくひっそりしている。

　玄関の前で、創立当初からの共同出資者の一人で、経営にもかかわっている木村元五郎医師が初出勤の院長を待っていた。

　木村はすぐに歩み寄り、

「大変なときにおいで下さり、心強いかぎりです」

　と白衣からもろ手をにゅっと出し、欣一郎の手をにぎりしめた。

「何しろ、この春から医師の不在、容赦ない空襲、そして敗戦と連合軍の進駐、この歳《とし》で、もうまったく未曽有の事態ばかりです。なりふりかまわずやってきましたが、こうして先生のお顔をみて、それはもう地獄に仏の思いです」

ひと息に話すと、初老の医者は疲労の濃い顔を和らげた。

木村医師は七月の松山大空襲で自宅から焼け出され、脳病院本館の二階に住居を移していた。かれはもともと長崎医専出身の内科医である。ドイツに二年間留学して聴覚障害を学び、帰国後は慶応大学の耳鼻咽喉科で研究し博士号を取得した。ながらく地元の松山で耳鼻咽喉科医院を経営しており、高名な開業医で医師会の顔役でもあった。かれは自分の医院は被災しなかったものの、中心となって創立した脳病院の医者がいなくなったため、やむなく医院のほうは休業した。そして終戦前後の苦難ばかりの時期に院長として脳病院を経営し、手探りしながら患者の診療をしてきたのだった。ベテランの医者とはいえ、慣れない精神病者を相手に驚くことが多く、困惑と疲労困憊の毎日だったのだろう。白髪交じりの頭は少国民のように丸刈りにしていた。目の下にクマをつくり、着古した白衣の袖口はやぶれ汚れたままである。

欣一郎は医師としての木村に敬意をいだいていたが、親しく話を交わしたことはなかった。

「お声かけ下さり、晴れがましい思いでいっぱいです」

「これからは、あなたのような若い方の出番ですよ。よい先生を迎えることができて、患者さんも安心です。十分なことは何一つできなかったが、私もここまでがんばってきた甲斐がありました。よろしくお頼みします」

二回り年上で還暦になる木村は、学者然とした端正な顔にほっとした表情をうかべ、渡部院長にすがすがしく頭をさげてみせた。

廊下にそろった職員に木村は新任の院長を紹介し、渡部先生は脳病院が吉田浜にあった頃、昭和十三年九月から十五年十月まで、副院長として勤務され、立派な実績をのこされた精神科医でいらっしゃいます、ともちあげ、脳病院に専門の医師がもどってきたことをみんなに知らせた。午前中、新任院長はさっそく外来患者の診察をし、病院が用意した麦飯に煮干しと数切れのタクアンで昼食をとった。それから医局にもどり、古いわら半紙に書き込まれた入院患者のカルテの束をめくっていると木村がやってきた。

「少ないので、驚かれたでしょ」

とかれは入院患者のことをいった。

欣一郎が宮崎へ転出する前には百二十名をこえていたが、その四割ほどに減っている。

「病棟を吉田浜から移築したそうですが、これだと空き室がかなりありますね」

欣一郎はカルテから目をあげた。午後から看護科長と婦長をつれて回診する予定である。

イスに腰を下ろすと、木村は戦争にからめて事情を話した。

「銃後の守りは、ご承知のように弱者ほど理不尽な目にあわされました。精神病者はその最たるものです。国民の素質の向上ということで、断種が国の政策になりました。人権などあったもんじゃありません。まあしかし断種のほうは、国や御用学者が想定したようにはいきませんでしたがね」

「先生がおっしゃる通りです。優生思想にはわれわれ精神科医は慎重でした。断種がまかりとおるなど、それは戦時だからこそです。断種のために証明書を書くなんてとんでもない。医師の本来の職務ではありません」

欣一郎は精神科医がとった態度をきっぱりといった。大半の精神科医は申請の手続きをすることにきわめて消極的だったし、反対する者も多かったのだ。国民優生法施行から終戦までの五年間、優生手術が実施されたのは全国で四百五十四件にとどまっている。

それはそうです、と木村は同意し、説明をつづけた。

「当院患者の減少の件ですが、ご承知のとおりこれは全国的なことです。召集で病院から医師がいなくなり、さらに都市部の精神病院は焼けてしまった。それで患者さんのほとんどは農山村へ帰ったままですよ。どこも人手不足でしたから、よほど手に負えない症状の者でないかぎり、家業を手伝うことになります」

「ええ、承知しております。まさに総力戦、女子学生から児童まで工場へ動員でした。精神病者もよほど重篤な者以外は、男も女も入院している時代ではなかった。田舎では大事な働き手です」

欣一郎は宮崎にいたころをふりかえり、先輩医師の説明を補足した。昭和十六年と終戦後の全国の精神病院と入院患者の数を比較すると、病院は百六十七から三十二、患者は七万から四千へと激減している。

ちょっとためらったが、思い切って疑問をぶつけてみた。

「復員がどんどんはじまっています。農山村へ吸収されている患者さん、どうなるんでしょう、先行きが心配です」

「いやあ、まさにそこです。問題はそこですよ、先生」

木村は若い院長のほうへぐっと上体をのりだした。そして脳病院の創立者の立場から、みずからの見識を語った。

これまで国は本気で精神病院をつくらず、私どものように出資者をつのって創立した民間の代用病院ですましてきた。病院が不足し、多くの患者は最新の医療から取り残され、明治、大正、昭和と三代にわたって、精神病者監護法の下で私宅監置が容認された。呉秀三先生が私宅監置の問題を鋭く提起したが、国は私宅監置をなくすことはできなかった。このことこそ、精神病は不治の病だという偏見や誤解を定着させる大きな原因になっている。マッカーサーはこのたび、幣原首相に五つの改革を指示したが、婦人の解放や圧政的諸制度の撤廃は、これまで不当な扱いをうけ、社会の隅に閉じ込められてきた精神病者にも地位の向上や解放をもたらすことになる。そうじゃありませんか。敗戦と占領はチャンスです。新しい時代を迎えて早急にやらねばならないのは、私宅監置を許している精神病者監護法の撤廃です。監護法ができたのは明治三十三年の昔、それからおよそ半世紀、精神医療も長足の進歩です。治る患者はたくさんいる。精神病院が果たすべき社会的な役割はこれからますます大きくなる――。

これはいわば、精神科医ならだれもが理解しているストーリーと新たな時代への展望なのだが、内科医の木村が同じ見識と強い信念をもっていることに欣一郎は心を揺さぶられる思いがあった。明治の昔ならともかく、精神病者の社会復帰の壁にもなっている監護法は早急に廃棄すべきだと欣一郎も考えている。

「木村先生、これからは欧米の最新の知見や技術をどんどん脳病院にも取り入れ、精神医療を新しいものにしていきます」

とかれは院長としての抱負を率直にいった。

木村はおおきくうなずいて、

「焼け野原になって、国は復興、復興といっているが、精神医療は復興ではなく新生ですよ。新たにつくっていかなければなりません。国民優生法も監護法も、新しい時代にそぐわないものは古い考えとともに早急に捨て去るべきですね。私は臨床からは退きますが、創立者としてこれからも全力で病院経営を支援します。渡部院長、要望や困りごとがありましたら、いつでもご相談下さい」

と一語一語確約するようにいった。

「やりがいのある場所を得て有難いことです。患者さんのために職員と一丸となって働きます。よろしくお願いします」

欣一郎はかしこまり、木村の真摯で誠実な人柄に頭をさげた。

精神科医の院長がきたので、木村は脳病院の勤務を月水金の午前中だけにした。ふだんは耳鼻咽喉科の医院にもどることになる。

ところで、とかれは話題を現実にもどした。

「ご自宅のある北条からは、汽車ですか」

「はい、汽車が便利ですから。駅からはバスです」

「バスはよいにしても、汽車は行きも帰りも混雑して大ごとでしょう。スリや暴力も心配ですから、通勤だけでも大仕事です」

「無蓋列車ではありませんから、大丈夫です」

「どうでしょう、私は本館の二部屋を使っていますが、一部屋開けます。広くはありませんが、お入りになりませんか。通勤の苦労は解消できます」

と木村は提案した。夫婦だけの所帯なので、再開する医院へ住まいを移すことにしている。それで月なかばまでには本館の部屋の一つが空くというのである。欣一郎は有難く提案を受け入れた。

家族五人で本館へ越してきた日のことである。

室内をカーテンで二つに仕切り、窓のある南の部分を子ども部屋にした。夕食のあと畳の上を小走りして遊んでいた嵐と美知は、母親にうながされて布団にもぐりこみ、すぐに寝息をたてはじめた。もうすぐ二歳になる二郎はむずかっていたが、母親が添い寝をするとすやすやと眠りだした。みんな引っ越しで疲れていたのだろう。脳病院の一室で、家族そろって迎える初めての夜が静かに更けていった。

南国の松山は暖かく、十一月の中旬でも厚手の重ね着一枚で夜がすごせる。欣一郎は壁際におかれた机にむかい、美沢へ移ってからの病院日誌をひらいた。下の特記欄に注目してざっと目を通しながら、昭和二十年から死亡退院の患者数がしだいに増えていることが気になった。それもひと月に一名足らずだった死亡者は、六月からはにわかに増加し、八月、九月、十月とそれぞれ二名になっていた。記入は数だけなので、死因はわからない。明日、医局で婦長に訊ね、診療記録などをみてみよう、と思案しながら日誌を閉じた。待っていたのか、背後から妻のささやく声がした。

「おいどん先生……」

ふりむくと、妻は卓袱台のむこうに正座し、なつかしいものをみつめるようなまなざしをしていた。それから白い手をそえて、急須から茶を湯呑へそそぐと、もう一度こんどはゆっくり、おいどん先生どうぞ、と湯呑を前にさしだした。

渡部先生、欣一郎先生、欣一郎さん、欣さん、あなた、そして宮崎で暮らしていたころから、子どもと一緒のときはお父様、とこれまで時を経るにつれ、芳子が使う呼称はかわってきている。当の欣一郎は、親しい者にはいつもかわらず「おいどん」と自称しているので、夫婦が三人の子の親になったころから、人一倍子煩悩な夫は子育ての同志なのだという気持ちをこめて、

「おいどん先生」と呼ぶようになった。そこには尊敬と信頼や感謝がふくまれ、お互い共白髪《ともしらが》になってもそのように呼びたいと彼女は希っている。

　卓袱台の前にあぐらをくみ、

「どうした、嵐も美知も二郎も、みんな眠ったか」

とおいどん先生はひとりひとり名前を呼び、目元を和らげた。

すぐ手の届くところに、昔もいまも美しい恋女房がいる。

「みんな、美沢が気に入ったみたいですよ」

「この美沢からは、お城山の天守閣がすぐそこにみえる。芳子、こんどみんなで登ってみよう、市内が一望できるぞ。もっとも中心地は焼け野原じゃがの」

「ええ、そうしましょ。あたしは二郎をおんぶします」

「おいどん、嵐と美知の手をひく」

おいどん先生は、もう明日にも登りそうな勢いである。

芳子は笑顔で応じると、耳をそばたてた。

「ここは静かだこと」

「敷地が広いからな、昼間とちがい夜はしんとしとる」

「でも、変なの。子どもたちの部屋にいると、遠くから何か聞こえてくる気がする。だれかが歌っているみたい、空耳かなあ……」

「歌っている？　こんな時間におかしいな、調べてみるか」

欣一郎はすぐに腰をあげた。

ふたりは間仕切りを少しあけて中へ入り、子どもたちの寝息に耳をすました。それからそっと窓辺に行き、ガラス窓から外へ目をやった。中庭の向こうに軒の低い平屋の病棟が並んでいる。月明りにぬれて、屋根がうす闇の中でにぶく光っている。手前の真っ暗な二棟は開放病棟で、ここには今患者はいない。その先の四棟は格子窓から常夜灯の明かりがほのかにもれている。保護室をふくめて五十名ほどの入院患者はすべて閉鎖病棟で暮らしていた。

ふたりは息をひそめ、外へ耳をすました。遠くからわきあがるような声がかすかに届いてくる。

「ほら、聞こえるでしょ」

芳子が小声でたしかめた。欣一郎はうなずき忍び足で部屋をぬけだすと、一階に下りて当直室をのぞいた。

「ありゃ、院長、なんじゃろか」

寝転んで雑誌を読んでいた看護科長が、起き上がった。

「病棟のほうで人声がするようだが」

「ああ、それなら歌ですが。みんなめいめい勝手に歌っとります。昼は腹をすかして、布団のなかにじっともぐっとりますが、夜になるとあんなです。やめろ、と言い聞かせてもその時だけです。お坊さんの勤行みたいなもんですらい。お経よりも歌声のほうがええですが」

「歌声か、一番奥の、六病棟のようだが」

「はい、あそこは夜になると歌声病棟です」

「なるほど、毎晩の演芸会か、楽しそうじゃないか」

意外な反応に科長は近寄ってきて、フクロウのような顔をゆるめ、

「なんなら院長、聴かれますか」

と誘ってきた。

歌声がもれる病棟の軒下をゆっくり歩きながら、順にそれぞれの部屋へ耳をかたむけると、男の患者たちが思い思いに独唱していた。「蘇州夜曲」、「上海の花売り娘」、「湖畔の宿」、そして「誰が故郷を想わざる」と、欣一郎もよく知っている歌謡曲である。めいめいの十八番なのだろう、あきもせず何度もくりかえし歌っている。歌いなれているらしく、みんな美声でうまい。合唱になることはなく、一人が静かになると他の患者が違う曲を歌いだすといった塩梅である。「湖畔の宿」が聞こえていた部屋から、「旅愁」を歌う渋い歌声がながれてきて、欣一郎は立ちどまった。

「なかなかのもんでしょうが」

科長が身内の自慢でもするかのようにいった。

哀愁たっぷりの歌声に心を動かされたが、ふりはらうように欣一郎はズボンのポケットから

懐中時計を取り出した。とっくに九時をまわっている。いつまで歌うのかと訊くと、みんな腹ペコですから、長続きはしませんん、あと二、三回歌うと、ぴたっとやめて布団にもぐりこみ、昼間、すいとんを腹にながしこむまで、死んだように横になっております、と科長がいい訳のように応えた。本館と病棟を結ぶ月明りの小路をもどりながら、歌好きな患者さんたちを同じ病棟へいれたのは木村先生のお考えです、と科長が明かした。音楽の好きな木村先生らしい治療法で、患者さんも気に入っているようですが、ただすきっ腹だけはどうにもなりません、と科長はこぼす。

「配給米は大人一人二合一勺、と聞いているが」

「はい、一日二百九十七グラムです。しかし七月の大空襲のあとからは、遅配、欠配が当たり前になって、届いても麦と、いも、稗、粟の雑穀で米は半分もありません。病院は配給米だけが頼りですから、患者さんはいつも空腹で、目をぎらぎらさせています」

と科長はやるせない思いをぶつけるようにいうと、給食事情を話した。しばらく前から朝食はなく、昼はすいとん、夜はさつまいもとみかんの皮、あるいはキャベツやもろこしの芯をいれた雑炊一杯だけである。外から差し入れがあると、患者同士が奪いあい、けが人がでることもある。中庭の柿は熟す前からもぎとられ、実はひとつも残っていない。芋畑も同様で、給食室で調理する前に掘り返され、蔓や葉まで食べられている。

話を聴きながら、欣一郎は診察や回診のときに患者から向けられる、とげとげしい視線のことを思った。だれもかれも腹をすかしていることは承知していたが、すでに多くの患者は極度の栄養失調になっていたのである。病院日誌の死亡退院の原因は飢餓による病死や衰弱死にちがいなかった。決して十分ではないが、自分たちはまがりなりにも食事にありついている。その自分の立ち位置から患者をみていたことに欣一郎は忸怩たる思いがした。

本館にもどり、当直室の前で科長がさらにいった。

「先生が回診されるときは、みんな大人しくしておりますが、歌声病棟を除いて他の病棟の患者さんは日中、わめいたり、叫んだり、どつき合いしたりで、そりゃあやかましいもんです。七月の空襲からは、治療らしい治療がないので興奮状態がおさまらず、その上にきて一日中すきっ腹ですから、みんな痩せ細った身体をぶるぶるふるわせとります。この冬、ばたばた亡くなるんじゃなかろうか、がいに心配です。院長先生、なんとかなりませんか」

「そうか、わかった、やれるだけのことはやってみる」

欣一郎は目をむき、こぶしをにぎりしめた。

翌日、婦長に死亡退院の原因を訊ねた。すると即座に、「餓死みたいなものですよ」と彼女は眉宇を寄せた。院長が勤めた宮崎脳病院はそれほどでもなかったようだが、いま日本中の脳病院では食料危機に直面している。くわえて治療薬は不足し高価で手に入らない。そのため多くの脳病院は患者を収容しているだけで、いわば看取りの施設と化している、と厳しい認識である。

「私が申し上げるまでもなく、患者さんはみんな栄養失調です。看護をする私たちは、患者さんたちのきつい視線にさらされ、不安や恐怖さえ覚えるときがあります。いま一刻も必要なのは食料と治療です。院長、患者さんを助けて下さい」

と婦長は細い目をとがらせ、すがるように訴えた。

この日の夕刻である。保護室の患者がまったく動かなくなった、と看護人から急報があり、欣一郎がかけつけるとすでに息絶えていた。もともと拒食症で衰弱していたが十分な看護ができず、栄養失調にともなう衰弱死であった。

それから十日ほどたった十一月下旬のことである。

歌声病棟の南に、小学校のグラウンドほどの耕作地があらわれた。何本ものまっすぐな畝立てもできて、冬用作物の植え付けを待つだけである。五千七百坪もある病院の敷地はもともと農地だったが、その一画がよみがえったのである。ふりかえると、院長は最初に婦長と看護科長に声をかけ、それから事務長には美沢の農業協同組合から支援をとりつけるように促し、野菜畑をつくる作業を始めた。自らが先頭に立ち、看護科長、それに数人の看護人で荒地の土おこしをしていると、日ごとに鍬や鋤を持ち出してやってくる職員が増え、患者たちもスコップや熊手、土ふるいを手にして自ら作業を手伝うようになった。

この日、石灰をまき人糞をほどこした畝の横に、職員と患者あわせて四十人余りがならんだ。踏み台にあがり、長靴をはいた欣一郎が大声をはりあげた。

「特配米の支給を県衛生部にお願いしているが、あてにはできん。この際、自分たちが食べるものは自分たちで作ろうではないか。幸いにもこんなに広い敷地がある。これから白菜、小松菜、ホウレンソウの種をまき、玉ねぎの苗を植える。今日は自給自足の第一歩だ。畑づくりはこれからもつづける。来年はトマト、キャベツ、トウモロコシ、カボチャ、それにサツマイモを山のように獲れるようにしたい。みんなの力で、美沢に一大農園をつくろうではないか」

職員たちが一斉に拍手をした。つられて患者もパラパラと手を叩き、気合いをいれる奇声が「お――、お――」とあがった。さらに後ろから、コメをよこせ！と、おらぶざわめきが湧きたった。

「院長先生、コメは何とかならんのかや」

「毎日腹ペコじゃ、メシをくわせ」

「野菜だけでは、力がでんわい」

欣一郎はひとつひとつにうなずき、患者たちへ訴えた。

「特配米はあきらめずお願いする。もう少し待ってくれ」

「県庁がダメなら、進駐軍本部へ行ったらどうぞな」

とすぐ前の患者が冷めた声でいった。ひと月ほど前に、一万二千人ものアメリカ軍将兵が松山に進駐していた。血色のよい兵士がジープで街中を走り回っている。食料はあるところにはふんだんにある。いっぽうで、国からの配給だけが頼りの脳病院の患者は捨て置かれているのだった。県がぐずぐずするばかりで進展がないなら、堀之内の県立図書館内におかれた進駐軍本部へ直訴してもよい、と欣一郎も思わないでもない。それはぐっと腹の中にしまい、「自給自足で乗り切ろう」と何度もスローガンのように強調して踏み台を下りた。

畑づくりは、直面する食糧不足を乗り切るためであるが、いまひとつは騒ぎのやまない患者たちへの作業療法でもあった。持続睡眠療法など従来型の治療をしようにも、要治療患者の大半は公費入院患者である。県から支給される月二百円にも満たない入院料では、治療薬などとても買えない、と事務長は院長の要望に首を横にふるばかりだった。

作業療法だけに頼ることはできない。適切な治療を本格的に施せば軽快して退院できる患者もでてくるし、症状が改善される者も多い。欣一郎は婦長を医局へ呼んだ。

「ＥＣＴの器具はあるか」

「はい、美沢に越してきた頃は使っていました」

婦長は思い出すように少し首をかしげた。彼女は美沢に移転したときから脳病院で働いている。

「ＥＣＴをやるから、処置室と回復室を整備してくれ」

「電気ショック療法ですね、かしこまりました」

婦長は緊張した表情で応えた。

「それと、経験のある看護婦と看護人をそろえてくれ」

「はい、チームはすぐに組めます」

「最初はワンクールで六回やる、週に二回、三週から五週を目途にする。治療日は火曜と金曜にする。それで問題はないか」

欣一郎は宮崎での経験通りに実施することにした。

婦長は、壁面の黒板に記入された日程を目でなぞり、

「あのう、対象者は何人ぐらいでしょうか」

とさぐるように訊いた。

「三病棟と四病棟の患者さんを考えている。もちろん適応患者は、婦長と看護科長の意見も聞いて慎重に選別する。最初は十人程度だな。ワンクールやって、改善状況を診てから次はどうするか検討する。いずれにしろ自殺念慮の強い患者さんや激しい感情障害の患者さんを優先する。なにもしないでいるよりもずっとよいからな」

「はい、患者さんには朗報ですよ」

「治療費は、ただみたいなものだから安心だ」

欣一郎は事務長の懸念を払しょくした。

準備が整い、十二月中旬から週に二回、電気ショック療法が開始された。患者の症状の改善は予想通りで、騒々しかった二つの病棟はしだいに静かになっていった。年が明けた一月中旬から、治療をうける患者の数を増やした。治療効果は順調で、退院できるまでに回復する者も

でてきた。ただし、こんどは新たな問題が頭をもたげてきた。想定通り、電気ショックに恐怖と嫌悪を訴える患者がしだいに増え、看護人は逃げ回る患者を処置室につれてくるのに一苦労である。また、治療をうけた患者の多数は無気力になった。かれらは農作業にでてこなくなり、病室でぼんやりと無為にすごすようになった。

外来患者のあしもとは下駄かぞうりだった。院内にスリッパが用意されていないので、診察室では素足かやぶれた足袋をはいていた。欣一郎は事務長へ三百円渡し、農協でワラを購入するように命じた。運ばれた大量のワラ束は、病室に割り当てられ、畑に出なくなった患者たちは藁ぞうり作りに精を出した。藁ぞうりは院内で外来患者用のスリッパになり、上出来なものは農協が買い取った。

米不足は全国でも深刻だった。政府は二十一年の一月から二月にかけて食料確保のために、「食料緊急措置令」など緊急発動措置をとった。しかし二十年産が明治四十三年以来の極度の不作（愛媛県は戦前水準の半分にも満たない大凶作）だったことや、敗戦にともなう国民意識の変化で、農家から地域の農業会への供出が想定通りに進まず、配給米は極度に不足した。このような厳しい状況下で欣一郎は県庁の衛生部で窮状を訴え、配給食糧を管轄する食料部、さらに食料営団にも足を運んでいたのである。ないところにはなく、特配米を確保できなかったのは、いかんともしがたいことだった。冬の間に、脳病院では栄養失調が原因で衰弱死や凍死する患者が毎週のようにでた。事務室は遺族、役所、葬儀社への連絡などで多忙になった。そして欣一郎は院長として、また医師として情けなく、気持ちが折れそうになる日々がつづいた。木村は内科医として隔日の午前中に患者の診察をしていた。かれと顔をあわすと、「コメ、なんとかならないでしょうか」があいさつ代わりの常套句になった。

苦難の一冬が去って暖かくなり、野菜は順調に育った。ECT治療で症状が改善し、退院してゆく患者も増えてきた。入院患者もしだいに多くなり、六月から八月の夏の間、入退院者はともにそれぞれひと月に三十から四十名近くで推移するようになった。まだ厳しい食料事情の中ではあったが、渡部院長の下に看護団二十名の陣容を整えた松山脳病院は、「収容」から「治療」へと本来の役割を徐々に回復させはじめていた。そして在院患者数が百三十名をこえるようになった九月中旬、豊作が見込まれることもあって、木村医師が医師会がらみで特段の要請をしていた特別加配米の支給が決まった。

目がまわる毎日

秋日和の朝である。

欣一郎は家族そろってバスに乗り県庁前で下りた。焼け残った庁舎の背後はすぐ城山である。庁舎横の道は、山中の森をぬけて天守閣の建つ本丸広場へ通じている。城山は高さが百メートル余りなので、散歩ついでに登る人も多い。バス停から少し歩き、家族は庁舎手前の堀端で足をとめた。そこからは優美な石垣と天守閣が城山の森の梢越しにくっきりとみえる。欣一郎はしゃがむと、三人の子に天守閣を指し示し、「松山や秋より高き天守閣」と、正岡子規の句を二度三度詠んで聞かせた。来年春に小学校へあがる嵐と二つ下の美知がすらすらと復唱し、芳子に手をひかれた三歳の二郎は兄姉のものまねをして、まちゅやまや、てんちゅかく、と何度もくりかえした。欣一郎は二郎へむかってダルマ顔の大きな目をほそめ、それから兄姉ふたりに、俳句を憶えておくようにというと、嵐も美知も声をそろえて、「はーい」と打てば響くように応えた。

二郎は急な坂では両親が手を引いたが、上の子どもたちは跳びはねるように山道を登り、山頂の本丸広場に着いた。好天にさそわれて上がってきた老若男女が売店のまわりに群れたり、天守閣を見上げたり、また思い思いに木の柵ごしから景色に見入っていた。視界をさえぎるものはなく、遠い山から海まで一望することができる。家屋が建ちはじめた市街地と、背後の農村地帯を二つに区切ってながれる天井川の土手には貝殻のようなトタン屋根のバラックが張りつき、そのあちこちからうっすらと炊煙が立ち上っていた。

昼餉の支度なのだろうか。そこへ目をむけながら、九千発もの焼夷弾を落され町が焦土と化した福井市は、復興がすすんでいるのだろうか、と欣一郎は案じていた。つい最近とどいた義父紀瀬太郎からの便りには、再建した店ではなんでもとぶように売れ、仕入れで忙しい日々だと書いてあったが――。

「いいながめ、海も山もきれい」

気づくと、肩がふれるほど芳子は夫に近づいていた。

「こんな風に足羽山公園から、福井の街をながめたなあ」

「実家のみんなでお花見をしましたね」

「公園のあの桜並木、どうなっただろ」

「今年の春も桜が満開で見事だった、と福井の母が手紙で教えてくれました。でもみんな食べることで精いっぱい。お花見どころではありませんけど」

「まあ、それはそうだろう」

欣一郎は福井の日々をなつかしむように、妻の横顔をみつめた。

「桜の花と、雪をかぶった白山。嵐、美知、二郎にみせてやりたいな。今度、みんなで福井へ行くぞ」

「ええ、ぜひそうしましょうね」

芳子は弾むように応え、広場で遊んでいる子どもたちの様子を目でたしかめると、今度はそっとささやくようにいった。

「おいどん先生」

「なんだ?」

「ほら、石鎚山がすかっとみえる」

「すかっと、なるほど芳子、いうとおりだ」

石鎚山も白山と同じく、山岳信仰の霊峰である。その石鎚山の神々しさを福井の方言で表現した妻に、欣一郎はこれまでにない愛おしさをおぼえた。

この日の夜のことである。

芳子が布団から上体をおこして、左の上腕をゆるゆる回しはじめた。それがすむと今度は首を左右にかたむけ、そしてまた上腕を回している。欣一郎が目を覚まし、肩こりなのかと訊いた。昼の城山登山で、芳子はショルダーバッグを肩にかけ、二郎の手を引いていた。すこし肩が張っているみたい、と彼女は応え、すぐに布団にはいった。それから数日後、就寝前に芳子が同じ動作をするので、まだ治らないのか、とたしかめると、彼女は右手を左肩のうしろへまわし、このあたりが少し、と訴えた。痛いというより張っている感じで気になるという。欣一郎はその部位を触診してみたが、痛がることはなく何ともなさそうである。軽くマッサージをほどこすと不快な感じはとれた。それから週に一度くらいの割合でこのようなことがつづき、やがて症状は消えた。

欣一郎は院長として二度目の冬をむかえた。看護団には患者をできるかぎり屋外へつれだし、農作業をさせるように指示した。外へでられない者は藁ぞうりをつくらせ、また何もしない者には、可能なかぎり合唱や詩吟の練習に参加させるように命じた。欣一郎も時間があるときは土づくりに汗をながし、患者と作業をすることを自らに課した。脳病院を「収容」施設にしてはならない、という使命感がこのころの欣一郎をかりたてていた。看護団の意識も変化していた。ECTが効果をあげていたこともあるが、放置せず、作業を通して患者に働きかければかならず症状の改善や軽快がある、という認識を共有するようになったのである。食糧事情も昨年よりはずっとよくなっていた。病室に暖房の器具や施設はなかったが、その分、患者たちの活動で院内は明るく温かだった。昨年にくらべると、死亡退院者数は激減した。

四月八日、国民学校が小学校の呼称にもどされて最初の入学式の朝がやってきた。通りへでる小路を桜の花びらが白くそめていた。大きなランドセルを背負った嵐が、母親の手にすがるようにして歩いていく。途中、なんどもふりかえり、玄関前で見送る父と妹弟とそれに病院の職員たちに手をふった。そのつど芳子も足をとめ、こちらへちょっと会釈をして、嵐の小さな肩からずれ落ちそうになるランドセルに手を添える。美知も二郎も、「行ってらっしゃーい」と声をはりあげた。白衣姿の欣一郎は目じりを下げ、横にならぶ職員たちもそろって手をふりだれもがみんな笑顔である。

欣一郎は入学祝いに、手塚治虫の冒険漫画物語『新宝島』をプレゼントした。漫画といっても二百頁もある単行本である。芳子が毎晩、十頁ずつ読むことにした。二郎は母の膝にのり、両側から嵐と美知が顔をのぞかせ一コマ一コマをみつめる。登場人物ごとに声色を変える母のドラマチックな朗読と説明がはじまると、二人は息をつめ、小さく叫び、拳をつきあげ、母の両腕にすがりつき、感情をすなおに爆発させて大騒ぎである。

「今日はこれでおしまい」

芳子が本を閉じると、いやだ、いやだと嵐はつづきをせがみ、美知はつっぷして今にも泣きそうである。お父様との約束だから、と言い聞かすと、じゃあ、もう一度読んで欲しい、と二人はねだった、それでいつも、同じところを二回、芳子は声優になって演じ、場面の説明をくりかえすことになった。

『新宝島』の物語がなかばほどすすんだころである。

欣一郎は寝間着に着替えた妻が少し痩せていることに気づいた。ふくよかだった肩回りがいくぶんひらたくなり、鎖骨の線が目につく。

「芳子、背中の具合はどう?」

と気づかった。あのときはすぐあとで結核感染の検査をしたが、感染も発病もしていなかった。

「なんともないけど、ちょっと痩せたのかなあ」

と芳子は夫の視線を意識しながらつぶやいた。

「若いからって、油断せられん。ずっと働きづめだから疲れがたまっている。一区切りして、ゆっくりせんといけん」

欣一郎は妻の若さと健気さを慈しみ、いたわった。

指をおりながら、芳子はふりかえる。

「大連、松山、宮崎、戦争が終わってまた松山。福井の女学校をでてから十年、目がまわるような毎日……」

「これからはゆっくりできる。ずっと松山にいる」

妻の不安をやわらげるように欣一郎はいった。

腕をのばして夫の手をとり、芳子は優しい表情になった。

「おいどん先生と出会って、可愛い子どもたちを授かり、ありがたくて、あたしとっても仕合せなんです」

「うん、それはおいどんも、ついじゃ」

手をにぎりかえすと、芳子は少しおどけていった。

「ごっつ食べて、夏には若緑のようになりますよ」

「若緑ときたか、よし、夏に家族みんなで会いにゆくか」

と欣一郎はすっかりその気になった。若緑は戦前、女相撲界の大関にまでのぼりつめ、全国的な人気のあった女力士である。戦争で興行が中止されると、ツテを頼って欣一郎の郷里の北条町へ移り住み、しこなの「若緑」で小料理店をやっていた。

語らいが活気づいたところで、欣一郎は妻に提案した。

「芳子はもう何年も福井へ帰ってないだろ。暖かくなったら、美知と二郎をつれて帰省したらいい。ご両親も喜ばれるだろうし、芳子は実家でしばらく骨休めをしろよ」

「まあ、何ですって、あなたと嵐をおいて福井へ帰るなんて、そんなことできません」

「おいどんなら、心配はいらん」

「嵐はまだ小学校へあがったばかりですよ」

「一週間ぐらいなら、病院でみんなが面倒をみる」

「そんなこと、絶対に許しません！」

芳子はあきれたように叫んだ。

「そうか、そうだな。すまん、帰省の話はなしにする」

欣一郎はあわてて撤回した。妻の体調がずっとすぐれないのは、ストレスのせいだと推察していたので、まだ二十代半ばという若さで脳病院院長夫人という立場から、いったん芳子を自由にさせてやりたかったのである。

帰省のことはひっこめて、欣一郎は嵐のことでとっておきの話をした。芳子が読み聞かせている『新宝島』のことである。

三日前、嵐と美知と三人で入浴していると、美知があのねお父さま、『新宝島』はお兄ちゃんがお母さまに内緒で、おしまいまで読んでしまったの、と兄妹の秘密を父に明かした。美知はお兄ちゃんにおしまいまでみんな教えてもらった。お父さま知っている？　ターザンがでてくるの、とってもかっこいい、と美知は両手をひろげてターザンの真似をした。そばで聞いていた嵐はすぐ、お母さまに絶対内緒だよ、と父に約束させた。

嵐は字が読めることをいわず、母親の読み聞かせを妹弟と一緒に楽しんでいたのだった。

「おしまいまで読んでいたのね、あの子、ちっともそんなそぶりみせないもの」

芳子は目を丸くし、それでも嬉しそうである。

「母親が読むのを聴く、それが一番。美知も二郎も一緒だから」

「嵐は、みんなと一緒なのが大好きな子……」

芳子はかみしめるようにつぶやいていた。

物理的治療の限界

五月下旬の土曜日の夜、久留米医科大学（旧九州医専）の脳神経科同門会へ出席するために渡部院長は松山から船で小倉へ渡った。早朝に港に着き、小倉駅から急行列車の乗客になった。プラットホームで求めた朝刊を座席で広げる。片山内閣の成立が大きく報じられていた。先の総選挙で第一党になった、日本社会党を主軸とする連立政権である。「国民は、すべての基本的人権の享有を妨げられない」と宣言した新しい憲法も施行されたばかりである。院長は新聞から目をあげ背筋を伸ばした。車窓へ視線をうつすと、ながれる景色は水田へと変わっていた。あと一時間もすれば久留米である。青春を共にした仲間たちにいよいよ再会できる。高揚する気分のなかで、この国の精神病治療も変わらないといかん、とそんなことを考えていた。

世話役の井上良治からとどいた案内のはがきは、このように書いてあった。

同門会といっても、九州にいま在住している、柔道部ＯＢだけに声をかけることにした。それゆえに柔道部同窓会である「芳和会」のなかの同門会なのだが、母校が大学になったのを機会に、戦地から生きて帰国した仲間が集まるだけでもお互い感慨深いものがある。渡部先生が四国にお住まいなのは重々承知しているが、柔道部の大先輩の「おいどんさん」に良治もぜひお会いしたく、お誘いした。尚道会の道場がある築水寮の応接室でお待ちしている、鶴首。

大学は被災を免れ、ユーカリが生い茂る緑園のなかになじみのある校舎が建っていた。寄り道をせず、まっすぐ築水寮へ向かった。気配を察したのか、良治が応接室から廊下へ出て待っていた。草加せんべいに似ていた四角い顔は顎のあたりが丸くなっていたが、黒縁の無粋なめがねは変わっていない。

「よっ、良治！」

「欣さん！」

お互いに駆けよって両手を差しだし、力強く握りあった。良治はすぐに目頭を熱くし、いまにも泣きださんばかりであった。

昭和十七年の春以来、五年ぶりの再会である。

このとき、良治は宮崎脳病院の院長宅を再訪し、欣さん夫婦に家族同様のもてなしをうけている。一緒に病院へ出勤して院長の助手をつとめ、厳しく叱られながらも精神科医の実務をひとつひとつ学んだ。滞在は一か月にもおよび、この間に芳子夫人が長女を出産した。嵐の遊び相手になり、おしめを洗い、風呂を沸かすなど家事も手伝った。そして久留米へもどる日、秋には戦地へ征くことになる良治に、「絶対に生きて帰って来い。お前は精神科の医者になれ!」と欣さんはいった。ふだんダルマ顔の欣さんが鬼気迫る表情になっていた。関東軍直属の部隊付き軍医として八路軍討伐に従軍した熱河省での日々や、南方へ転進し、山海関、天津、鄭州、漢口、武昌、岳州、長沙へと至る転戦に次ぐ転戦と終戦。さらに八か月間の捕虜生活を終えて、二十一年七月に帰国するまでの四年間、欣さんの餞別の言葉とそのときの真顔は良治を励まし、力を与えてくれたのだった。かれは久留米に帰るとすぐ王丸教授を訪ね、医局員に迎えられている。

二人はイスに腰を下ろした。

良治は中国での戦と捕虜収容所の体験のさわり話すと、宮崎では芳子姉さんに大変お世話になった、息災ですかと訊いた。

芳子は嵐、美知、二郎の三人の子の母親になった。毎晩、小学一年生になった嵐と下の妹弟に本の読み聞かせをしておる。それが一番仕合せなときみたいだ、と欣一郎は応えた。

「情景が目に浮かびます」

「芳子はええ女じゃ。良治、お前もはやく嫁をもらえ。女は抱くとそりゃ可愛いもんよ」

濃い眉を下げ口元をゆるめた。

そのおおらかな表情に接して、良治は十六年の夏、初めて宮崎の院長宅へ遊びに行ったときの一場面を思い出した。夕食の前、風呂からあがった欣さんが浴衣一枚で座敷に仁王立ちした。前がはだけ、一物が丸見えであるが、そんなことにはお構いなしである。芳子、兵児帯もってこい、と声をかけると芳子さんが帯をもってきて、浴衣の前をととのえようとした。すると欣さんは、芳子、おいどんのものをみて煩悩がわくじゃろ、と愉快そうにいう。そんなこと、あるものですか、と芳子さんはすました顔で応え、それでも頬を赤らめながら、浴衣のうえから帯をぐるぐると巻いていた。良治はまだうら若い彼女のそのときの表情と、きびきびした所作が瞼の奥に鮮烈にのこっていた。

話が一区切りすると、良治はわら半紙の紙切れを一枚、机上においた。卒業順に八名の氏名が記され、余白に会次第がメモ書きしてある。十一時に講義室集合（王丸教授あいさつ）、十二時に築水寮の食堂で会食、校内を散策、そのあとは自由解散とある。名簿の名前はすべて後輩の柔道部員である。欣一郎は各自の顔と得意技や応援にかけつけた高専大会での試合のことなどをしっかりと憶えていた。とりわけ学生時代からこころを通わせている平田宗男のほかに、井上よりも三つ年上で学究肌だった中島健一も忘れ難い後輩だった。

井上は出席者の近況を話し終えると、平田先輩からは一刻も早く欣さんに会いたいので、十時過ぎに築水寮へ顔をだす、と連絡をうけている。もうじきにこちらへ来られるはず、といっているうちに、廊下にのしのしと足音をひびかせ、平田がひょっこり現われた。

よおっ、やあ、と声をかけあい、お互いの手をぐいっと握り再会を喜びあった。ムネ、おとしの秋以来だなあ、と欣一郎がなつかしがると、平田は白っぽいバケットハットをぬぐとイスにすわった。そしてとがった頬をゆるめ、言い忘れていたみたいにいった。

「欣しゃん、あんときんの奥しゃんのアユ料理、絶品やった」

「芳子が聞いたら喜ぶぞ、伝えておく」

欣一郎は満足げに応えた。

十八年二月に召集された平田は陸軍船舶部隊（通称暁《あかつき》部隊）に配属され、この年の夏までニューブリテン島のラバウルと本国を往復する病院船に乗った。さらに南洋諸島のパラオ基地からら第十八軍の本拠地があるニューギニアのウエワクを結ぶ航路に従軍。年明けに神戸の暁部隊の本部に勤務し、ここで終戦を迎えた。二十年九月に復員して母方の郷里の球磨郡黒肥地村に帰省。十一月には王丸医局に戻り、佐賀保養院の患者二十名を診察しながら王丸教授の研究室に通った。その後二十一年夏、球磨郡免田町で内科医院を開業している。

アユ料理というのは、黒肥地村に帰省していたときの話である。

村には砂糖も塩もなく、みんなが困っていた。宮崎の漁業協同組合に母方の知人がいたので、平田は球磨焼酎をかついで、塩と交換するために知人のところへでかけた。そのおりに宮崎脳病院の院長宅を訪ねた。十月初めのことである。欣一郎は小躍りせんばかりに喜び、酒の肴がないからと、平田に魚籠をもたせて大淀川へでかけた。川岸に大柄な平田がツキノワグマのように立ち尽くすと、欣一郎は浅瀬で水しぶきを立てながら、「あっちだ、こっちだ」とせわしく平田に指示をだした。危なっかしい足取りで平田は川岸をかけまわり大汗をかいた。捕獲した十数匹のアユは、味噌焼き、南蛮漬け、三つ葉の卵とじ丼になって食卓をにぎわした。欣一郎はこのあとほどなく松山脳病院へ転任し、平田は王丸医局へ迎えられている。

「ムネ、お前は内科に転向したのか」

球磨郡の田舎で開業した平田の真意を問うた。共に精神病患者のために生涯を捧げようと誓いあった仲である。

「誤解ばせられん。自分はいまも昔も共産主義の精神科医、みじんも変わってなんかなか」

平田は心外そうに力んだ。

「そしたら、なんで内科だ？」

「資金ばためて、神水《くわみず》ちゅう熊本の中心地に保養院ば創立するつもりや。精神病患者の人権ば守る医療機関にする」

平田は机上で手をあわせ、両手で頬をゴシゴシとこすった。

「町のど真ん中に保養院ですか」

良治がいうと、大ぶろしきではなかと、平田は胸を張った。

「ムネらしい話じゃ」

「資金のめどがたったら必ず建てる」

「いつでもおいどんに言えよ。できるだけのことはする」

欣一郎は約束した。

講義室に集まった門下生との座談の中で、王丸教授が語った内容は欣一郎がふだんから抱いている問題意識にかなうものだった。

身体療法やショック療法など物理的治療手段に依存してきた精神治療は、脳病理学、脳神経学の進展にともなって向精神病薬が開発され、薬物療法にとってかわる時代がそれほど遠くない将来に訪れるであろう。戦争によって長い間、欧米からの脳神経医学の研究成果やエビデンスが我が国に入ってこなかった。さいわい終戦後は、最新の知見がどんどん手に入るようになった。ちょうど一年前、兵役を終えて、九州帝大で脳細胞組織の研究をしていた中島健一君が王丸教室にもどってきてくれた。薬剤の開発につながる研究にも弾みがつくことを期待しているところだ。

研究室から講義室へやってきて、門下生の座談に参加していた中島は、頭のてっぺんまで禿げあがった広い額にうっすら汗を浮かべて教授の話に聴き入っていたが、自分の名前がでると恐縮して顔をふせた。十四年卒業の中島は九州帝大医学部附属病院医員となったがすぐに召集されて、満州に駐留する部隊の医務課で軍医として勤務し、二十年十一月に復員すると九州帝大にもどり、医員のかたわら脳医学の研究にたずさわっていたのである。

なごやかな会食がすむと、だれが誘うともなく武徳殿を参拝し、それから運動場をよこぎって篠山城址のなかをぬけ、筑後川の土手まで足を運んだ。学生時代、空を見上げ将来を語り合った場所である。欣一郎と平田もこの土手道をよく歩いていた。上海事変から終戦まで、長く愚かな戦争をへて、日本はいま大きく変わろうとしていたが、その戦争にかりだされた同窓生たちが目にする筑後川は、何事もなかったかのように青い空を川面にうつして滔々とながれていた。

土手を散策したあと、武道場の畳に車座になって思い出話にひとときをすごした。宿泊する者はなく、それぞれがころ合いをみて、再会を約束して去っていった。欣一郎は球磨郡へ帰る平田をバス停まで見送ると武道場へもどった。かれは小倉港を夜十時に発つ船に乗るので、まだ少し時間があった。待っていた中島と良治のふたりが、研究室にゆきましょう、と先輩を誘った。

その途中、学内の精神科病棟へ目をやりながら、中島は王丸教授のいう欧米の最新の知見に関して、ロボトミー手術のことを話した。

進駐軍のなかに、いま世界の精神医学界で高い注目をうけているロボトミー手術（脳の前頭葉の神経線維切断術）を二百例も実施した軍医少佐がいる。大阪方面に派遣されているこの少佐は昨年、日本のある精神科医にこの手術をやってみせ、十月には大阪で開催された近畿外科学会でロボトミーの講演をした。この講演を機に、わが国でもロボトミーが普及していく気配がある。

中島は立ちどまり、病棟の窓から目をもどし、

「欧米でやっているからやる、というのはおかしい。そうでしょ、おいどん先輩」

と、学生のころに慣れ親しんだ敬称で語りかけ、さらにつづけた。

「ロボトミーは、精神医療が決して侵してはならない領域をこえてしまった。脳はわからないことばかりです。まだまだ神の支配する未知なる世界ですよ」

「そうだ、脳みそをはぎ取るなど、まったく常軌を逸している」

そばですぐ、良治が非難をあらわにした。

「大人しくなって好都合かもしれんが、廃人同様にしてしまって、治療とはいえんだろ」

欣一郎も即座にロボトミーを否定した。物理的治療の暴走である。このような外科的治療を大方が容認している欧米の精神医学界は、まことに奇怪だとかれは強い疑念をもっている。

研究室に入ると、棚にはホルマリン漬けされた脳がいくつも並んでいた。レッテルが貼られた薬物瓶や多種類の水溶性化合物の試薬が入った容器も数多く陳列され、見慣れない検査機器も置いてある。中島は中枢神経の組織病理学に取り組んでいて、ニッスル染色法で神経細胞の多様な部位の病態像を観察し分析していく作業をしている。

「これが、前頭葉から切離した白質です」

と中島は瓶の中に浮かぶ数枚の切片を指さし、さらに同じような切片が浮かぶ他の瓶を示し、それぞれ側頭葉と頭頂葉のものだと説明した。切片をじっとみつめていた欣一郎がいった。

「脳検体は足りているのか」

「いいえ、決して十分ではありません」

「よし、おいどんが死んだら、中島、お前が剖検しろ。取り出した脳に番号をつけて、そこの棚にならべてくれ」

欣一郎がきっぱり言い切ると、良治はポカンとし、たじろいでいた中島は、欣一郎の大きな目にむかってうなずいた。

姿勢のよい男

夏がきても、芳子の体調はすぐれなかった。

頭痛やめまいにおそわれる日が多くなり、食欲が落ちた。精神的なことからきているのだろう、と診断している欣一郎は再々、福井へ帰省して休養することをすすめたが、芳子は頑としてうけいれなかった。暑い昼中は横になっている日が多くなった。様子をみるため欣一郎が医局から本館へもどって部屋をのぞくと、母親と一緒に午睡していた子どもたちは目覚めて、積木で遊んだり、絵本を開いていたりした。それでも夕食のあとは、本の読み聞かせはつづけていた。『新宝島』は終わり、夏の初めはグリム童話集、お盆がすぎると「桃太郎」や「一休さん」などの日本の昔話になった。

秋の初め、芳子は夫が手配した日赤病院を受診した。内科の医師は再度結核の精密検査をし、ガンを疑ったりした。十日過ぎに検査結果が届き、貧血のほかはとくに問題は見当たらなかった。それで安心したのだろう。芳子は一見、元気をとりもどしたようだった。脳病院はしだいに忙しくなり、あっという間に秋が去り十二月になった。

月半ばの昼過ぎのことである。

五歳になる美知が階段をかけおりて、事務室のドアをはげしくたたいた。ドアが開くとおかっぱ頭の顔をあげ、お父さまを呼んで下さい、と叫び泣きだした。事務長はただならない気配を察し、医局へ事務員を急行させ、本人は美知と競うように階段をあがり、二階の居室をのぞいた。着物に割烹着を着用した院長夫人が、畳の上にエビのような姿勢で横たわっている。かれは膝を立て、どうされましたか、とのぞきこんだ。つりあがった目をむけ、お腹が……、と苦悶していた。顔はすでに土色で、おそってくる痛みに耐えていた。美知と二郎のふたりの子は母の背をなで、事務長は院長の外套を夫人の足元にかけておろおろ見守っていると、欣一郎が婦長をつれて部屋にとびこんできた。すぐに診察をし、廊下にでて待機していた事務長へ、痛みはおさまったが療養させたいのでベッドを確保してくれ、と命じた。日赤ですか、と事務長は院長に確認してひきかえした。するとほどなく、木村医師が事務長をしたがえてやってきた。木村は午前の診察を終えて、帰り支度をしているときに、院長夫人の異変を知ったのだった。

「日赤はいま、あいにく満床です」

と事務長が報告した。

「そうか、だったら他をあたってくれないか」

欣一郎が応じると、木村医師が一歩前にでて、自分の部屋が空いているから、よろしければお使い下さい、と申し出た。院長の居室とは本館二階の西と東なので、家族と離ればなれになることはない。必要なら医師会から医師を往診させる、ともちかけ、

「奥さんは、院長とお子さんたちが傍においでると安心して療養できますよ。私の部屋にのこしているのは蓄音機とレコード、それに安楽椅子だけです。かまわなければお使い下さい」

とすすめるのだった。

嵐が通う小学校が冬休みになるまで十日ほどあった。欣一郎はそれまで木村医師の部屋で芳子を療養させ、冬休みから家族で北条に引っ越すことに決めた。またその間、北条の家の義姉《あね》が家事と子どもの世話をしてくれることになった。

夜、欣一郎が付添い、一晩が明けた。

ランドセルを背負った嵐が部屋にやってきて、行ってきますとあいさつをした。芳子は長男の手をとり、寒くなったから気をつけてね、と送りだした。欣一郎が医局へ出勤してしばらくすると、義姉が美知と二郎をつれて部屋にはいってきた。芳子はベッドで上半身をおこして、子どもたちとしばらくすごしていた。

夕刻から、ふたたび欣一郎が付添いをした。病名ははっきりとしなかったが、芳子の体調はよくなっていた。音楽を聴きたいという。クラシックのSPレコード盤がならんだ棚から、バッハの宗教曲をいくつかとりだした。はじめに、「主よ、人の望みの喜びよ」、それから、「G線上のアリア」をかけると、もう一度、もう一度と芳子は要求し、まぶたを閉じ、じっと聴き入っていた。

大連で暮らしていたとき、彼女は支店長夫人のお伴で、たびたびコンサートへでかけた。室内楽の演奏会が多く、このときにバッハの宗教曲にであい、うちふるえるほどの感動を味わった。バッハが大好きになって、レコードを回して何度も何度も聴いていた。深く静かで透明な世界が広がり、真実に生きよ、と呼びかけてくるのだった。

芳子は、にじみでた涙を細い指でぬぐうといった。

「大連がなつかしい……」

「おいどんは、絵が届くのが楽しみだった」

「あたし、空と雲をみつめながら、今度はこの空と雲を描いてみたいって、ずっと思っていた」

「大連の空と雲か……」

欣一郎は胸にさしこまれるものを感じて、だまりこんだ。

芳子はぬれた瞳で夫をみつめ、

「おいどん先生、あたし、いったいどこが悪いの？」

と不意に不安をぶっつけてきた。

「どこも悪くはない。疲れているだけだ」

「でもあたし、死ぬのはいや。それだけはいやよ」

とつぶやくと、夫の手を求めてきた。

しばらく手をにぎりあっているうちに、芳子は眠りについた。

翌朝、欣一郎が目をさますと、芳子は夢の話をした。

北条の小料理屋「若緑」で、家族みんなで鯛の活き作りを食べていた。でもおいどん先生だけは、あびるように酒を呑んでいる。とっくりが何本もテーブルに転がっている。もうだめ！　芳子はとっくりをもつ夫の腕をつかんだ。おいどんはさびしいんだ、ほっといてくれ、と芳子をふりほどこうとする。なにがさびしいのよ、と質すと、それはおいどんにもわからんのだ、と言い放し、また酒を呑みはじめた。とめようがなく、そんなに呑んだら死んでしまう、とひとり哀しみにくれていると目が覚めた。

欣一郎はたちあがり、妻の深層心理に巣くっている死をおいはらうかのように、力をこめていった。

「芳子はまだ二十七じゃないか。死は五十年も百年も先だ」

「あたしのことより、あなたが心配、お酒、気をつけて」

「わかった、ありがと。じゃあ行ってくる」

欣一郎は軽く手をふると、医局へ出勤した。

午後、看護団をつれて閉鎖病棟を巡回していると、事務員がせわしげにやってきて、奥様の容態が悪いようです、と告げた。急いでもどってみると、付き添っていた義姉が困惑した顔で、ついさっきから息が荒くなり苦しそうです、といった。急性の肺炎が進行していた。「芳子、しっかりしろ」と呼びかけても返事はなく、荒い呼吸をするばかりだった。できる限りの応急処置をしたが、快方へは向かわず一昼夜、昏睡状態がつづいた。十九日の明け方、芳子は力尽き、若くして帰らぬ人になった。

葬儀は北条の家で簡素にとりおこなった。

骨上げをした日、久留米から良治がかけつけてきた。仏壇に供えられたまだ温もりのある骨壺、それに「正光院艶室智芳大姉」と書かれた白木の位牌へ頭を垂れ、手をあわし、子どものように声をあげて泣いていた。

「ばか、良治、泣くな」

良治の震えがとまらない背中へ声をかけながら、欣一郎もこらえきれずにほろほろと涙を畳に落としていた。夜半まで良治と酒をくみかわした。久留米の大学病院にいるより、いっそなら欣さんのもとで働きたい。精神科医は足りているのか、と真顔で訊く。足りるも何も愛媛で精神科医はおいどんだけだ、患者が増えて毎日手いっぱいだ、と欣さんは応えた。王丸教授に松山脳病院で働きたい、とお願いするから僕を採ってくれ、と良治は院長の欣さんに思いをぶつけていた。

忌が明けないなか、年があらたまり昭和二十三年になった。

正月五日の昼下り、宮崎から悲惨な事故の報せが届いた。この日早朝、宮崎脳病院の本館と四つの病棟の二百九十七坪が全焼したとのことである。報せてくれたのは地元新聞社の記者だった。記事を書くため、前院長からの情報もとりたかったようだ。三十三名の入院患者の内十名が焼死、と聞いて欣一郎は絶句した。みんな閉鎖病棟の患者である。名前を教えてもらい、その半数の顔や人柄に憶えがあった。火元の患者は、妻女がこっそり差し入れたマッチでタバコを吸い、火の不始末で火事をおこした。

「各病室の入口は鉄格子、外から鍵をかけちょるから、火がせまってきても逃げられんかった。どんな状況やったか、それはもう言葉にもなりません。渡部院長の時代も施錠しちょりましたか」

と電話のむこうで記者は訊いた。

「空襲にそなえて夜間、閉鎖病棟の病室も開錠し、病棟の出入口だけ施錠しておりました。戦後も同様です」

「渡部院長のあとで、病室も施錠するようになった?」

「それは分かりません」

「救助にかけつけた宿直員の証言やと、出入口だけの施錠ならもっと助けることができたそうや。亡くなられた患者さんが可哀そうでなりません。何かございましたら」

と記者は前院長からのコメントを求めた。

「ご冥福とお悔やみを申し上げます」

「施錠の件はどうでしょう」

「私の立場からは、何もありません」

欣一郎は語気荒く応えた。

四日後、宮崎の地元新聞社の新聞が届けられた。記者は脳病院火災の記事を宿直員の証言でしめくくっていた。

〈ただならぬ患者の叫び声に目覚めたときはすでに相当燃えていました。なにしろ急場のことではあるし、精神病人ばかりなので救助も思うにまかせず十名を焼死させ気の毒でなりません。鉄格子をゆすぶるようにしてすくいを求めた患者の不気味な目と声がまだ耳目をはなれません〉

空襲警報が鳴り響くなか、職員も患者も手を取り合って何度も防空壕へ避難した日を欣一郎は思い返していた。あの中に、この火災で焼き殺された患者が何人もいたのである。

葬儀のときから、妻の忘れ形見である三人の子と北条へ引っ越していた欣一郎は、離れに居を構えて、汽車で病院へ通う生活にもどっていた。父の好五郎は昭和十九年六月に他界していた。母のユキは健在で、義姉と一緒に三人の孫の世話を焼き、家事を手伝った。

松山駅から病院へ行くバスはあったが、欣一郎はリュックを背負い、運動靴で駅から病院まで走った。歩くと三十分ほどの距離を十五分かけて走る。病院でスーツと白衣に着替えてネクタイをしめる。一日の始まりである。天気はおかまいなしに走っていると、やがて患者も町の人々も、「走る院長」と欣一郎のことを呼ぶようになった。走っていると、「おいどん先生」と芳子の声も聞こえてくる。その声にむかって欣一郎はひたすら走っていた。

良治が走る院長と共に松山脳病院で働き始めたのは、二月七日である。職員宿舎の四畳半の部屋をあてがわれ、月給は四千円だった。着たきり雀なので、往診へ出かけるのにもペラペラの粗末な服しかなかった。困っていると仕立屋がやってきて寸法を測り、月末に紺色のスーツが届いた。欣さんからのプレゼントで、代金は月給の五倍もした。

精神科医二名の態勢になって、木村医師をふくむ出資者四名の経営者側は、来院と入院患者数の増加にともない、病院設備の整備を手始めに院長住宅と医員並びに職員宿舎、それに病棟の改造と新築をすることにした。このなかで病棟について、欣一郎にはゆずれない一家言があった。万年床を除去するため、各病室に寝具を入れる押し入れ、洗面所、それに整理戸棚を設置すること。また患者がみんな廊下にでて、あぐらをかいて食事をしている現状をやめて、給食棟のなかに食堂をつくることを提案した。できるだけ人間としての尊厳を重んじる看護と処遇をしなければならない、という考えに沿ったこれらの要求を経営者側もおおむね受け入れてくれた。しかし閉鎖病棟の病室の施錠については対立した。病棟出入口は施錠するにしても、宮崎脳病院の教訓から、せめて夜間は各病室のドアに鍵をかけるのをやめたらどうか、と欣一郎は主張した。経営者側は患者を安全に保護する、という責任があるのでドアの施錠は必要だ、と一歩も引かなかった。それで宿直員の深夜の見回り回数を増やすことでおりあった。

この当時、愛媛県衛生課が把握しているだけでも、県下で一千五百名ほどの精神病者がいた。この内、二百名余りが県下に唯一の治療施設である松山脳病院の入院患者であった。入院や通院が困難な遠隔地の精神病者は私宅監置されていたが、戦後三年が経ち、国は欧米の衛生思想を取り入れた精神衛生法の施行に向けて動きだしていた。そう遠くないうちに精神病者監護法は廃止され、私宅監置は禁止される定めにあった。全国の脳病院はどこでも、監置されていた精神病者の受け入れが時代の要請となっていたのである。

夏に院長住宅は完成した。

欣一郎は北条からの通勤をつづけていた。引っ越すと子どもの世話をする者がいない。それで断念していたのだが、そのことはともかく、子どもたちには母親が必要だった。

お盆前、松山中学の同期会に出席したときに再婚話があった。県庁に勤めている友人が、中学時代に軍事教練の教官だった倉橋宗由先生を憶えているか、と水をむけてきた。軍事教練は一番嫌いな時間だったが、教官のことは記憶にあった。背丈が高く彫りの深い顔立ちで、いつもカイゼル髭をなでていた。倉橋先生は教練だけでなく、学校に山岳部をつくり部長もされていたはずだ、と欣一郎は記憶をよみがえらせた。友人はその山岳部員だったこともあり、戦後のいまも倉橋先生とは師弟の間柄なのだと打ち明け、欣一郎を見定めるような目になった。そして、先生が娘の再婚相手を探しておられるが、お前どうだ、と唐突に話をもちだした。

「再婚というと、戦争未亡人か」

欣一郎はすぐに、中年の寡婦を思い浮かべた。

「新京で新婚生活をされていたが、そのとき夫は戦死された」

「それはお気の毒に……」

欣一郎は箸をおき、目を伏せた。

「文子さんというが、明るくてさっぱりした人だ。道後にある農業試験場に勤めておられる。一度会ってみたらどうだ」

と友人は話をすすめる。歳をたずねると、大正十二年八月生まれのまだ二十四歳だという。欣一郎よりも十六も若い。

「おいどんには有難い話だが、まだうら若い娘の再婚相手が四十の子持ちでは、倉橋先生が承知されんだろ」

と欣一郎は率直なところを伝えた。嵐、美知、二郎の三人の顔が浮かぶ。妙齢の女性がいきなり三人の子の母親になるのは、大変なことである。よほど賢明な女丈夫でないと務まらないだろう。てっきり断られるだろうと思っていると数日後、友人はふたりが合う日時を設定した、と手紙をくれた。その封書のなかに、倉橋先生の略歴を記したメモ書きに添えて、先生が松山中学の同窓会誌（昭和十一年三月発行）に投稿した手記、「銀嶺の石槌登山」が切り抜かれ同封されていた。略歴によると、倉橋は明治三十八年に陸軍士官学校を卒業、日露戦争後の満州遼東半島警備、シベリア出兵では第二十二連隊の中隊長として沿海州方面を警備、大正十三年三月から十四年間にわたり松山中学校教練教官を務めていた。その間の昭和十一年に山岳部ＯＢ二名と共に厳寒期の石槌山（筆者注・石鎚山のこと）登頂に初めて成功している。終戦時は陸軍中佐。主な役職は松山スキークラブ初代会長と松山中学同窓会長である。なお同封の手記は、先生の生涯最高の感激であった石槌山登攀《とはん》の詳細を記したもので、先生の人柄を知るもっともよい読み物である、と付記してあった。

欣一郎は予想外の報告に胸の高鳴りをおぼえた。

さっそく手記を読んだ。十三頁にもなる登山記である。まず冒頭のはしがきに、「一生の歴史に大書すべき出来事」と、倉橋はマイナス二十度にもなる厳冬の山頂を征服した喜びを記していた。それから、白山以西で西日本最高峰の石槌山を四国のモンブランと称え、以下、地誌学的考察にもとづく登山方法・装備、同行者の選定、登山プラン、登山道の紹介、避難小屋と小屋の一夜、白氷におおわれた絶頂に立った感慨、そして最後に登頂の所感と冬山登山の心得が克明に綴られていた。まさに刻苦勉励の範となる手記である。欣一郎はこれまでこれほどに真摯な生き方をしている人物は、寡聞にして澤木興道老師のほかには知らない。この方の娘さんなら、そして何よりも彼女が望むのなら、三人の子の母親になれる、と思った。

九月の最初の土曜日の午後である。

欣一郎は、道後の温泉街の菓子店にある茶房で文子に会った。およそ寡婦の印象などはなく、清楚でみるからに聡明な娘である。向かい合って座ったもののどうにも照れくさく、視線をあわせることができないで、店内へ目を泳がせてばかりである。通りに面した窓側には進駐軍の兵士と日本娘がかき氷を食べながら、カタコトの英語で話をしていた。あの二人よりまだこっちはまっとうだ、と自らを励まし、まだ自己紹介をしていないことに気づいた。

「あの――、初めまして」

と上ずった声でいった。

文子は涼やかな微笑をうかべ、半袖の白いブラウスからのぞいた両腕をスカートの上にそろえて両手を組むと、

「実は、わたし一度、お目にかかっています」

とまっすぐに精神科医をみつめた。

まさか、病院で、と問い返すと、彼女はいたずらっぽい表情になって、父があなた様に合う前に、いちどみておかないといけん、と言い張り、十日ばかり前の朝、両親と一緒に、沿道で走る院長をみていたのだと告白した。

「父は、姿勢のよい男だ、と感心しておりました」

「姿勢、なるほど、そうですか」

こっそりみられていたことに悪い気はしなかった。親として当然だろう。夏は短パンに半袖で走っている。

「母は上野の西郷さんみたいな方だって、目を細めていました」

「西郷さん！」

達磨大師に似ているといわれてきたが、西郷隆盛は初めてである。

とっさに、肝心なことがすんなり口の端にのぼった。

「西郷どんは犬ですが、おいどんは三人の子をつれています」

婉曲に求婚すると、文子は満面に笑みをうかべ、

「わたし、子どもが大好きです」

とプロポーズに応じた。

芳子の一周忌が過ぎ、嵐の小学校が冬休みになったのを機に、欣一郎は院長住宅へ居を移した。そして倉橋夫妻を招いて、形ばかりの祝言を挙げた。「お母さん」と子どもたちから呼ばれた日、文子は大粒の涙をながしなら三人の子をだきしめていた。

精神医療の夜明け

二十四年九月、ひつじ雲が朝焼けに美しくかがやくなか、文子が女の子を産んだ。払暁をつ

げる荘厳なご来光に感動し、欣一郎は二女を「朝美」と命名した。九月末まで、昼休みになると医局からいそいそと院長宅へもどって昼食を摂り、赤子の顔をみつめてすごした。ラジオからはいつも、藤山一郎と奈良光枝のデュエット、「青い山脈」の歌謡曲がながれていた。欣一郎もつられて、「古い上衣よさようなら／さみしい夢よさようなら」と口ずさむのだった。

翌十月には脳病院創設の理念に立ち返り、出資者四名が共有する財産を寄付し、財団法人松山脳病院が設立された。四名はそれぞれ理事長と監査、それと理事に就任し、渡部欣一郎院長と井上良治副院長も理事になった。この当時、県下唯一の精神医療施設である松山脳病院の在院患者は二百名をこえ、なおも増えつづけていた。この年の年間の入退院患者は、入院三百四十一名、退院三百十九名である。しかし松山から遠く離れた地域に居住する精神病者の多くは、交通が不便なゆえに、精神医療の恩恵に与ることができない状況にあった。

精神医療後進国である日本の精神行政を前進させるために二十五年五月一日、精神衛生法が施行された。従来の精神病者監護法と精神病院法を廃止して成立したこの法律は、精神障碍者の収容と医療をくまなく実施しようというものである。日本中どこでも病院は不足している。そこで精神病院の設置が都道府県の義務となった。あわせて精神衛生鑑定医制度も新設され、在宅の精神障碍者は鑑定医による訪問指導をうけることになった。何よりも大きな前進は、一年間の猶予期間内に私宅監置を廃止したことである。監置されている精神障碍者はオリから解放され、入院加療の道がひらかれることになった。

松山脳病院では、渡部院長と井上副院長が鑑定医に任命された。訪問指導がはじまったのは、この年の夏である。井上は県下の東部地域である東予の市町村、渡部は宇和島を中心とする南予を担当した。

七月下旬のことである。

欣一郎は松山駅から伊予灘沿いを走る汽車に乗った。列車は肱川の手前から内陸へ向けて川沿いをさかのぼり、大小の峠をいくつかこえ、盆地のなかを走り、山腹のトンネルを何本もぬけて、昼前に宇和島へ着いた。県衛生部宇和島支所と保健所の職員の出迎えをうけ、クルマで市内周辺部のあわせて七戸の民家と農家をあわただしく訪問した。そこではそれぞれ私宅監置されている精神病者を診察し、入院治療の是非について鑑定した。このハードなスケジュールの訪問指導が終わると、鑑定医に宴席が用意されていた。

一献を傾けたいといってきたのは、市立宇和島病院院長の近藤達雄だった。「ご慰労したい」ということなので、申し出に有難く応じた欣一郎は、座席にならんだ顔ぶれに驚いた。近藤と保健所の天岸敏介所長、医師会の富田正庸会長、それに商工会議所の会頭の四人が思惑ありげな顔でかれを待っていたのである。

近藤院長は型どおりのあいさつのあと、すぐに本意を話した。

精神衛生法の施行で、私宅監置されていた精神病者は行き場を失うことになる。南予の拠点施設でもある市立病院は対応を急いでいるのだが、もともと当院をはじめ、南予の町や村には精神病院も精神科もない。これではいかん、と市も医師会も商工会議所もなんとかしようと模索している。渡部先生が訪問指導にこられたのを機会に、精神医療のない南予の深刻な現状を知っていただき、精神衛生の向上発展のためにお力添えいただけないだろうか。

近藤につづき、他の三人も盃をかわしながら同じような話をした。

南予は全国的にみても精神病者の割合が高いところだ。さいわい農山村と漁師町なので、軽度な精神病者はそれぞれのムラ社会にうけいれられ、平穏にくらしている。問題は看護の必要な病者である。その多くは家族か姻戚のもとで私宅監置されている。また身寄りのない者は措置入院ということになる。この場合まず、松山で診察をうけることになるが、手間がかかる上に一日仕事で大変なのだった。

「なんでも松山じゃ、いけん。それで収容所をつくりましたが、精神科医がおりませんので看護だけです」

保健所の天岸所長が投げやりにいった。

「収容所ですか」

欣一郎が怪訝な表情をうかべると、近藤が補足した。

「救護施設ですよ。笹町収容所といいまして、私ども市立病院のすぐ近くにあります。立地はよく、病院からは優秀な看護婦を派遣しておりますが、入所者は少ない。どうも収容所というネーミングがよくないのかも知れません」

「あそこは、おきちさん屋敷といいましてな、うめき声や叫び声がするというので、町の者は避けております」

会議所の会頭が太い眉をひそめた。

「いま、何人ですか」

欣一郎は入所者数を訊いた。

「男五、女二の七名です。三十名は収容できますが、よいのかわるいのか、期待外れです」

「この際、ちゃんとした精神病院がどうしても必要ですな」

医師会の会長が腰を据えていった。

みんなの発言をひきついで、近藤が座談を格調高くまとめた。

幕末の宇和島藩は、蘭学者の高野長英を招いて塾を開き、藩の将来を担う若い藩士に洋学と兵術を学ばせた。宇和島からさらに南へ下った御荘町の岬には、長英自身が足を運び実地検分して設計した砲台の跡がいまも残されている。また維新の胎動が幕府をゆるがすようになった最中、宇和島藩は村田蔵六（後の大村益次郎）を召しかかえて、いちはやく軍備の近代化に努めている。ひるがえって今日の南予の精神医療は、まだ夜明け前の闇にとざされたままである。この地に開明をもたらす高野長英や村田蔵六がやってくることを待ち望んでいる。

近藤が自分を念頭に話していることに、欣一郎は悪い気はしなかった。期待をひしと感じるものの、自分にそれに応えるほどの器量があるのか、自信をもてないでいた。

欣一郎は宇和島に一泊した。早朝にホテルを出て保健所のクルマで宇和海沿いの国道を南へ下り、宴席で近藤が話題にしていた御荘町を訪ねた。漁業と真珠養殖、それに柑橘栽培を生業としている鄙《ひな》の町である。昼までかかって奥深い入江に散在している五軒の家を訪問した。それから町役場で町長と幹部数人をまじえて昼食を摂った。ここでは、精神治療となると、よほどのことがないかぎり遠い松山まで行くことはない。手の施しようがない病者は漁師小屋や物置に閉じ込めておくよりほかに仕様がないのである、とそんな話に終始した。

宇和島にもどると、夕刻の汽車まで時間があった。

ふと思いついて、笹町収容所へクルマをまわしてもらった。

赤黒い土塀にかこまれた木造平屋の粗末な建物である。同行している職員が受付の事務員に渡部医師を紹介し用件を伝えた。欣一郎は患者の様子を看護婦から訊きたかった。それならすぐにお呼びしますからと事務員は応え、窓に鉄格子のある談話室へ案内された。ふだん入所者がすごす場所らしい。着古したパジャマすがたの老女がふたり、訪問者へ焦点の定まらない目をむけたが、すぐつまらなさそうに視線を窓へもどし、夕日に紅く燃えるサルスベリの花をじっとみつめている。扇風機が音を立てて蒸せる空気をかきまわし、脳病院特有のし尿と薬剤の匂いがする。

間もなく、廊下の奥から若い看護婦が足早にやってきた。

立ちどまり、大きな目を見開き、さぐるような視線で欣一郎をみつめながら、ためらいがちに訊いた。

「わたし、和田正子と申します。松山脳病院の渡部先生ですね」

「ええ、渡部です。久しぶりに宇和島へ来ました」

正子は、ぱっと顔をかがやかせ、

「実はわたし、先生とお会いしたことがあります。昭和十四年の夏、女学校の三年でした。憶えていらっしゃらないでしょうけど」

彼女は胸の前で両手をあわせて祈るような表情をした。修道女のような瞳が輝いている。

「十四年の、夏ですか……」

十一年も前、それも戦前のことである。欣一郎は首をかしげた。

うしろで、同行の職員がふたりのやりとりを興味深げに聞いていた。室内にさしこむ西日が、鉄格子の影を壁につくっている。

正子は手短に説明した。十四年の夏、宇和島近郊の岩淵という村の精神病者の鑑定にやってきた渡部医師の様子を彼女は村人たちとみていた。「眠ったまま、浄土へ行かせて欲しい」と泣きながら医師にすがりつく母親、諭す医師の優しくも毅然としたすがた、母親は倉庫の板壁によりかかってぶるぶる肩をふるわせていた。たまたまそれらの光景を目撃した正子に、「だれにもいってはならん、胸にしまっておくように」と怖い顔で告げた医師の哀しみと怒りがないまぜになったまなざしに、彼女は強い衝撃をうけたのだった。

話を聴いて、欣一郎にも記憶がもどってきた。あのときは母親の苦しみに胸をつかれ、彼女と息子をこのような状況に陥れた、理不尽なるモノに対する憤りにかられていたのだ。

欣一郎の目元がやわらいだ。

「思い出しました。忘れてなんかいません」

「わたし、あのときから、看護の道を目ざそうと思ったのです」

「それで、ここへ？」

「最初は市立病院でしたが、希望してこちらへ来ました。ここは昔の癲狂院《てんきょういん》のような施設です。南予にも精神病院がぜひ必要です」

と正子はいちずな表情で訴えるのだった。

鑑定医の訪問指導は折をみながら継続して実施された。この年は県下で五十余名、そして翌二十六年と二十七年の夏までに、二人で百六十余名を鑑定した。足を運べば運ぶほど、精神病者がおかれた悲惨な状況に欣一郎は胸が痛むのだった。大正時代、呉秀三が全国へ門下生を派遣して実態調査をし、世に問いかけた、「精神病者私宅監置ノ實況」となんら変わることがないのである。なんとかしなければならない、という思いは日ごとに強まっていく。

精神医療の不在は、南予だけでなく良治が担当した東予でも同様だった。戦前の昭和四年に、松山よりも一足早く今治に脳病院が開設され、県の代用病院としての役割を果たしていた。ところが本土空襲が激しくなると、院主（経営者）は建物の焼失にともなう諸々の損害を勘案して、いちはやく病院を閉鎖してしまい、戦後再開されることはなかった。

二十六年五月、私宅監置は一年間の猶予が切れた。

警察と県衛生課は座敷牢、屋外の小屋、洞窟内につくられた牢屋などの取り壊しをはじめた。行き場のない重度の病者の多くは、ふとんで簀《す》巻《ま》きにされトラックで松山脳病院へ運ばれてくるようになった。多いときは週に三、四人にもなる。病床がなく、何人もの病者が受付前の廊下に寝かされたままの状態がしばらくつづいた。脳病院では病棟が増築され、医員も二名増やし、患者の急増に対応した。

平田が保養院建設の資金を募って、九医専柔道部の先輩と後輩たちを訪ね、その最後に欣一郎のところへやってきたのはこのころである。院長宅に着いたのは昼過ぎだった。酒を酌み交わす余裕もない慌ただしい再会だった。訊くと共産党員ということで、どこの銀行からも融資を断られたという。それで九州一円と、山口から広島へ足をのばし、柔道部の同窓会である「芳和会」の同窓から金を借りることになった。あと八万円あれば、当面のやりくりはできると平田は頭を下げた。脳病院院長の給与半年分である。「カネは汚らわしいもの」と思っている欣一郎の手元には、そのような大金はない。後で送金してもよいのだが、夜の船に乗る莫逆の友を手ぶらで帰すことはできなかった。欣一郎はタクシーで松山港まで一緒に行った。別れ際、巾着袋を平田へそっと手渡した。

「ムネ、ぜんぶ使ってくれ」

「すまん、助かる」

平田が船室で袋を開けると、郵便貯金通帳と印鑑が入っていた。通帳の残高は九万二千円ほどあった。

同窓から資金をかき集め、熊本市内の中心地に保養院（現社会医療法人芳和会）を設立しようとする平田を欣一郎は誇らしく思った。銀行からはつまはじきにされ、地元医師会から疎まれても、信念を枉《ま》げず、初心を貫こうとする心意気は見上げたものである。それに対して自分はどうなのか。

精神医療の夜明けを待ち望む南予の人々が、欣一郎を必要としていることはひしひしとわかっていた。近藤院長からは窮状を伝える書簡を二度もいただいていた。精神病院の開院を可能なかぎり支援したいとのことである。医師会の理解と応援も得られるだろう。銀行からの融資については戦後、長期信用銀行の役員をしている兄の順平に相談すれば道は開ける。そして肝心の用地取得は、県下に幅広い人脈をもつ義父の倉橋宗由に頼めば前に進みそうである。このように欣一郎のハードルは平田とは比較にならないほど低い。それでもかれは二の足をふんでいた。「働く人々のために」という生涯をつらぬくゆるぎない信念を平田は堅持している。欣一郎にも、「精神病者とその家族のために」という使命感はある。精神科医は自ら求めた天職だった。精神病者の治療治癒のために生涯を捧げる。これだけで十分である。何の不足があろうものか。だが、かれはまだ松山にとどまっていた。

義安寺の接心に招かれて、澤木興道老師が松山へやってきたのはこの年の十二月の下旬だった。老師は福山、尾道、広島の順に座禅と講話の旅をつづけ、松山のあとは九州へ渡って各地を訪れ、久留米の千栄寺の接心会で一年を締めくくることになっている。

欣一郎は良治とつれだって義安寺へでかけた。

朝鮮戦争による特需で、日本の経済復興がはじまっていた。四月にマッカーサーは日本を去り、九月にはサンフランシスコ平和条約が調印されて、日本の主権回復と国際社会への復帰が決まった。老師は街に活気がよみがえり、道行く人々の顔が明るくなった世相にふれたあと、「証道歌」の中の、「上士は一決して一切了《いっさいりょう》ず、中下《ちゅうげ》は多聞なれども多く信ぜず」について語った。

禅宗で好んで口ずさむ「信心銘《しんじんめい》」に、「智者は無為なり、愚人は自縛す」がある。智者は一直線に真実がからだの中にスパッとはいる。愚人の場合は、そうすると何になるか、とやたら尋ねる。愚者は疑いが多く、あれこれ考えに迷い、妄想にかられ、遠回りしないとものがわからない。例えば、学者は字を読むことばかりに没頭して、その意味が自分の生活のなかに届かないうちに死ぬ。一生、字のわけばかりを説いて、生涯を閉じてしまう。つまり愚人の分別は妄想にとらわれ曇っているのだ。ぐずぐず真実のまわりをまわるだけである。なにをすべきか、スパッと決めることができない。智者はいつも前後裁断し、徹底して永遠の今に生きることに努める。芭蕉は臨終に際し、ある者が「どうぞ辞世の句を」といったところ、「わしの句はみんな辞世だ」といった話があるが、これくらい徹底すればたいしたものだ。上士はいつも徹底しているのだ。いつもゆきつくところまでゆきついている。すべきことはするし、してはならないことはしない。ただすべきものはただし、ただしてならないものは一切たださない。これにたいして愚人は、考えごとのまわりをぐるぐる回るだけである、ねずみが車を回しているのと同じで、前に進むことはない。よく郷土の偉人を自慢する者がいるが、それは愚人のやることだ。自分が自分になりきったら、勲章などもらわなくても偉い。中下の愚人は、「多聞なれども多く信ぜず」で、自分ではやらず、そのまわりを回っているだけである。

講話のあと、欣一郎は独参をゆるされた。

裏堂の六畳間で老師にお目にかかった。独参は福井へ発つとき以来のことである。

「面差しすがすがしく、静心《しずごころ》この上なし」

欣一郎を一見して、老師は太い声で断じた。

「こころが晴れました。まっすぐにゆきます」

警策をうたれたように、欣一郎は背筋をのばした。

「松山は何年になりますかな」

「六年とひと月をこえました」

「達磨祖師は面壁九年、あなたは病める者と共に六年」

老師はまなざしをやわらげ、口元をゆるめた。

欣一郎は宇和島で開院する決意であることを打ち明けた。そして宇和島の地で、自分が自分になりきるよう努めたい、といった。

「町のエセ医者のなかには、病める者がお札にみえる者もおるだろう。だが本来、病める者は菩薩である。医者であるならば、病める者の中にこそ、人間の真実があることを知らねばならん」

法衣の老師はあぐら座であったが、両手を法界定印《ほっかいじょういん》に組み、大きくするどい目をむけた。

「病める者は菩薩……」

「その心あれば、宇宙に通じる真実をつかみ、大空に虹がみえるようになる」

老師のまなざしはやわらいでいた。

年が明け、欣一郎は宇和島に精神病院を開設する準備をはじめた。

春に出産をひかえた妻に、院長宅に住むのはこの夏までだと告げた。文子は深くうなずき、宇和島は伊達の殿様のみやびな文化が息づいているところですね、と夫の決意を励ますように応えた。

欣一郎は晩酌をしながら、宇和島のことをよく話題にするようになっていた。峠をいくつもこえると、深い入り江の奥に箱庭のような町が現われる。海と山と小さな城郭がかもしだす空気感が独特なのだとかれは目を細め、訪問指導で出会った人たちのことを旧知の仲間のように話すのだった。笹町収容所で精神病者の看護をしている和田正子のことは、文子がひそかに嫉妬をおぼえるほど褒めてやまなかった。近藤院長から届いた書簡の要旨も話してくれた。それで文子は、夫が宇和島に新天地を開くことは十分に承知していた。ただ、転居が出産と重なることだけは心配だった。夏までだと聞いて、家族が増えることを一番の楽しみにしている夫の配慮が有難かった。

二月の初め、近藤院長から空き家になっている医院があるので、みに来られませんか、と誘いをうけた。宇和島のとなりの山間の町で訪問指導があった日、欣一郎は帰りに足をのばしてその医院をみに行った。近藤はあいにく所用があり、かわりにくだんの保健所の職員が案内をしてくれた。

医院の前に立つと、周りの景観はいわば墨絵のように色を失って遠ざかり、その景観を額縁にして、医院の建物だけが油絵で描いたように目にせまってきた。ずいぶんと洒落た建築物である。職員がやや得意げに説明してくれた。

この周辺の地名は、「広小路《ひろこうじ》」といい、藩政時代には武家屋敷があったところである。明治になると官公署と開業医や町立病院が建ちならび、「医者通り」と呼ばれるようになる。日露戦争に宇和島から軍医として従軍した外科医がふるさとに帰り、この通りに洋風の外観を模した木造二階建ての医院を開業した。屋根にスペイン瓦を葺き、門柱と玄関ポーチの柱は赤茶色の化粧レンガで飾り、二階にはバルコニーを造った。白壁に西洋窓を左右二つずつ配し、玄関の前にソテツ、建物の外回りにはモミの木を植えた。外科医は大正十五年に自宅を新築してこの建物を手放した。昭和にはいってからは、建物は耳鼻咽喉科の医院になっていた。そして二年前、この医師が死去したので閉院となり、空き家になったままである。中をご覧になりますか、と職員が訊いた。

欣一郎は即座に首をふり、自らに宣言した。

「ここにする、ここから出発じゃ」

精神医療の拠点として、これほどの立地と自分の意にかなう建物はなかった。

松山脳病院は外来も入退院の患者も年毎に急増していた。この二十七年には定床が五百二十三にまでふくらみ、入院患者はさらに増えつづけている。院長、副院長、それに二名の医員で診療にあたっているが、まさにてんてこ舞いである。欣一郎は王丸教授に書簡をしたため、門弟の勤務先として松山もご推挙いただければ大変助かります、と率直に依頼をした。

すると教授からすぐに返信があった。元陸軍少尉で一式戦闘機「隼」のパイロット、神鷲《しんしゅう》特攻隊の生き残りに野瀬清水《のせいわね》という硬骨漢がいる。野瀬君は終戦直前の八月十三日、福島県にあった陸軍原町飛行場から出撃する予定だったが爆弾の故障で中止になった。宮崎市にある開業医の子息だが家業をつぐ気はなく、どこか温泉のあるところで働きたいとつねづねこぼしている。さっそく話してみた。宮崎脳病院にいた貴君が「ナポレオン先生」と呼ばれていたことは噂に聞いていたそうだ。野瀬君は負けず嫌いで気がつよく、行動力も統率力も秀でている。頼りになる快男子だ。

野瀬が着任したのは三月五日だった。

近くの市内電車の駅から、春霞の空にひばりが啼く麦畑の中をつっきってやってきた。

さっそく、野瀬は本領を発揮した。「離院の名人」であるてんかん患者が格子をくぐり逃げだした。二十歳の若者なので足が速い。野瀬は看護人と一緒に患者をおいかけ、麦畑でおいついた。患者は脱糞して、汚物を投げつけてくる。たくみにその敵弾をかわすとあっという間に患者をくみふせた。それから数日後、こんどは警察から大暴れしている患者がいるので至急往診願いたいと電話があった。野瀬は看護人三人をつれて大型ハイヤーで患者の家へかけつけた。畑のある広い庭の奥で人声がする。行くと、肥溜めに首までつかり、経を唱えつづける息子を両親がおろおろと見守っていた。看護人に指示して患者の上体に荒縄をかけ、肥溜めから少し引き上げると、野瀬はすばやく混迷をやわらげる注射をした。風呂を焚いて患者を洗い、毛布にくるむとハイヤーの運転手を説き伏せ病院へつれて帰った。

教授の紹介以上の人物である。欣一郎はこれほど胆力のある精神科医に会ったことはなかった。

灌仏会の日の四月八日、文子が男の子を産んだ。

お釈迦様と同じ日とはなんという結縁だ、と欣一郎はことのほか喜び三郎と名づけた。

赤子がウトウトしながら微笑むようになった頃である。

欣一郎は理事の木村医師の自宅へ出向いた。応接室で向かい合うと、お世話になったお礼を述べ、宇和島で開院するつもりだ、と明かした。

突然のことに木村は驚き、

「宇和島ですか……」

と涸《か》れた声でつぶやき、目を壁の風景画へそらして沈黙した。気まずい時間がながれた。木村は肩で大きく息をつぐと、いつもの思慮深いまなざしを院長へむけ、穏やかな声でこのようにいった。

先生が来られて六年余り、この間、入院患者も来院者も十倍をこえるまでになった。戦後間もないころの荒廃と混乱をふりかえると、当院の拡充と精神医療の発展は隔世の感があり、先生のご功績は申すまでもないことだ。それだけに先生が去られるのは誠に残念で寂しい限りである。ついては院長職の後任を早急に募りたい。副院長の井上医師は受けてくださるだろうか。

欣一郎は丁重に応えた。

「理事もご承知のように精神医療の不足は南予だけでなく、今治、西条、新居浜などの東予でも深刻です。なんとかしなければならん、と井上は考えているようです」

ふたりはまた、しばらく押し黙っていた。広小路へ医院をみに行ったあと、欣一郎は良治に宇和島で開院することを話すと、かれは自分も今治でやりたいという。院長と副院長が一度に辞めると病院に大きな迷惑をかけることになる。せめて二年後にしろ、と欣一郎は言い聞かせていた。

創設者でもある木村理事は、額にかかった白髪をかきあげた。

「井上副院長も、一緒にということはありませんね」

「それはありません、私からもお約束します」

「わかりました。後任の件はこちらにお任せください。八月までには決めたいと思います。それまで、よろしくお願いします」

木村はさっぱりした表情になっていた。

後任の院長は、ひと月後に理事会で中本甫《はじめ》に内定した。九州帝大出身の精神科医で同大学の講師を務めていた。戦前は軍医として二度召集され、ビルマ戦線にも従軍した経歴をもち戦後の二十二年一月に復員、いまは別府市にある精神病院の院長をしていた。着任は九月である。

これであとの心配はない。ほっとした気持ちでいたところ、平田から電話が入った。保養院が人手に渡りそうだ、金が要る、欣さん助けてくれ、とせっぱつまった声である。いくらだ、と訊くと会って話す、と応えて電話を切った。

土曜日の早朝だった。

夜の船で小倉から海を渡って松山へやってきた平田は、家族が朝食を摂っているときに院長宅へ現われた。「肥後もっこすのおじさんだ」と嵐が食卓に箸をおいて玄関へかけだし、美知もつづいた。ふたりは父から、「肥後もっこすの親友」である平田の話はたびたび聞かされている。想像していた頑固一徹の大男は、玄関で身をちぢめていた。「ムネ、一緒にメシを食え」と欣一郎が声をかけた。

上の三人の子がそろって小学校へでかけると、目の下がすっかり黒ずんだ平田から窮状を聴いた。熊本保養院の二十三床は創設当初から満床で、来院患者も多い。ところが費用をまともに払えない患者が多く、半年も経つと運転資金が底をついてしまった。「赤い病院」だということで銀行は相手にしてくれず、役所も相談にのってくれない。貧しい人たちこそ行政の恩恵をうけるべきだが、世の中はそのようになってはいない。

話をさえぎって、訊いた。

「それで、いくらだ?」

「……六十万」

欣一郎は目を丸くした。事務員の月給が七千円である。脳病院から借りることはできないか、とすがるようにいう。おいどんはこの夏に脳病院を退職し、宇和島に精神病院を開設することにしている、と欣一郎が話すと、平田はなんともいえない情けない顔になった。

断られるのは百も承知で、欣一郎は平田をつれて木村理事の自宅を訪ねた。平田がとつとつと保養院の経営が困難になっていることを話すと、木村が唐突にたしかめた。

「誠に失礼ながら、党員をお辞めになるつもりはありませんね」

「生涯、そんなことはありません」

腰をあげようとする相手を制して、木村が訊いた。

「民主主義と自由は占領軍の置き土産ですが、私は古い人間なのでしょう、手放しで喜んではいない。先生はどうお考えでしょう」

「社会がつくりだす精神病に苦しむ時代がやってきます」

「なるほど、慧眼です」

木村は深くうなずいた。そして資金の件は理事長に話して、早急に対応させましょう、と付け足すようにいった。

第四章　空と雲

宇和島で開院

広小路の洋風建築の門柱に、「神経科・精神科　渡部医院」の看板がかかったのは、昭和二十七年九月三日である。字は岳父の倉橋宗由がさくらの板に墨書した。すっきりと力強く読みやすい。

「看板は文子、おいどんの覚悟だ」

「はい、今日から、ここがみんなのふるさとです」

三郎をおんぶし、朝美の手をひいて夫の傍に来た文子がはればれとした声で応じた。ふたりの目の前に、大きな山がしこを踏むようにどっしりそびえていた。鬼ヶ城山といい、南予の秀峰である。はるか上の空にはすじ雲が輝いている。

六百名弱の在院患者がいる大病院の院長職を辞めて、身一つでやってきた宇和島である。目標は精神病院の設立であるが、はたして思い通りにゆくものかどうか。拠点とする渡部医院は、診察室のうらに五つの小さな病室があるだけで、二階は家族の住居だった。

看護婦と事務員の雇用は、地元の医師会にお世話になるつもりでいた。ところが思いがけず、亀井夏子と和泉元浩《いずもと》の二人が宇和島行きを切望してきた。亀井は四国山地の山奥の小さな中学校をおえると、松山にある看護婦学校を卒業し、戦後の混乱期からずっと松山脳病院で働いていた。婦長の受けもよく、まだ二十六歳と若い。慰留したが、一緒になるつもりだった相手に裏切られ、松山にいるのがつらくなった。宇和島で新境地を拓きたい、とたびたび懇願する。それほどいうのなら、と欣一郎は同行することを許した。和泉元のほうは十九歳の青年である。看護人として働いていたが、看護の資格がないので、男性にも準用規定がある準看護婦試験を目指してひそかに勉強していた。決して楽ではない職場環境のなかで、まだ若い和泉元がそのような心意気をもっていることに欣一郎は感心し、つれて行くことにした。

開院当初の三日間は、和泉元をしたがえて砂ぼこりがまいあがる道を自転車に乗り、あいさつまわりである。市立宇和島病院を皮切りに、医師会、市役所、警察署、保健所、銀行、商工会議所、農協、漁協、さらに二つの高校へもでかけた。欣一郎を宇和島へ招いた立役者でもある近藤院長は両手をさしだして握手をもとめてきた。そして精神病院の用地は医師会とも相談して、めぼしいところを二、三みつけております、とさっそく先をみすえた話をしてくれた。

欣一郎は来春にも最初の病棟を竣工させる意向をもっている。このことを院長が市長と医師会へ伝えたところ、ともに支援を約束してくれたという。

「建設用地の選定を急いでくださいや」

院長は欣一郎に要望した。

「なるべく町に近いところを考えています」

「住民の理解や協力が必要ですよ」

「精神医療の啓蒙のよい機会です」

「なるほど、たしかにおっしゃるとおりです」

院長は表情をやわらげ、ゆっくりうなずいた。

保健所の天岸からは、保健婦と看護の関係者を集めますから、精神衛生の講演や講義を何回かしてください、と頼まれた。役所や地元の有力者も、宇和島入りした松山脳病院元院長への期待は大きいものがあった。欣一郎は不毛だった南予の精神医療にやっと開明の火をともすことになる。

といっても、人々の意識がすぐに変わるはずはない。看板をみて、ここは何をするところじゃろか、と通行人は胡散臭い目を洋風の建物へむけていた。開院してしばらくの間は、手足の痛みや睡眠不足を訴える年寄りが日に数人、診察にやってきて頓珍漢な問答があった。

それでもやがて、おきちさん（精神障碍者）を診てくれるところが広小路にできた、といううわさが広まり、精神を病む患者がおずおずと、ためらいがちに門のなかへ入ってくるようになった。来院者は軽度から治療の必要な重度の精神病者へと、日がたつにつれ変わってきた。しかし医院には従来の身体的治療を施す設備や器具はなく、欣一郎も看護婦の亀井もはがゆく情けない思いのする日々がつづいた。

多忙な合間をぬって、病院建設の用地をみてまわり、最も市内に近い柿原というところに決めた。近くに国道が通りバスが走っている。市内中心部にある広小路からだと三キロほどある。一帯は農地であるが、用途の変更に支障はなかった。ただ二つ問題があった。約二万平米の農地に八人の地主がいた。また周辺住民が自分たちの生活圏に精神病院をうけいれてくれるかどうか。地主や住民が理解し、賛同しなければ建設はできない。まっとうに精神医療の話をすれば、かえって反発をまねくおそれがある。思いあぐねて文子に話をもちかけると、父の倉橋に相談してみたらどうでしょうかという。文武両道の岳父は器量の大きな人物なのだが、欣一郎にはいまだに軍事教練の教官という堅物の印象がとれないでいる。

中学四年の初夏だった。教練が終わって、欣一郎は仲間四人と銃器庫のうらの土手に集まって、盛土に銃剣をさしこんでしごいた。砂でみがかれ銃剣はきれいになる。鞘におさめて銃器庫のおもてにでて、なにくわぬ顔で歩きだしたところで、倉橋教官にみつかり、ひとりずつビンタを見舞われた。悪いのは自分たちなのだが、不快なだけだった教練のひとこまとして記憶にしまわれている。

その倉橋教官も岳父となったいま、頭はすっかり禿げてカイゼル髭もなくなっていた。山岳会の仲間と山登りを楽しみ、ふだんは水彩画を描き、短歌を詠むことを日課にしている好々爺である。欣一郎は意を決し、医院に設置したばかりの黒電話のダイヤルをまわした。松山に住む倉橋の自宅には電話がないので、近くの公民館へ出向いてもらい、そこの電話を借りて話を交わした。事情をつたえると、

「一週間下さいや。やってみましょう」

とあっさり引き受けてくれた。

夫婦で宇和島へやってきた倉橋は、さっそく柿原の公民館へでかけた。館長に会って、事前に調整を頼んでいた周辺住民と地主への説明会の日時を決めた。会場は柿原公民館である。翌日はすでに松山の自宅でつくっていた説明会の案内チラシに日時を書き込み、和泉元を同行して住民と地主の家に配ってまわった。

説明会の日、倉橋はにこやかな顔で欣一郎へいった。

「むつかしいことはいわれん。病院ができたら地元の人を雇うし、給食につかう野菜や魚もたくさん買う。何かあったら病院が近いと安心で心強い。こんなこと話して、あとは何をいわれてもにこにこしてたらええけん」

地区の役員への根回しが行き届いたのだろう。説明会当日、表立って反対する声はなかった。建設の賛否を問う住民投票をおこない、全員賛成ではなかったが、住民の同意をえることがで

きた。

説明会を終えると、こんどは八人の地主と懇親会を開いた。医院のみんなで手分けして商店街でじゃこてん（小魚をすりつぶした天ぷら）を買い、柿原の農家で仕入れた野菜でサラダをつくり、地酒と焼酎を自転車の荷台に積んで公民館へ運んだ。

欣一郎は懇親会にも出席し、座談に興じ酒をのんだ。

倉橋夫妻は医院の病室に一週間ほど泊り、連日、館長と地区の有力者を誘って地主の家を訪ねて酒を酌み交わし、用地買収のめどをつけて帰っていった。

長兄の晴治郎から、母ユキの体調がすぐれない、と報せをうけたのは十二月初旬である。二日後の土曜日の朝方、建設用地の一角で地鎮祭をつつましくとり行なうと、欣一郎は昼過ぎの汽車にのり北条の生家へ帰った。日はすっかり暮れていた。駅から役場へ向かう一本道にぽつんぽつんと街灯がともっている。集落の屋根の上の夜空に火の見櫓が門番のように立っている。宇和島を発つときの意気揚々とした気分は、郷里の夜道を歩くうちに消えていた。母のことが気になり、欣一郎は足をはやめた。

母は療養している離れで末っ子を待っていた。

頭皮がのぞく白髪に櫛を入れ、袷の着物に名古屋帯をしめて末子を迎えた。欣一郎は気持ちが晴れ、帰郷のあいさつをしながら笑顔になった。

「病院をつくることになりました」

「晴治郎から聞いたけん、喜んどります」

ユキは小さな目をほそめ、

「帰ってくるというけん、観音経をあげて、ご先祖様に欣一郎のことを話しておいた。病院とはのぉ、えらいもんじゃ」

とたのもしそうにいう。

長火鉢に炭をたし、火加減をみていた晴治郎が顔をあげた。

「日本開発銀行からの融資は、とれたのか」

「はい、ご心配おかけしました」

欣一郎は長兄に頭を下げた。用地買収と建設資金は、兄の順平が日本開発銀行へ融資の口利きをしてくれた。その際、銀行がどこで調べたのか、欣一郎が酒好きであることを知り、長兄に健康状態について問い合わせがあった。それで晴治郎が融資の保証人となっている。

「経営のことは、順平に相談するのがええわい」

「先々、順平兄さんには顧問をお願いしようと思っています」

「それがええ、安心じゃ」

長兄は湯気を上げる鉄瓶へ目をもどした。

兄弟のやりとりを聞いていたユキが諭すようにいった。

「金を貯めると人間が貧相にならいな。欣一郎、病院が大きくなっても、金を貯めたらいけんぞな。臭いばっかしじゃ」

金は肥溜めの糞尿と同じで貯めたらいけん、というのが家訓である。欣一郎はかしこまり合点した。

この戒めが、母と交わした最後の言葉になった。

年が明けた二十八年二月初旬の朝、晴治郎が寝間をのぞくと、ユキは眠るように息をひきとっていた。芳子の骨を拾った焼場で、欣一郎は母の小さな骨を壺に収め、生家をみおろす丘の墓地に納骨した。

柿原では三月にはいると、病院建設の槌音が高くなった。

その日、欣一郎は看護婦の亀井夏子を同行して、保健所のホールで開催される講演会へでかけた。テーマは「精神病治療について」である。出迎えた天岸所長に欣一郎は亀井を紹介して、ことわりをいった。

「おいどんの前に、精神科看護のやりがいについて、亀井がひとこと話す。この娘《こ》は精神科ひとすじだ。精神病者と病院への理解を深めるため、まず、彼女の話に耳をかたむけてもらいたい」

「それは願ってもないことです。楽しみです」

天岸は即座に承知し、院長の横で身体をかたくしている若い看護婦へ笑顔をむけた。渡部医院でも彼女の評判はよい。通院している患者のなかには、「なっちゃん」と愛称で呼ぶ者もいる。

宇和島では精神科の看護婦はあんただけだからみんなは関心があるはずだ。なんでもよい、五分間やるから話せ、と欣一郎は命じていたのだった。

ホールに集まったのは、保健婦と看護婦、それと医療関係者の五十人ほどである。亀井は顔を赤らめ、訥弁ながらも看護の喜びを語った。うつ、不眠、早発性痴呆（精神分裂）、依存症など精神的な援助が必要な患者さんはみんな心がきれいである。ひとりの人間として患者さんに向き合い、自分を拒否していた患者さんが回復して、笑顔をみせてくれると、天にも昇るほどの喜びがある。自分の表情や言葉に患者さんはデリケートに反応する。患者さんとの人間的なふれあいこそが、精神科看護のやりがいである。

こんな内容だった。率直で誇張のない話しぶりだった。

終わって亀井がぴょこんと礼をすると、会場から彼女を励ます拍手がおこった。欣一郎は感心し、彼女を高く評価した。

つづいて欣一郎が登壇し、次のような話をした。

松山脳病院へ赴任したのは終戦の年の十一月である。全国の脳病院では、食糧の配給が不足し、次々と栄養失調による死亡退院というあわれな状況がつづいていた。まさに受難の時代だった。ところが刑務所では栄養失調死は出ていないのである。社会から隔離された精神病院には出る。これはおかしい。県の衛生課長など各方面に働きかけ、また畑をつくって食料を自給することでこの苦しい時代を乗り切った。ふりかえれば、精神病がもう少し為政者や有識者の間で正しく認識され、精神病院の実態が把握されていたなら、栄養失調で死亡などという、あわれで悲惨な事態をもたらすことはなかったのだ。

われわれ精神科医も、精神病や精神病院について、もっと早くから社会へ向けて積極的に、またいま少し能動的な啓蒙運動をすべきであった。この点を深く反省しているのである。わたしも在職七年九か月の間、社会の理解をえるためにいささか意を用い努力してきたのであるが、精神医療の理想実現にはまだ遠く至っていない感がある。

患者を利用するのでなく、患者に利用される病院であるべきである。患者のために親切にすべきで、自分のために患者に親切にするのは邪道である。対社会的にも社会に利用される病院をつくらなければならない。社会を利用する病院の行き方は邪道である。このためにも一般社会に対して、いま少し精神衛生の啓蒙が必要だ。そしてだれもが精神病に対する正しい認識の向上につとめてもらいたい。

西暦前四百年、ヒポクラテスの時代に精神病は脳髄の疾患であるとされ、医学の対象になり、その病人は医者の手にゆだねられていた。ところが中世の暗黒時代になってから、精神病は神性投宿だとか、悪魔憑きの病だとか宗教的迷信の対象となり、その処置は多くの僧侶にゆだねられ、医者の手から離れてしまった。その後の自然科学の発展は、精神病者にも及んで、十八世紀末にフリップ・ピネルが精神病者の鉄鎖を解くなど精神病はふたたび我々医者の手にゆだねられることになった。

現在の精神医学は十九世紀の末から長足の発達を遂げ、治療法においても面目を一新している。ワーグナー・ヤウレック教授のマラリア療法は難病不治とされ、治療への熱意が失われかけていた精神分裂病（早発性痴呆、現在の統合失調症）に対して画期的な成果をもたらした。その後、インシュリン衝撃療法、カルジアゾールけいれん療法、電気衝撃療法、あるいはロボトミーなどの新療法の出現に及んで治癒率が大きく上昇してきた。しかし新療法があっても治療の時期を失すると、有難い医学の恩恵に浴することができなくなる。なんといっても精神病の早期発見と早期治療は重要である。

神仏のたたりだとか、犬神だとか邪神、怨霊などなどの迷信はまだまだこの国の地方には盛んである。また宗教的迷信、とくに終戦前後における邪宗などの排除も我々精神衛生にたずさわる者には必要であり、大切な仕事だと思う。終戦後八年余りの歳月がながれ、精神衛生法も樹立された。精神病者がこれまで以上に社会の恩恵に浴すことになる日はそう遠くないと思うが、いま一念に、みなさんが正しい眼を精神病者に向けていただくことを熱望してやまない。

みんなの力で

六月一日、私立宇和島精神病院が開設された。

平屋の木造で中廊下の左右に病室を配置し、病床数は二十二である。洋風の正面玄関のほかはこれといった特徴はなく、病院として必要な施設設備はあるものの、外観だけみると窓に鉄格子をはめた棟割長屋だった。欣一郎にはすでに次の構想があり、落成式は地元の関係者だけを招いて簡素にすませた。職員も約束通り地元から採用した。

開設すると、精神科医でクリスチャンの前田勝彌と事務員の清水孝平が松山脳病院から転出してきた。それで事務全般は経験のある清水が若い和泉元と一緒にやることになった。また開設に先立ち、欣一郎は王丸教授からの依頼で、小松三郎という門下生の医師を広小路の医院に受け入れていた。まだ若いのに酒癖が悪い。一人前の精神科医に育てて欲しい、ということである。小松は別府からはるばる海をこえて、広小路の医院へ赴任してきた。気の優しそうな好青年であるが、初対面のときから酒臭かった。酒の匂いをさせたまま診察することはまかりならん、と厳しく注意すると勤務中はシラフだった。柿原の病院は開設するとすぐに忙しくなった。それで平日の午後は小松を柿原へ出勤させ、三人の精神科医が診療と治療にあたる態勢をくんだ。

週末の土曜日の午後である。

井上良治が病院開設のお祝いと近況の報告に来た。ひととおり院内を案内すると、宿直室の畳にあぐらをくみ、同門の先輩と後輩は向かいあった。雨がやみ、外は薄日がさしている。ナースウエアの亀井が気をきかして、お茶とおしぼりをもってきた。

「井上先生、おひさしぶりです」

なつかしそうに、亀井はまなざしをやわらげた。

「やあ、なっちゃん、病棟をまかされているそうだね」

良治は、前の職場でも信頼の厚かった看護婦を頼もしそうにみた。

「宇和島はおかげさまで、すぐ満床になりました。松山も先生、お忙しいでしょう」

と亀井がはきはき応えると、欣一郎がさえぎるようにいった。

「良治は松山を退職した。この二月、今治で独立したばかりだ」

「あら、存じなくてすみません。すると今日は今治からですか」

亀井は遠路はるばる訪れた井上をねぎらうようにいうと、すぐに病棟へもどっていった。

副院長だった井上は、院長の欣一郎が退職したあと一年か二年、松山脳病院にとどまるつもりでいた。ところがかれをとりまく周囲の状況は大きく変わった。新たに中本院長を迎え、また若い精神科医を二名採用して医療スタッフが格段に充実した。井上が退職しても病院が困ることはなくなったのである。またいっぽうで、鑑定医として今治を中心に瀬戸内海の島々や、西条、新居浜、川之江など東予の市町村を回っていたかれは、行く先々で精神科の医院をひらいて欲しいと要望されるようになった。なかでもかつて脳病院があった今治の人たちは熱心だった。開業するための家屋も探してくれた。それでもなおぐずぐずしていたところ、決断をうながす事情が生じてきた。

精神衛生法の施行で私宅監置ができなくなり、重度の精神障碍者を病院がひきとることになった昭和二十五年から、日本でもロボトミー手術が盛んになる。それまで全国の二十八の病院でおこなわれたロボトミー手術二千例の結果が、この年に学会で報告されている。それによれば、対象患者の八割は精神分裂症で、治療効果は軽快を含めると約半数が良好、悪化ないし死亡が七%であった。寛解の割合は発症から半年以内に手術した場合は五十四%、五年以上でも三十二%と良好であった。

どのような治療をしてもまったく効果がなく、自滅していくばかりの精神分裂病患者を放置していてよいものか。倫理や道徳など抽象的なたわごとをならべて、目の前の患者から逃げまわるのはゆるされない。松山脳病院でも野瀬をはじめ若手の医師が、渡部院長にロボトミーを容認するよう求めてくるようになった。それは治したい一念の、純粋で勇気ある行動である。患者の両親、配偶者、あるいは親権者はまさにワラにもすがる思いで主治医に再三再四手術を懇願してくる。家庭内はもとより対外的な暴力、異様な言動、逃避行、自殺願望など、患者本人も家族も言葉では言い尽くせない苦悶をかかえているのだった。頭に穴をあけて前頭葉の一部を取り出すロボトミーは、みためには残酷ではあるが、分裂病の症状がいちじるしく軽減して普通に生活できるようになれば、本人も家族もこれほど望ましいことはない。欣一郎は自ら手術をすることはなかったが、ロボトミーを容認した。またその際、ロボトミーによっておこる身体と精神の症状とその変化を長期間、細部にわたって記録することを命じた。松山脳病院では二十四年からロボトミーがはじまり二十五年に四十数例と急増し、二年後の昨年には六十例をこえ、今年はさらに増加しそうである。

井上は血をみるのが嫌いだった。生理的な拒否反応が強く、外科手術はやりたくはない。それにロボトミーは本来精神科医ではなく、「鬼手仏心」を信条とする外科医がやることではないか、という思いもある。さらにいえば大人しくなるが、人間らしさが劣化してしまうロボトミーそのものへの懐疑もあった。このようなことでかれは松山脳病院に居づらくなったのである。

井上は今治の郊外にある家屋を手に入れて改造し、精神科医院を開業した。すると休む間もなく患者が押し寄せ、五つの畳敷きの病室は入院患者でたちまち満床になった。

「開院した二月から、いつも月末になるとみかん箱いっぱいに百円札がたまる。医者はこんなにもうかるものかとびっくりした。札束をみとると欣さん、僕のような者は堕落する、と怖くならい」

井上は黒縁メガネをはずして、手ぬぐいでレンズをふいた。

欣一郎は後輩の四角い顔をじろっとみて、いさめた。

「良治、病院が金もうけをするようになったら、おしまいじゃ」

「そやけど欣さん、ロボトミーにしても公費負担患者の費用をおさえるためだ、という声もある」

と井上は恨み節のようなことをいう。

むっとした表情で欣一郎はいった。

「患者が病院のためにあるなら本末転倒じゃ、本来、おいどんのような凡夫は病院をもたんほうがええと思とる。金にふりまわされるだけじゃ」

井上はメガネをかけなおし、目をまっすぐ先輩へむけた。

「医者にゼニカネの勘定はむいとらんです」

「そのとおりじゃ、おいどんはこの病院を財団法人にして、土地も建物もみんな法人に寄付することにした。病院を私物化したら医療はできん」

「なるほど、法人にして経営は理事にまかせる」

「うん、そうじゃ。理事に身内はいれん。病院は社会のものだ。この先、入院患者はどんどん増えるからの、来年も再来年も増築増床せんと間に合わん。法人名も決めた。正光会《しょうこう》にする」

「正光会……?」

「そうじゃ、芳子の戒名の正光院だ。ほかにあるまいが。芳子のことはおいどん、ひと時も忘れたことはない。早ように死なせてしまったからの。良治、わかるか、おいどんは悔やんでも悔やみきれんのだ。芳子！　すまん、ゆるしてくれ」

欣一郎は涙声になって、すまん、すまんとつぶやいた。

良治は空になった湯呑を手にして、ほろほろ涙を落す欣一郎の様子をみていた。それから立ち上がり、窓から外へ目をやった。入道雲のすき間から強い日差しが柿原の村落へ注いでいる。

窓からはなれると、良治は先輩の前で正座をした。

「欣さん、僕は宮崎で芳子ねえさんにお世話になったことが忘れられん。大淀川の土手で欣さんと約束もした。再来年までには、今治の病院をもっと立派にして、正光会に入りたい。僕は欣さんと一緒に働きたい。正光会に迎えて欲しい」

良治は両肩をふるわせている先輩に深々と頭をさげた。

数日後の梅雨の晴れ間だった。

出勤して白衣に着替え、更衣室をでたところで亀井が待っていた。

「あのう、小松先生のことですが……」

といったきり口をつぐんだ。

「なんだ、小松がどうした」

亀井の表情から、何かしでかした気配を感じた。かばったら本人のためにならん、と欣一郎は強くうながした。そこで彼女は広小路で診察をうけ、柿原へ入院してくる患者からのうわさを伝えた。小松先生はアル中ではないか、いつも酒臭い、あれでは信用できん——。

「いつからだ?」

「ひと月も前でしょうか。鵜呑みはできませんけど、ヒロポンならわしらとついじゃ、という声もあります」

「ヒロポンはありえん」

欣一郎はすぐに否定した。

午後、いつものように小松が柿原へ出勤してきた。

欣一郎は傍に呼び、朝酒をしていないか質した。

「すみません、少しだけですが」

小松は悪びれずに応えた。

「酒臭いのはダメだ、と注意したはずだ」

「景気づけに一杯だけです。酔ってなんかいません」

「じゃあ試してみるか。バンドをしっかり締めて広場にでろ」

「広場？」

「相撲をとるぞ。おいどんを投げ飛ばしたら小松、あんたのいうことを認める」

欣一郎は事務室の清水へ声をかけて、玄関横の砂地に棒で土俵の円を描かせた。とっさに相撲をとることにしたのは昨日の夕方、差し入れ用に菓子パンでふくらんだ米袋をかついで嵐が通う中学校に立ち寄り、相撲部の練習をみたからだった。柔道部がないので嵐は相撲をしていたが、小柄なのに強い。昨日も自分より大きな部員をつぎつぎと転がし、投げ飛ばしていた。それで欣一郎も小松の内面を身体でうけとめてやろうと思ったのである。

清水が行司役になった。互いにまわしがわりのバンドを持ちあった。背丈はかわらないが、院長は柔道で鍛えているだけにがっちりしている。小松は痩せてなで肩である。顔がくっつくほどがっぷりくみあい、土俵の中をぐるぐるまわった。小松はたちまち息づかいが荒くなった。院長は機をみて小松を腰にのせてそっと投げ、庇い手で相手の衝撃をやわらげると自らも地面に転がった。病棟の窓のあちこちから、歓声と拍手がおこった。

「院長の勝ち！」

芝居気たっぷりに、清水が軍配をあげた。

立ち上がり、両肩で息をしながら、

「参りました。朝酒はやめます」

と小松は院長に誓った。

医局へもどりながら、欣一郎は清水へ命じた。

「孝平、土俵をつくれ、それとまわしだ。三十本用意しろ」

「土俵はわかりました。でもまわし三十本、どうします？」

「患者と職員のレクレーションで相撲をやる」

と院長は応え、立ちどまって背後をふりかえった。

「土俵ができたらふんどしを締めて、秋にはみんなで相撲大会だ。小松、おいどんが稽古をつけてやる。昼休みに練習するか」

小松はあわてて両手をふった。

「相撲は苦手です、ソフトボールなら」

「そうか、わかった。病院が大きくなったら野球チームもつくるぞ。おいどんは四番だ」

院長はバットをもつ構えをし、二度三度素振りをしてみせた。

診察室にもどってすぐのことである。

清水が顔をだし、看護婦をしたいという人が来ているが、面接されますか、と院長の都合を訊いた。承知して待合室へゆくと、若い女性がイスからすっと腰をあげた。

「渡部先生、ごぶさたしております、和田正子です」

和田は切れ長の目をほそめ、口元に微笑をうかべた。卓上に持参した一束のユリの花から甘い香りがのぼってくる。

「やあ、あなたでしたか、これは、これは」

欣一郎のダルマ顔が笑みでいっそう丸くなった。

笹町の収容所は柿原の精神病院開設と同時に閉鎖され、患者は柿原でうけいれていた。欣一郎は和田のことをしっかり憶えていたが、てっきり市立病院へもどったのだ、と思っていた。彼女が来てくれたなら、看護態勢はさらに充実しそうである。病棟は婦長と主任の亀井、それに五名の准看護婦、また地元高校の相撲部と柔道部から採用した若い看護人五名、全部で十二名の看護態勢だった。外来専属の看護婦がいなかったので、欣一郎は当面、和田に外来をやってもらうことにした。詳しいことは事務の清水に訊いてくれ、といって欣一郎は面談を終えようとした。すると和田はひきとめるかのように、院長がお相撲をしていたのでびっくりしました、と少し不審げな顔をした。

「相撲いうても、果し合いみたいじゃったろ、次からはちゃんとまわしをつけてやりますけんな」

「患者さんですか」

「いや、うちの医者じゃ」

「かばってらしたけん、なんか胸がキュンとしました」

和田の観察力と当を得た表現に欣一郎は感心した。この女性なら看護の本質を理解し、精神医療に共にたずさわっていけると直感したのだった。

六月下旬に西日本で集中豪雨があった。

筑後川が氾濫して福岡と佐賀に甚大な水害が発生、熊本でも深刻な被害がでている、と連日新聞やラジオが伝えていた。平田宗男の熊本保養院は、市内中心地の神水にあるから大丈夫だろうと思いつつも、欣一郎は見舞いを兼ねて近況を問う葉書をだした。すると月末に封書で返事が届いた。

〈ご心配かたじけない。私どもは息災である。このほど熊本保養院は、全日本民主医療機関連合会（民医連）に入会した。六月七日に東京中野区の橋場公会堂で結成総会があったので勇躍参加してきた。会長はこのように語った。「新しい医療活動のかたちを創っていく。病める患部を、その患者、患者の生活と家族、その全体を通してみなければならない。医師、看護婦、事務、診療所全体の力、さらにそれだけでなく、もっと多くの生活とたたかっている人たちの力も合わせ、みんなの力で一人の患者を治療していくのです」。まさにこれは至言である。熊本保養院の医療は大衆のなかで育ち、いつも大衆とともにある。民医連には、現在全国百十七の病院と診療所が参加している。熊本保養院は近い内に九州では初めて正式に加盟するつもりだ。社会正義とヒューマニズムの実践こそが熊本保養院の使命だと思っている。欣さんも承知の通り、小生はおよそ気が小さく非力である。気分が沈むと空を見上げる。この同じ空の下、四国の宇和島で欣さんが精神医療に取り組む姿を思い浮かべ、小生も迷わず信じる道をまっしぐらに進む覚悟だ。酒は飲み過ぎないように、貴兄の息災を祈る〉。

欣一郎は二度三度読み返しながら、どこがどうと表現できないのだが、平田は自分よりも先んじて、澤木興道老師が説く道を行こうとしている、とそんな気がした。

梅雨明けの月曜日である。

青空へむかって夾竹桃が白い花を咲かせ、その花々の群れの先では、病棟の新築工事がはじまっていた。

昼前、外来患者の診察がひと区切りしたときだった。婦長が医局にやってきて、亀井主任が休んでいるので、事務長へ理由を訊いたところ何の連絡もないとのことですが、と首をかしげた。ふだん元気だし、黙って休むような人物ではない、と医局にいたみんなは顔をみあわせた。こちらからすぐに連絡を取るように、と欣一郎は清水事務長へ命じた。といっても亀井夏子が間借りしている家には電話がないので、和泉元が自転車で行ってみることになった。

看護人が病棟内の廊下に入院患者をならばせて、昼食の膳をくばっていた、ちょうどそのときである。患者が食事を摂る様子を観察していた欣一郎のところへ、清水がすたすたと寄ってきた。

「院長、大変です」

「うん、どうした」

ふりむくと、清水の顔がこわばっていた。

「近所の医師がいま、亀井さんを診断しているそうです」

「診断？　どういうことだ」

欣一郎は清水へ顔をむけた。事務長が説明した。和泉元が部屋のドアを叩いても応答がないので、家主と一緒に部屋をのぞくと、亀井は肌着一枚で身体をくの字に曲げて横たわっていた。声をかけても身じろぎもしない。和泉元は町内の医院へかけつけ、医者と部屋へもどってきた。医者は亀井の脈をとり、目を開けて瞳孔反射をたしかめると首を横にふってみせ、警察を呼ぶようにいった。それで和泉元は自転車をとばして駐在所へゆき、巡査に緊急の事態を報せ、また電話を借りて病院へ連絡してきたのだった。

欣一郎は清水とタクシーでかけつけた。

部屋には二人の巡査と医師、それに家主と和泉元が布団に仰向けに寝かされた亀井のまわりに座っていた。乱暴された形跡はなく、医師の診断は、「脚気衝心」（脚気が原因の心不全）であった。

四国山地の山村から、両親が急死した愛娘に会いにやってきた。欣一郎は申し訳ないと詫び、両親と一緒に泣いた。翌日、宇和島藩主伊達家の菩提寺でもある大隆寺で葬儀をとりおこない、荼毘に付した。院長として同行した欣一郎は、大隆寺に分骨して故人を供養したいと申し入れ、両親はありがたくうけ入れてくれた。

増えつづける患者

三か月後の十月十五日、渡部欣一郎院長は、「財団法人設立趣意書」を行政庁（愛媛県知事）へ提出して認定を申請した。かれはこの中で、精神医療への思いをありのままに書いた。

〈前略〉現在に於ける諸情勢から考えまして当病院の如く特殊病院の施設は、個人経営に委ねて不備不完全且不安定のまゝ放置することは、病院そのものの経営自体にも又社会公益性に考えても本来の目的、本然の使命遂行上種々の不都合を招来する事を痛感しまして、直ちに個人の所有権を放棄し、現在私有の土地及び施設並びに近く増設する設備の全部を寄附して、営利を目的としない財団法人に改組することが当病院の合理的な運営にも又将来永きに亘る安全性の上からも、社会公共上最も順応した適確な方法であると信じます。

この改組が幸いにして御認可になりました暁には、設立者は勿論医員従業員協力一致相督励して、精神衛生事業発展のために微力ながら終生を捧げる覚悟であります。何卒設立者の素志を御諒察下さいまして、特別の御詮議をもって財団法人設立を御認可下さいますようお願い申し上げます〉。

年明けの二十九年一月に第二病棟が竣工し病床数は六十二となった。また念願の法人化はすんなり認可を得て、病院は私立から財団法人に改組された。理事長となった欣一郎の強い意向で、理事には身内をいれず、病院開設でお世話になった市立宇和島病院院長の近藤達雄、今治で精神科医院を経営する井上良治、当院医員の前田勝彌、それに松山中学同窓の二人が就任した。

かくしてひと通りの態勢は整った。しかし病院が対象とする地域は南予全域だけでなく、高知県西南部にまでまたがるので、増えつづける患者に対応できない状況は相変わらずだった。この年七月の厚生省の調査では、精神障碍者の全国の推定数は百三十万人、その内で入院が必要な者は三十五万人なのに、病床はその十分の一にも満たない実状が明らかにされている。開設間もない宇和島精神病院においてもいくら増床し、かつ定員をこえてうけいれても、押し寄せる患者に対応できかねていた。また拡張する病院組織自体の整備や管理運営規定の作成など、理事長と院長を兼務する欣一郎にとって慌ただしい一年があっという間に過ぎて、昭和三十年を迎えた。

一月五日、病棟に隣接して建てた院長住宅で文子が男の子を出産した。四郎と命名した日、欣一郎は夜更けまでひとり酒を呑みながら、中学二年の嵐から赤子の四郎まで六人の子が生きてゆく時代のことを思っていた。すでに戦後の復興期とはまたちがう世の中が始まっている。GHQの占領政策で、われわれはみんなひとしく人権や民主主義なるものを手に入れた。市民社会とか社会正義やヒューマニズムといった耳あたりのよい言葉に光があたり、わくわくしないでもない。だが周囲をよくみつめてみると、これまでわれわれを律していた道徳的な頸木《くびき》がとれて、人々は欲望のおもむくまま、われもわれもといっせいに駆けだしている感もある。豊かさを目ざしてあこぎな競争が始まっている。公平で秩序のある自由競争ならよかろう。ところがそもそもその競争自体に参加できない者がいるし、落伍してしまう人たちもたくさん出てくるだろう。産業社会がつくりだすさまざまな病理によって、これから先、精神や身体を病む人々は増えてゆくにちがいない。社会の隅においやられた人たちにこそ、温かな光がたくさんあたる世の中でなければならない。そんなことをつらつら思案していると、寝間から赤子の泣き声があがった。

欣一郎は立ち上がり、もつれる足取りで寝間をのぞくと、赤子に乳房をふくませていた文子が顔を上げ、身体を大事になさってくださいね、と酔眼の夫をいたわった。

熊本の平田から、四月二十四日に行なわれる県議会議員選挙に立候補することにした、と近況を知らせるハガキが届いた。平田なりの社会運動のひとつなのだろう。一昨年の十月には県教育委員選挙に立候補して、当選はしなかったものの二万七千票も集めている。また昨年九月には九州精神病院協会を立ち上げ、会長に就任していた。あの気弱で青白い頬の医学生が、社会へ発言し同志を募って行動する医師へと成長していた。秋には全日本民医連の第三回大会で理事に立候補することにしたと追記しており、まさに意欲満々である。医局にこもるのではなく、民医連の仲間の医師たちと地域へどんどんでかけて医療を届ける活動をしている平田に欣一郎も大いに触発されるところがあった。

法人名を、「財団法人正光会」へと改称し、併せて今治の精神・神経科井上医院を解散して、正光会今治精神病院を開設するための事務手続きが済んだのは八月である。そして十月には合併症病棟（結核を発症している患者専用病棟）をつくり二十二床増設したので、宇和島精神病院の病床は八十四へと増加した。

「このままでは、とてもやっておれません」

と婦長が目をつりあげ訴えてきた。看護スタッフの不足が深刻になっていたのである。事務から看護にもどり病棟主任をしている和泉元も、看護人を増やさないと離院（入院患者の逃亡）の防止や夜間の病棟管理が難しくなる、と心配する。欣一郎は治療室を担当し、医師が施すインシュリン療法や電気ショックの介助をしている和田にも訊いてみた。すると彼女も男性の看護人が不足していて、治療に支障をきたす状況なのだという。電気ショックを怖がって逃げまわる患者を治療室へ連れてくるのは力仕事であり、男でなければできない。また治療後に処置室へ患者を運び容態を観察するのも男のほうがよい。精神病患者がひきおこす不測の事態に対応するには、まずなによりも体力が不可欠だった。

「それに……」

和田は澄んだ瞳をまっすぐ院長へむけた。

「なんだ、いってみろ。患者さんのためだ」

「腕力だけでは、患者さんが気の毒です」

「腕力？　暴力は絶対に許さん、と厳しくいっている」

と応えたものの、それは欣一郎がもっとも懸念していることだった。

看護人は七人いて、資格のある和泉元のほかは地元高校の相撲部または柔道部から採用していた。みんな若く体力は申し分ないのだが、看護の資格はない。それで欣一郎は自分でつくったガリ版刷りの、「看護必携」を学習させている。看護人注意事項、看護倫理、病棟管理、興奮した患者の扱い方、電気ショック介助、入浴介助、食事指導、検温器の取り扱い、看護日誌の記載上の注意の九項目であるが、実際に働きながら先輩の看護人や看護婦と医師にそのつど教えてもらい、具体的な看護の方法を習得していくことになっている。といっても無資格なので注射一本うつことはできない。それに何よりも、看護の基本的な知識もなく看護人としての自覚や使命感にかけるところがあった。つい先日も、暴れる患者を看護人数人で押さえつけ、ベッドにしばりつける事態があり、欣一郎は烈しく叱責したばかりである。

「わたし、生意気をいうようですけど、やっぱし看護学校で勉強しないといけないと思います」

「それはそうだが、看護学校は松山にしかない」

「大きな病院には准看護学校があります」

「それも松山だ」

「宇和島ではだめですか」

ないことを承知で和田がいった。

「若い者はみんな松山へ行くからな」

「看護人のみなさんだけでも、勉強の機会があれば最高です」

「松山へ通うのは無理だ」

「いいえ、院長先生。正光会で准看の学校をつくれば、働きながら勉強ができます」

と和田はなんでもないように提案をした。

「正光会、ふむ、そうか……」

欣一郎は腕をくみ、天井へ目をむけた。

さっそく、清水へ准看護学校設置基準や設立の際の手続きなどの調査を命じ、理事会に諮る書類の作成を指示した。全国のどこの精神病院でも男子看護人のほとんどは無資格である。患者はもとより看護人本人にとっても、このままでよいはずはなかった。

合併病棟の利用が始まって間もないときだった。

欣一郎は森昭《あきら》という名前の相撲部出身の青年と面談した。高校を卒業した春に採用が決まっていたが、本人は事務員を希望していたのに職種は看護人だったのでことわり、半年ほど高知県の木材会社で働いていた。しかし地元にいて欲しいという両親の願いをくんで宇和島に帰ってきたのだった。

「君は、まるで闘牛のような身体やな」

欣一郎は筋肉のもりあがった青年をみていった。胸幅も厚い。

「小学校のときから、相撲をしておりました」

院長からじろじろみつめられ、森はちぢこまった。

「おいどんの、長男の嵐も相撲をしとる。来年は君と同じ高校に入って相撲をつづける。君と入れ替わりや」

「嵐君なら知っとります。高校へしょっちゅう練習に来とりました。身体はこんまいけど強くて、主将じゃった」

と森が褒めると、欣一郎は表情をやわらげた。

それからちょっと間を置くと、あらためて力士のような体格の青年をじろじろとみた。正光会はどんどん大きくなるから看護人でもよいではないか、と高校の先生から薦められたので再度応募した、と森は面接用紙に正直に書いていた。

「昭くん、ええかな、ように頭にいれてくれ」

院長はゆっくりと伝えた。患者は必ず「さん」をつけて呼ぶこと、そして暴力はどのような場合も厳禁で、自分が叩かれても決して仕返しをしてはならん、とまず念押しをした。病棟内ではいつも目と耳で観察する。決して患者に背中をみせてはならない。病室に入る際は、待ち伏せされていることがあるから十分に注意をする。のぞき窓から保護室を観察する場合、目を突かれるおそれがあるので用心する。それに、覚せい剤中毒の患者が愛想よく近づいてくるが、つねに看護人として接すること、仲良くなるとタバコなどを要求してくるようになる。

メモをとっていた森は顔をあげた。

困惑した表情はなく、まるで邪気のないほがらかな顔である。

「先々、看護学校で勉強してもらうことになる」

「学校で、勉強ですか」

森は少し心外そうにいった。

「准看学校をつくる予定じゃ。夜は勉強、遊んどるヒマはない」

院長は有無を言わさない口調でぴしゃりと申し渡した。

森の最初の配置場所は、女子病棟の奥にある男子病棟だった。

どこの窓にも鉄格子があって、病院というよりも収容所である。出入口はどこも二重の扉に鍵がかかっていた。主任の和泉元が最初に治療室を案内した。患者にインシュリン療法をほどこしているところだった。烈しく全身けいれんを起こし震えていた。処置室には治療を終えた別の患者が寝かされ、看護婦と看護人が容態をじっと見守っていた。和泉元に従って病棟内を巡回すると、患者たちが寄ってきて新任の森に話しかけてきた。返事をためらっていると、相撲部屋からの誘いを断ってみんなの看護をすることになった森昭君だ、よろしく頼む、と和泉元が紹介した。ひゃー、お相撲さんか、とすぐに声があがった。森は高校のとき高砂部屋から声がかかったのは本当だが、力士になる気はなく断っている。ところが和泉元の紹介が功を奏したらしく、患者たちは森に一目おくようになった。多くの患者は左右の額の横が薄赤くなっていた。みんな電気ショックのやけどにマーキュロクロム液（赤チン）を塗っていたのである。

一週間すると、病棟の鍵をわたされ、看護人としての具体的な業務見習いが始まった。患者の体温、脈拍、呼吸数、血圧の測定、配膳と入浴介助の方法、カルテの記載方法、そして事故防止は自殺防止に主眼をおくこと、レクレーション、作業療法及び面会の時の監視、さらに夜間巡回の患者確認は長年の経験が必要で、先輩から教わることは山のようにあった。

年の瀬が近くなったある日、森は院長室へよびだされた。

「期待以上だ、評判もええ、昭くん、よくやっとる、ご苦労さん」

欣一郎はダルマ顔をほころばせた。

「やりがいのある仕事なので、充実しています」

「患者さんの喜ぶ顔は生甲斐じゃ」

「みなさん、誠実な方ばかりです」

「それは君が誠実だからだ」

三浦半島の遊子《ゆす》という漁村で育った森は、漁の手伝いをし、天秤棒をかついで段々畑を上り下りしていた。そんなかれには南予人特有のおおらかで楽天的な気分がある。欣一郎は精神病棟の看護人としてこれほどの適材はいない、と評価していた。

「ところで昭くん、二か月が経った。思うことはないか」

と、院長はなんでも話すように促した。

森はちょっとためらっていたが、電気ショックをやる日は緊張します、と応えた。週に三日施行しているが、朝から病棟は異様な緊張感につつまれる。ワンクール二十回で終了する患者もいれば、数十回の者もいる。排尿指導から始まり、拒否する患者をイスや鉄格子から引きはがし力づくで治療室へ運ぶ。日によっては、病棟は阿鼻叫喚そのものになる。とても外部の者にみせられる光景ではない。

「それと、ロボトミーには、足がふるえました」

と、森はためらわずにいった。

「ロボトミーか」

院長は大きな目をむき、怖い顔になった。

かれ自身はロボトミーをやったことはない。つい最近のこと、入院当時から興奮がはげしく自殺念慮の強い患者の親に懇願されていた前田医師がたまりかね、ひっ迫した顔で承諾を求めてきた。前田は前任の脳病院で何例か施行し効果をあげた実績がある。事情を察し、やむなく認めた。正光会で初めてのケースになったが、森がたまたまその場面に出会ったのである。

欣一郎は若い森をみすえて、つぎのように話した。

欧米ではクロルプロマジンという抗精神病薬が開発され使用が始まっている。精神病治療は、何らかのショックを与えるこれまでの身体療法から、薬物療法へと大きく変わろうとしている。これからは資格のない看護人は役に立たなくなる。正光会では全国にさきがけて、看護人対象の准看護学校を設立し、遅くとも二年後には開校する。希望する者は、さらに松山の正看護学校へ二年間留学させる用意がある。精神を病む人はますます増え、病状自体もどんどん多様化していく。医師をはじめ医療スタッフも勉強しないと時代についていけなくなる。おいどんも勉強する。昭くんもその覚悟でいてもらいたい。

話し終えると欣一郎は立ち上がり、

「おいどんからのボーナスだ。君が宇和島で働きだしてご両親も一安心だ。よい正月をむかえてくれ」

と言葉をそえて、分厚くふくらんだ封筒を手渡した。

森が自宅に帰って開けてみると、百円札が五十枚入っていた。

薬物療法と開放病棟

瀬戸内海の島しょ部や東予地方からの患者の増加に対応して、今治の田園地帯にある病院に木造瓦葺平屋の第三病棟と第四病棟つくり、総病床数が六十五となったのは昭和三十一年六月である。それでも給食棟や患者専用入浴室などがなく、施設や設備は十分ではない。

新築した病棟を見分した欣一郎が、しみじみつぶやいた。

「良治、まわりの景色のほうはなかなかのもんじゃの」

雲の間から初夏の日差しが稲田に注いでいる。

病院の横手をながれる川へ目をやりながら、井上は応えた。

「土手の菜の花と桜並木は見応えがあります。それに海も山もすぐそばじゃけん、環境は最高ですよ」

「そやけどなあ良治——」

というと欣一郎は目を細めて川や山をながめ、おし黙った。

川岸や稲田の上をツバメがいきかっている。

「こんどは、鉄格子のない病棟をつくりたいもんだ」

「開放病棟ですか」

「ほうじゃ。せっかくの景色も鉄格子があると台無しだ」

新築した病棟も古い病棟と同じく、窓に太い格子が何本もとりつけてある。われわれ人間は本来、ずっと遠い昔から、自然のいのちと自分のいのちを互いにかよわせ、慈しみながら生きてきたのではなかったか。鉄格子がその自然との交流を残酷に断ち切っていた。私宅監置は廃止されたものの、精神病者にとっては監置される場所が病院に変わっただけである。患者一人ひとりがもつ「いのちのすがた」を慈しむということであるなら、自然との交流を遮断された病棟での生活は、治療とは真逆の場所と時間に患者をしばりつけているのにすぎず、回復へいたる出合いやきっかけをうばってしまっている。精神科医ならだれもが行き当たるこうした問題意識に向き合い、理事長になった欣一郎は宇和島で本格的な開放病棟をつくり、可能なかぎり開放的な管理はできないものか、と模索をはじめていた。

この年の暮れ、久留米大学（九医専の後身）の築水寮で同門会があった。いつも王丸教授門下の柔道部のOBがたくさん集まってくる。三十代までは勤務医が多いが、四十代をこえると大半の門下生は二回生の欣一郎もそうだが、九州や中四国の各地の精神病院の経営者になっていた。面倒見がよく親分肌の欣一郎は、いまも「ダルマの欣さん」の愛称で後輩から慕われていた。みんなの話題は、映画「太陽の季節」や日本シリーズでの地元西鉄ライオンズの優勝、あるいは日本の国連加盟など硬軟さまざまで、好景気を反映して明るい話ばかりだった。

欣一郎は平田とじっくり話すことを楽しみにしていたが、かれはこの日、民医連の仲間の医師と水俣湾に面する漁村へ工場廃液の調査へでかけていた。五月の初めには水俣病の第一号患者が公式に認定されている。平田は出席できそうもないとしらせてきた電話で、

「患者はこれから、十倍も百倍もでてくる」

と予測していた。水俣湾に入り込む工場廃液の中にふくまれる物質が、魚介類を介して人体にとりこまれ、その中の何かが中毒性脳症を発病させている。その物質は何なのか、時間は何年もかかるだろうが、粘り強く調査をつづけていく。その間に慢性患者がどんどんみつかり、大きな社会問題になるにちがいないというのだった。

「欣しゃん、だれも事態の深刻さに気づいとらん」

「県や国は調査をしないのか」

「肝心のチッソは廃液との因果関係ば認めとらん。患者が発生した地域でさえも水俣病ば隠そうとしとる。精神病患者がたどってきた歴史と同じじゃ」

と平田は嘆いていた。

懇親会の前に、王丸教授の恒例の「講義」があった。

西鉄ファンの王丸は、笑みを浮かべながら球団を日本一に導いた三原脩監督の采配と人物にふれたあと、表情を一転させて引き締め、薬物療法のことから話をはじめ、およそ次のようなことを提起した。

抗精神病薬のクロルプロマジンやレセルピンが日本でも使用されるようになり、薬効が高く

評価されている。とくに精神分裂症において改善が著しい。喜ばしいことだが、ここであらためて留意すべきことがある。精神科医にとっては自明のことであるが、分裂症の症状はまことに多様であり、症状だけをみるのではなく、つねに患者の人格との関連で総合的にとらえなければならないということだ。

これからは身体療法にかわって薬物療法が主流となるだろう。精神病の究明も神経病理学や臨床薬理学といった生物学的精神医学がますます力をもってきそうである。脳科学の発展が自我やこころ、すなわち精神の座を解明する日がくるかもしれない。精神は脳のどこにあるのか、前頭葉にあるのか、あるいは身体全体なのか、はては科学的認識のできない領域なのか。宗教や哲学の問題なのか。ひるがえって、そもそも精神が宿るいのちとはなんなのであろうか。まだまだわからないことばかりである。

日本の近代化は、資本主義経済を基盤とした西洋流の国民国家づくりであった。農村、山村、漁村という昔ながらの共同社会が衰退し、大半の人々は国家と産業社会の構成員という役割のなかで暮らしていくことになった。経済活動が集積する都市では、人間と自然との交流が失われ、いのちを普遍的なものとしてとらえることが難しくなっている。先祖から脈々とうけつがれてきたいのち、村落共同体のなかで四季折々のいとなみを通して育まれてきたいのちが、ばらばらに切り離されてゆきどころを失い、存在の意味も価値も希薄になって浮遊しているのである。こうしたなかで、精神医療はどのような方向へ向かうべきであろうか。孤立してしまったいのちをいま一度全体としてみつめなおすことが必要ではないかと思う。

近代化のなかで、さらには戦後の国づくりのなかで、私たちは共同体を解体しつつある。精神医療の現場では、いまこそ自然と人間が一体となった共同体を形成していくことが求められている。具体的には開放病棟の促進であり、各地域の病院や施設で、院長をいわば村長とするゲマインシャフトをつくっていくことが理想であろう。

酒席で欣一郎は、母校で病理学第一講座の助教授をしている中島健一と話をかわした。中島はここ最近、抗精神病薬治療の薬効に関する国内外の論文や資料を収集していた。そして分析と考究から、いずれの文献においてもクロルプロマジンの薬効は著しいことがわかった。患者の症状は減弱し、通常の生活が可能なまでに回復する例も数多く報告されていた。

「欣さんも承知や思うが、イギリスでは大戦前後から薬物療法と開放管理の併用がはじまっとる」

中島はでっぱった額にかかる髪をかきあげた。

「併用な。クロルプロマジンか」

欣一郎は柔道の対戦相手をにらむかのように目を光らせた。

イギリスにしても、病院に収容して社会から隔離する時代が長い間つづいていた。一九二〇年代のある調査では、入院患者の平均在院日数は六年四か月にも及んでいる。長短の差はあるものの、日本だけでなくどこの国でも長期入院は常態化していた。それが抗精神病薬の登場で、イギリスでは病院の管理のもとで在宅治療ができるようになり、入院患者数は劇的に減少した。長期入院患者の多くを病院から解放することになったのである。

中島の話を聴いていた欣一郎が解釈した。

「イギリスは健一、キリスト教の精神風土があるからな。開放管理された患者を地域社会がうけいれやすい」

「そこばい、欣さん。王丸先生のおっしゃる共同体、日本にはもともと共同体があった。これからの精神医療の柱になるのは共同体ばい」

「院長は、共同体の村長になれってことか」

欣一郎はコップの酒をのみほした。

「健一、話はよくわかった。この日本でイギリス流の精神医療をやっているところはないのか」

「あります。肥前療養所がやっていますよ」

「肥前療養所？」

「欣さんが戦前に院長されとった佐賀保養院から少し西の東脊振村《ひがしせふりそん》にあります。うちん大学からやと、クルマで三十分。この七月に伊藤正雄ちゅう先生が所長になると、さっそく薬物療法にきりかえて開放管理をすすめとります」

中島は方言を混じえながら紹介した。

すぐそばにある、と知って欣一郎は即断した。夜の船で帰るのを取りやめて寮に一泊した。

翌朝、訪問したいと肥前診療所へ電話をした。あいにく伊藤所長は所用で不在だが、看護部長でよろしければ対応できるとのことなので、欣一郎は会って話を聴くことにした。

国立肥前療養所は、正光会と同じ規模の精神病院だった。郊外の田園地帯の奥手にあり立地も似ている。

「それは、抵抗がありました」

開口一番、看護部長が太った身体に力をこめていった。近隣の村人、患者の家族、院内の事務系スタッフが心配し、説得と理解と協力を求めることから開放化をはじめたのだという。薬の効果で急性期の分裂病の症状である幻聴、幻覚、あるいは不安、焦り、感覚過敏、ひとり言、から笑い、衝動行動などが減弱した患者を対象にして、いまも開放化を徐々にすすめていた。病室や病棟に鍵をかけないだけでなく、手紙などの検閲の廃止、面会の自由化を行ない、三か月ほどで院内の雰囲気は変わった。

「私どもは、格別イギリスのやりかたを真似したわけではありません。所長のリーダーシップのもとで、職員一同が患者さんを対等の人間として扱おうとしているだけです。The most important person in this hospital is the patientという標語を玄関にかかげておりますが、まさにこの信念のもとにやっております」

と、英語の発音以外は気負いなく、部長の説明はいかにも事務的で淡々としていた。訊けば応えるだけで、閉鎖から開放へと画期的な患者管理に取り組んでいるわりには熱意を感じることはなく、少し意外であった。国立だからなのだろうか。職員みんなが同じ考えではなさそうである。

開放管理をしている病棟が一棟あり、案内してもらった。

病室の窓に鉄格子はなく、どこの出入口も鍵はかかっていなかった。敷地と外を隔てているのはマサキの生垣で、板の門扉は開かれている。病室は区切られているものの、五十人ほどの男女が混合で収容されていた。患者は作業療法として、それぞれ自由に農作業、養鶏、育苗、木工細工、それに封筒づくりをやっていた。強制ではなく、部屋で寝ている者や図書室で本を読む者もいる。来訪者に関心を示す患者はなく、薬のせいなのだろうか、みんな大人しく自分の世界へとじこもっている印象がある。

病棟からでて、部長は門のところまで来訪者を見送ってくれた。

往来へ一歩踏みだすと、部長は冬日のあたる集落へ目をうつした。

「開放いうと聞こえはええが、管理が大変です」

と本音をぽろりともらした。

「それでも全国のさきがけですから、伊藤所長は英断ですよ」

「そうかもしれませんが、離院が多発して村に迷惑のかけっぱなしです。夜間巡回の回数を多くし、国に事情を話して看護員も二人増員しました。しかし国は納得していませんから、他の職員を減らしてくるでしょう。理想通りにはいきません。開放管理は不評です」

部長は来訪者の期待にそぐわないことをいうと、そそくさと玄関の方へもどっていった。所長と職員が一枚岩ではなさそうである。

帰りの船のなかで欣一郎は、武田信玄の「人は城なり」の名言をかみしめていた。正光会は国立の療養所とはちがう、とかれは自分に言い聞かせた。正光会の病院は、「おいどん」のもとに集まった医師、看護婦、事務員、それに看護人が患者のためにつくった組織である。王丸先生は昨日の講話で、都市生活者の有様を「浮遊」と表現されたが、正光会はみんなが共に生きる場所である。そこはだれもが運命的な出会いを自覚し、喜怒哀楽を共にする共同体でなければならない。精神医療にとどまらず、正光会をこの世の老若男女がこぞって集える共同体へしてゆきたい。船にゆられながら、欣一郎はこのようなことを考えていた。

年の明けた昭和三十二年の元旦である。

二歳になる四郎から、三郎、朝美、二郎、美知、そして高校一年の嵐の順に六人の子がお屠蘇をいただく所作をして、文子が口にふくみ、欣一郎はのみほして盃を盆にかえすと、言いきかせた。

「今年から、日曜と祝日はちゃんこ鍋だ。みんな、ええな」

子どもたち全員が、「はい」と返事をし、文子は笑顔をつくった。

年末からすでに伝えていたことだった。休日に病院の土俵を嵐の通う高校の相撲部の生徒たちと、地域の住民に使ってもらうことにした。高校と消防団にはすでに案内をし、公民館には声かけをしていた。稽古のあとは、文子の采配で給食調理員がつくるちゃんこ鍋をみんなでかこむ。相撲部の生徒や住民はもとより、欣一郎も子どもたちも、土俵にあがった職員も一緒にちゃんこを食べることにした。

「わが家は相撲部屋だ。おいどんは親方、母さんは女将《おかみ》さん、ええなあ、みんな」

理事長といっても、家族の住居はみんなと同じ職員住宅である。狭い食堂兼居間に身体をくっつけて座っている子どもたちは、親方と女将さんになった両親へきらきら光る目をむけた。

週末六日の日曜日の午後、高校の相撲部員七名がやってきて、看護人控室で着替えると土俵で稽古をした。欣一郎をはじめ手の空いている職員と軽症の患者、それに子どもたちが見学するなかで、後輩に胸をかしたのは森をふくむ三人の看護人たちである。ぶつかり合いの迫力に息をのみ、みんなは歓声をあげた。取り組みで嵐が勝つとまたひときわ大きな拍手がわき、美知や朝美は大騒ぎだった。稽古がすむと、職員住宅の空き部屋に集まり、欣一郎と看護人たちが相撲部員とちゃんこ鍋をかこんで夕食を摂った。そのあとで、見学した職員と子どもたちが鍋をつついた。親方の欣一郎は最後までのこって、女将の文子がコップに注ぐ酒をごくごく呑んでいた。次の日曜日には、森が声をかけていた消防団の若手が二人稽古に加わった。さらに翌々日の祝日には近所の者が見学にやってきた。丸い土俵から、共同体の輪を広げていこう、という院長のねらいは、ちゃんこ鍋をつくる文子は大変ではあったが、日を重ねるにつれ成果をあげはじめていた。

相撲道場の主役になった森たち看護人を養成する准看護人学校は、事務上の手続きがすべて整い、県知事の設置認可を待つだけになっていた。九月には開校する予定である。宇和島市医師会と県看護協会並びに市立病院の支援と協力で、編成したカリキュラムの授業を担当する講師の陣容もほぼかたまっていた。教室は病棟の一室を使用し、定員は十名で夜間定時制である。

ふりかえるといろいろ不愉快なこともあった。とりわけ窓口になる県庁の医事課の役人自体に精神医療への理解が不足していた。看護人は腕っぷしが強ければそれでよかろうと思っているだけで、看護教育の必要性など考えも及ばないことのようだった。事務長の清水が設立趣意書を持参して、医事課へ出向いて直接説明したが、いくら待っても返事がなかった。問い合わせると、「男性の准看護人学校は前例がない」と、木で鼻をくるような回答である。欣一郎は清水を従えて県庁へ出かけ、課長と話した。

正光会がすでに提出していた趣意書を一読すると、

「趣旨はご立派ですが、看護は看護婦の職務ですよ」

と課長はいわずもがなの返答をした。

「男子患者は、看護婦では手に負えません」

「お言葉ですが、渡部院長」

課長はしれっとした顔で、どこの病院でも看護婦は男子患者の看護もする。精神病院の場合は暴れる患者がいるから、剛腕の男の看護人がひかえている。すなわち精神病院は看護人、看護婦、医師の三者が一体となって医療をほどこす。これで十分ではないか、といった。

「信頼関係がなければ、医療はできん」

「それはそうでしょう」

「力で押さえつけるだけでは、信頼は生まれん」

「看護人は興奮した患者を制御し、男子病棟を管理する。このように理解しております」

「これからは、看護の国家資格が必要だ」

「それは小職ではわかりません」

課長は面倒そうにいった。

「どこへ行けばわかってもらえるか、あんた教えてくれ」

欣一郎は殴りたくなるのをこらえ、乱暴に訊いた。

「管轄は厚生省ですから」

つきはなすような応えである。

「東京まで出かけろ、というのか」

「それでは、これで」

課長は立ち上がると、慇懃に頭を下げた。

欣一郎は宇和島へ帰ると、市立病院の近藤院長へアドバイスを求めた。「地方は遅れていますから、上京されたらよい」と近藤は厚生省へ直接陳情するように促した。欣一郎は関係書類を厚生省へ送ると日をおかず、清水を同行して丸一日汽車にゆられて上京した。ホテルに一泊した翌朝、医政局看護課へ出向いた。

「おっしゃるように、看護人の資格取得は必要です。精神病院が男子の准看学校をつくるというのは全国でも初めてですよ。看護人の地位向上にも役立ちます。厚生省としてはおおいに応援します。前向きに検討するよう、県に働きかけます。しばらく時間をください」

と、対応した係長の回答は明快だった。

国からのお墨付きをとり、肩の荷をおろした欣一郎は、清水とはとバスで都内観光を楽しみ、寝台車で岡山まで帰ると、宇高連絡船で四国に渡り夜半前に宇和島に帰ってきた。

県の医事課から秋の九月には認可したい、と正光会へ通達があったのは四月中旬である。おりしもこのとき、柿原の病院では従来の第二病棟を浴場のある女子専用病棟に変更した。そしてその後方に第三病棟六十床を増設し、最新設備の厨房がある給食棟をつくった。演芸ホールを兼ねた食堂の使用がはじまった日、そのホールで落成を祝う小宴をひらくと、欣一郎は理事長としての抱負を語った。

「これで今治、広小路、そしてこの柿原を合わせて二百二十床となった。しかし診療所の広小路をのぞいて、みんな従来の閉鎖病棟だ。時間はかかるが、この先、窓から鉄格子を取り去り、出入口の鍵を外して順次開放病棟にしていきたい」

目標を示すと、かれは自分についてきた医療スタッフの顔を一人ひとりみつめた。みんな欣一郎よりも若い。じっくりと話した。

「九月には、懸案だった看護人学校も開校する。時代は大きく変わり、精神医療は新しい段階にはいっている。正光会でも、使用している薬物療法の効果をしっかりみさだめて、まずは二年後をめどに、開放病棟をつくり、快復した患者さんには自由にのびのびと療養してもらうことにする。開放は病棟だけではない。病院と地域社会との垣根をどんどん取り払うようにしたい。地域住民のみなさんをお招きして、病院全体で患者さんを中心に運動会、文化祭、盆踊り大会などのレクレーションをやる。相撲はすでにはじめたが、ソフトボール、バレーボール、卓球、コーラス、書道、陶芸などにも患者さんと一緒に取り組むようにしよう。患者さんが笑顔になることなら何でもやるつもりだ。正光会はひとつの村だと思っている。患者さんの福祉のために働く者たちが集まった自由で平等な村だ。正光会の一員であることに誇りをもって、みんなで村の発展につくしていこう」

集まったスタッフの表情はみんなすがすがしかった。

欣一郎は話の中で共同体という言葉は使わず、「村」という表現にとどめたが、開放管理は医療スタッフのみんなが村落共同体的な連帯意識がないとうまくいくはずはない、とかれは肥前療養所をみて直観していた。そのうえで患者と医療者がお互いをよく知り、しっかりとした信頼関係をきづいてゆけば、患者は開放管理された病院をわが家のように思うはずだ。薬物療法で光がさしはじめた精神医療のあらたなすがたをこのように描いていた。

数日後、医局で前田が「村」のことを訊いてきた。

「院長のお話で、私は武者小路実篤の新しき村のことを連想していました。正光会のユートピアですね」

クリスチャンの前田は、アメリカのアーミッシュにも関心が強く、かれらの信仰や暮らしを紹介した書籍を何冊か読んでいる。かれは新しき村とアーミッシュのことを話題にしようとした。

少し耳をかたむけていた欣一郎が、手をふって制した。

「理想や信仰は大事だが、おいどんはな、ユートピアをつくろうとしているわけじゃない。開放管理という精神医療のあるべきすがたに職員のみんなが取り組めば、おのずと病院全体がひとつの共同体になる、とまあそういうことだ」

話題をはしょられ、前田は現実にむきあうようにつぶやいた。

「開放管理ですか。無断離院が増えないか、心配です」

「閉鎖病棟のほうが、病院を逃げだしたいと思っている患者が多いのは君も承知だろ」

「はい、それはわかっています」

「結局、われわれしだいなんだ。病態、症状の変化、それに病室や病棟への不満、他の患者とのトラブルなどをていねいに把握して、みんなが共有しておく。開放管理は閉鎖病棟の二倍も三倍も労力がかかる。われわれがいっそう一致結束しないとできんことだ」

「そういう意味で村、共同体ですか」

前田が納得していると、和田が医局へはいってきた。

院長は、和田くん、と声をかけて訊いた。

「無断離院が多い時期と時刻はいつだ？」

和田は手にしていたバインダーを机上に置くと、すらすらと応えた。

「春と秋の日中、院内散歩のときです」

「モチベーションは？」

「家に帰りたい、家族に会いたい、がほとんどです」

和田が生真面目に応えると、院長は細めた目を前田へむけていった。

「どうだ、君も知ってのとおりだよ」

「病院こそわが家だ、と思う医療を開放管理で実現する、ということですかね」

前田は模範解答のようなことをいった。

「いまの目標はそのとおりだ」

欣一郎は窓の外のハナミズキに目をうつした。

それから三か月ほど過ぎた七月二十日、欣一郎は清水と和泉元、それに和田を従えて大隆寺へ詣でた。若くして他界した亀井夏子の祥月命日である。法事がすむと、この日にあわせてつくった職員墓地の墓碑の開眼供養をほどこしてもらった。墓碑の横にならぶ霊位表には、遺族の了解を得て納骨あるいは分骨した亡き職員の戒名と俗名、没年と享年を記すことにしている。その最初に、亀井夏子が刻まれていた。

たたかう医師

それから二年余りすぎた、昭和三十五年の秋のことである。

日奈久《ひなく》温泉をすぎると、車窓には八代海がひろがった。

みなれて育った瀬戸内と似ていて、なつかしい気持ちにさせる海である。秋の夕日に映える海原をながめていた欣一郎は、窓枠においた空のコップをつかむと、横に座っている和田へさしだした。熊本駅で買った球磨焼酎の瓶のコルクをぬきながら、彼女は向かい合って座る清水と森へちらっと視線をはしらせた。清水は仕方なさそうにうなずき、森は両腕をくみ眠っていた。

「先生、もうすぐ水俣です。これでおしまい」

焼酎が三分の一ほどコップにそそがれた。

ひとくち呑むと、欣一郎は森の大きな体躯へ目をやった。森は明日、水俣市内で開かれる秋季国体の相撲競技に愛媛県代表で出場することになっていた。同行の院長、婦長、事務局長の三人はその応援もあって水俣の八幡相撲場まで足をのばすことになった。旅行の本来の目的は熊本大学で開催される日本精神神経学会への参加である。学会のあとは熊本保養院を訪ね、九州の民医連をたばねる平田に会うつもりである。

まだ夜明け前の宇和島港から船で別府へわたり、そこから日豊本線で北上して小倉へ行き、今度は鹿児島本線の特急列車で九州の西部をひたすら南へ下ってきた。その間、院長のすぐ傍にいたこの国体選手は、ずっと緊張していたのだろう。列車の心地よい振動にもさそわれて、さっきからぐっすり眠りにおちていた。

海を照らす西日が車内へさしこみ、森の横顔にあたっていた。欣一郎は寝入っている相撲取りをつくづくみつめ、気が優しく力持ちとはまさにこの青年のことだと思い、頭もよく努力を惜しまないことに感心するのだった。

昨年の八月、二年間の夜間の授業を一日も休まず、森は一期生十名の首席で准看護人学校を卒業している。すぐに相撲の稽古を再開し、今年の夏の県大会で準優勝、熊本国体への派遣が決まった。欣一郎はかれが報告へ来たとき、ごつい手をつかんで喜びその場で応援にかけつけることを決めたのだった。

日暮れ前に水俣駅に着いた。

森は三人と別れ、県の選手団が宿泊するホテルへ直行した。応援の三人はタクシーをつかまえて、相撲道場がある天満宮の近くの和風の旅館へ向かった。旅装を解き、ひと風呂あびて膳をかこんだ。

「孝平、不知火海（八代海）は、昔から魚介類がいっぱい獲れて、魚わく海だったが、今はむごい海になってしまったのお」

手酌をしながら、欣一郎は話しかけた。列車内で呑んだ焼酎が効いていて、大きな目はすでに酔眼である。

「工場は長い間、廃液のたれながしでしたから」

「そうじゃが、汚染された海だとだれも気づかなんだ」

水俣病が発見されて四年半、患者はふえつづけている。

「見た目には、とってもきれいな海ですね」

和田が塗り箸をおいて、話に入った。

欣一郎はふたりにむかってしみじみといった。

「おいどんはな、いまの不知火海をみて、興道老師が語った証道歌の文句をつらつらと考えとった。世のため人のためにというが、それが善いのか悪いのか、本当のことはわからんということだ」

そういうとあおるように酒を呑んだ。和田が膝ひとつにじり寄り、盃に酒をそっと満たしながら、どういうことですか、と訊いた。

「なんだ和田くん。去年の暮れも老師が宇和島に来られて、大隆寺で講話をされたが、君は聴かなかったのか」

「老師の接心があるのは存じていましたが、あいにく勤務の時間と重なっていました」

ここ数年、澤木興道は欣一郎の希望に応えて、九州をめぐる接心の旅の終わりに宇和島に立ち寄るようになっていた。正光会では職員はもとより、座禅愛好会の患者も聴講している。今治の井上院長もかならずやってきて、老師と一緒に職員住宅にある理事長宅に泊まっていた。客人も欣一郎の家族も雑魚寝であるが、老師は家族のぬくもりをことのほか喜んでいた。

清水が記憶をひきだすように、口ごもりながらいった。

「澤木老師のお話、ほんのさわりだけ、憶えています。善いか悪いかの例えで、釈迦は黄金を毒蛇だといい、孔子はうまい羊かんを不吉だとした。善いと思ってやっていても、それが悪いことだったりする、その逆もある、とそんな話でした」

うん、それが話のツボだ、と欣一郎は孝平をほめ、解釈をした。

老師が語ったのは証道歌の中の、「あるいは是、あるいは非、人はこれを識らない。逆行も順行も天は測ることがない」についてである。師は、いつものように暮らしのなかの卑近な事例から話してくれたが、何が逆行、つまり世のため人のためにならず、毒蛇であり不吉なのか、あるいはその反対の順行なのか、日本窒素の場合は戦前から世のため人のために工場を動かし、廃液を海へたれながした。いまにしてみれば、それは毒であり悪行であった。会社を決して擁護はしないが、発展や繁栄だけしか念頭にはなく、それが善だと信じて疑わなかった。そのことがこの水俣に災厄をもたらすことになった。ひるがえって、このおいどんにあてはめても、患者のためにと信じていろいろやってきたが、本当のところはよくわからないのだ――。

ここまで話すと、欣一郎は肩を落とし、ぶるっと首をふった。

徳利をひきよせ手酌をしようとすると、

「先生、もうダメですよ、お身体にさわります」

と、和田がやんわりたしなめた。

欣一郎はしぶしぶ徳利を膳にかえした。上目づかいに天井へ目をやり、それから酔った目を婦長へむけてぽつんといった。

「薬物療法が、精神医療を変えたなあ」

「よい時代になりました。電気ショックやインシュリン、あれは何だったのだろうって思ったりします。患者さんも看護をするわたしたちも楽になりました」

「君は百も承知だが、精神科の身体療法ちゅうのは手術とついで、医者も患者もそれなりの覚悟がいった」

欣一郎はふりかえり、なつかしそうなまなざしで婦長をみた。精神科医のもっともつらい場面で出会い、戦後は宇和島で同じ道を共に歩んできた同志でもある。彼女の何気ない所作からふと、芳子を思いだすことがあった。

「薬で症状をこれほど改善できるなんて、昔はとても考えられなかったことです」

と、和田が言い、清水は病院経営の立場から口をはさんだ。

「薬が次々と開発され、これからは投薬が主役になりそうですね」

「そうなるじゃろなあ」

院長は気乗りしない顔である。

話がとぎれ、三人はしばし菊芋や豆腐の味噌漬けが盛られた小皿へ箸を伸ばした。徳利をつかむ院長の手を目でとがめ、和田がいった。

「先生、病棟の雰囲気は明るくなりました。いろいろありましたけど、開放病棟は成功ですね」

「うん、そうだな。患者が生垣のバラを観賞しながら歩いとるのをみると、おいどんは嬉しい」

手酌をしながら、欣一郎は素直に喜びを表現した。

開放病棟は計画の段階からなんども研修会をひらき、議論もした。高い板塀をとりのぞき、バラの生垣にしろと提案し、ゆずらなかったのは欣一郎だった。看護婦も看護人も無断離院を誘発することになる、とこぞって反対したが、かれは押し切った。三十二床あるこの開放管理の病棟は全国にさきがけて、三十四年四月に竣工している。日中も夜間も二十四時間、病棟は開放されている。閉鎖病棟の患者には、往復の封筒の中身の検査や手紙の閲覧をしているが、開放病棟ではとりやめた。処遇は一般の病院よりも自由で拘束がない。当初、病院スタッフはみんなピリピリと緊張し、心配したがとりこし苦労だった。無断離院者は一人も出ていない。

しかし皮肉なことに、きわめて「順行」であるがゆえに、欣一郎には過去を悔いる思いが胸をさす。

「天は測ることはない、と老師はいわれたが、その言葉がすとんと腑に落ちんな。是だった、と自分に言い聞かすだけだ」

かれはめずらしく弱気になり、ふたりの前で愚痴った。

身体療法や閉鎖病棟のことである。師と仰いできた医師の真っ正直な人柄をよく知る和田はこのころ、院長の内面の苦渋を膚で感じることが多くなっている。夜遅くまで深酒をすると、早朝に浴槽のなかで般若心経を唱えていることが多くなった、と和田は文子夫人から聴いていた。彼女は場をきりかえるように、きっぱりといった。

「先生、お相撲の試合、明日九時からです。そろそろお開きにしましょう」

呑みたい気分をおさえ、欣一郎はうなずいた。

寝床につくとロボトミー手術のことが頭に浮かんだ。抗精神病薬の普及もあって、日本でもロボトミーは行なわれなくなった。松山精神病院（松山脳病院の後身）の場合、二十八年には年間で七十例にも達していたが、三十年からにわかに減少し、昨年（三十四年）から途絶えている。中心となってロボトミーをしていた野瀬医師から、分裂病患者のなかでこれまでに手術をほどこした三百人と、ほどこさなかった百人を選び、それぞれ五年から十年にわたる追跡調査を始めている、と先輩の欣一郎は報告をうけていた。五年後には予後の検証結果を論文にまとめて発表するという。さすがに王丸教授の門下生である。野瀬の精神医療への誠実な姿勢にかれは感心していた。どのような結果になるのか、一介の精神科医として審判をあおぐ思いがあった。

翌日、国体で賑わう八幡相撲場で応援をした。森は初戦で敗れ、午後の団体戦に臨むことになった。欣一郎たち三人はチームに残る森と別れ、特急で熊本へもどった。午後の学会に参加し、精神医療史分科会で、東京から来たある大学講師の研究発表に耳をかたむけた。

三十三年十月、厚生省事務次官通達で、精神病床の許可基準定数は他の科に対して医師は三分の一、看護婦（士）は三分の二に引き下げられ、さらにその後、この「医療法の特例基準」さえも満たさなくてもよいという通知が発出されていた。三十五年の今年、医療金融公庫が発足して精神病院設立の際に優先的な融資が行なわれるようになっている。国は、「自傷或いは他害のおそれのある精神障碍者は、できるだけ措置入院させて社会不安を除く」政策をすすめている。開放的管理はわが国ではきわめてまれな例外であり、先鞭をつけた国立肥前療養センターは所長が転任するととりやめになった。「危ない者はどんどん収容せよ」という治安対策的な側面は強まるばかりである。今後、国は措置入院の国庫負担を大幅に引き上げる方針なので、措置入院患者は急激に増加することが見込まれる。五年前の三十年には措置入院者の割合は十三％であったが、これから五年先の四十年に三十五％、すなわち入院者の三分の一以上が措置入院者で占められることになりそうである。こうした一連の政策で、全国の精神病院数も病床数も飛躍的に増え、国が目標としている人口一万人に二十五床は達成できるであろう。しかし造られる病院の大半は収容を目的とした鉄格子のある閉鎖病棟なので、精神科医も看護婦・

看護人にとっても魅力的な職場とはほど遠く、医療スタッフの不足は深刻になるであろう……。

「収容を目的とした、だなんて、ひどい言い方ですね」

和田がたまりかねたように、傍の院長へささやいた。

「国の政策への批判だよ」

「でも、あの先生のお話は、閉鎖病棟が当たり前のように聞こえます。正光会のこと、知ってほしい」

「開放管理が定着するかどうか、薬とのからみがある。正光会としても研究室をつくって、薬物療法の研究をはじめるつもりだ」

欣一郎は発表資料に目を落しながら応えた。久留米大学医学部助教授を退任して、いまは郷里にある精神病院の院長をしている中島を正光会へ招くつもりでいた。「脳研をつくるので、臨床に結びついた仕事をしてくれないか」と、すでに声をかけていた。

学会が終わると、県庁本館近くの神水にある熊本保養院を訪ねた。平田がつねづね広言しているとおり、市内の一等地に建つ精神病院である。木造平屋の飾り気のない建物は、近代的なビルやきれいな外観の家屋のなかで、いかにも平田の主義主張を形にしたような佇まいだった。診察時間はすぎていたが、玄関のドアを押して中に入った。受付の事務員が三人の来訪者へけげんな視線をむけた。

「おいどん渡部、四国から来た。ムネはおるか」

「はあ、なんでしょう?」

事務員は不信そうに訊きかえした。患者だと思ったらしい。欣一郎との間で珍問答があった。かれは親友に学会のついでに寄る、としか伝えていない。それでややごたごたしたあと、廊下の奥からあらわれた平田が、やあ欣しゃん、と太い声をあげ、おームネ、と欣一郎が応じた。

保養院と棟続きの粗末な自宅で、夕食をご馳走になった。平田の誘いで泊まることになったが、欣一郎はもともとそのつもりである。清水と和田がそれぞれ用意された部屋へひきあげると、ふたりは膝をつきあわせた。つもる話が山のようにあった。

開口一番、欣一郎は長男のことにふれた。

「嵐のことではムネ、心配かけるなあ。おいどん、最初から久留米を勧めとるが、長大《ちょうだい》に行くといってきかんのよ」

嵐は長崎大学の医学部を志望していた。高三の夏、部活が終わるとすぐ長崎へ旅行して大学の下見をすませ、シーボルトが開いた鳴滝塾跡を見学して、長大志望を強固にした。その帰り、父の勧めもあって保養院の平田院長を訪ねると、家族あげての歓待だった。嵐は水俣病の原因究明に取り組む平田医師のすがたにこころを動かされた。その後、卒業と一浪の年の二度の受験のあと、帰路保養院へ立ち寄っている。かれは医局にこもることなく、地域社会へ積極的にでかける活動家の医師を慕うようになっていた。

「嵐君は、ええ医者になる」

九州民医連の会長がお墨付きをあたえた。

「なに、それにはまず、合格じゃ」

「二浪すりゃ十分じゃ。合格する。長大ばでて、それから久留米の病理学教室で研鑽すればよか」

平田はまるで自分の息子のように、嵐の進路を示唆した。

それから話は、民医連の活動のことになった。

平田は仲間の医師と水俣の漁村へ出かけ、診察と水俣病の原因究明に努め、メチル水銀が原因物質であることをいち早くつきとめた。ところが、調査に協力していた熊本大学医学部が、現場に出向く臨床的研究は社会運動となり政治性をもつから手を引くよう、お達しを出したので、医学部と連携した研究がすすまなくなった。大学は行政や企業と対立することをさけていた。

激化する労働争議と安保闘争、池田勇人内閣の誕生と所得倍増計画、左派勢力の分裂と浅沼稲次郎の暗殺など、高度経済成長のただなかで、日本社会は揺れに揺れている。

社会問題に深くかかわるようになった平田は、仲間をつくり、組織を代表して発言し、たたかう医師になっていた。学生時代のおおらかな面影は消えて、眼光は鋭くなっている。

酒を酌み交わしながら、欣一郎が質した。

「するとムネ、民医連は水俣からひきあげたのか」

「そらなか、水俣病患者の掘り起こしと救済は生涯ばかけてやる。欣しゃんも承知のように大牟田の炭鉱で三池闘争が始まった。ぼくは仲間の医師二十名で医療班ばつくり、たたかいの現場にはいった。労働者のたたかいに終わりはなか。これからもかかわっていく」

と、平田は労働者を支援していくことを明言した。

民医連の医療団が三池闘争の現地に入ったのは、今年の五月である。闘争が一区切りする九月まで、全国からかけつけた民医連の医師は交替で炭鉱住宅に泊まり込み、石炭貯蔵庫のかたわらに建てたビニール小屋の病舎で、毎日数十名から数百名の外来患者の診察と負傷者の手当てをしたのだった。

この間、大牟田市は戦場のようなありさまだった。都道府県から招集された約一万人の警察部隊が常駐するなか、分裂した三池労組のおよそ一万人の組合員と、日本各地から支援にかけつけた共産党のオルグがそれぞれにピケを張り、炭鉱町のいたるところで小競り合いと乱闘をくりかした。この労働争議の渦中の医療活動は、根っからの共産主義者である平田にとってまさに面目躍如であった。

「民医連といい、三池炭鉱労組といい、ムネは九州のオルガナイザーだなあ。お前この先、国政にでも出馬するのか」

欣一郎は親友の腹をさぐった。五年前の春、県議会議員に立候補して落選している平田は大きな手を左右にふり、とんでもないと強く否定した。

「欣しゃんにいうのも何だが、人間ちゅうのは、一人では何もできん。組織ばつくり、組織に活かされっとが人間だ」

「まあ、それはそうだ。組織あっての人間だ」

欣一郎がうなずき、平田は力をこめた。

「人間がつくった最悪の組織が独占資本主義体制や。こん体制が社会病理を産み、大衆が犠牲になっとる。それで医師団ば組織し、大衆に寄り添う。これこそが独占資本下の医師の使命や」

「しかしなあムネ、組織か人間かと問われたら、おいどんは人間を信じるぞ」

「その選択ば、唯物論的には意味をなさんばい。人間の意識や思想ば所詮、あぶくのようなもんや」

論争好きの平田が勢いづいてきた。昔から政治の話になると言い負かされている欣一郎は、薬物療法のことに話題をふり、脇におかれた焼酎瓶のふたを開けると、自分でコップに注いだ。しばらく当面する医療のことを話し合い、明日は大牟田で組合幹部との会議があるので、これで失敬する、と平田は立ち上がった。

翌日、帰りは熊本駅前で森と合流し、九州を横断するバスで別府へ出ると、宇和島行きの客船で豊予海峡をわたった。空は晴れていて、快適な船旅だった。しばらく大部屋で眠っていた欣一郎はむっくり起き上がると、売店でカップ酒を求め、デッキのベンチに腰をおろした。一杯呑んで目をあげた。すでにほろ酔い気分である、

「先生、風邪をひきますよ」

海風にのって和田の声がした。心配してあとをついてきたのだ。清水と森も一緒だった。三人は院長をかこむように座った。

「昭、医療は日進月歩だ。道後に県の高等看護学院がある。そこに内地留学して勉強せよ」

「はい。でも院長、あそこは女性だけです」

「それが間違いじゃ。これからは男も入学できるよう、おいどんが医師会と県に働きかけるから一年待て。昭は愛媛で男の最初の看護士になって、道をひらけ」

院長に進路を示されて、森は巨体の背筋をのばした、水平線に道後や宇和島がある四国がみえている。

傍らの和田のほうへ目をうつし、彼女の横の事務局長へ訊いた。

「孝平、正光会の措置入院はいま、どれくらいぞ」

「二割ほどです」

「みんなどんどん年をとっていくな。行き場のない患者が安住できる施設をつくらにゃいけん。孝平、計画をたてるぞ」

「先生、施設は大事ですけど、社会復帰はどうなりますか」

すかさず、和田が問いかえした。

「おいどんはな和田君、施設そのものを地域社会と一体化させるつもりじゃ。地域社会そのものが施設をふくむ共同体となる。住民も患者も垣根なしに一緒に働き一緒に暮らす。理想かもしれんが、理想だからこそやってみる価値がある」

「施設をふくむ共同体ですか」

「そうだ、その地域社会には精神病院というものはない」

「院長、その場所、候補地はお決めですか」

清水の声は熱っぽくなっている。

「宇和島の南を考えとる。真珠養殖の筏がうかぶ入江を見下ろす丘だ。詳しいことは帰ってからいう」

欣一郎は昨夜、平田が話したことをふりかえっていた。

精神科医が日常接する患者は、一般的かつ抽象的な人間ではなく、激化した階級対立の時代の具体的な個々の人間である。疾病を人体の生物学的側面から探求することも大切だが、むしろ社会的側面が探求さるべき主要なものとなる――。

いかにも平田らしい論理である。そのレトリックはともあれ、生物学的にも社会的側面からも、共同体はこれからの精神医療が目指す方向ではないか。欣一郎は波頭の向こうにみえはじめた山並みをみつめながら、闘志をかきたてていた。

空と雲

昭和三十八年四月、宇和島駅にひとりの僧侶がおり立った。

つるんと禿げた頭部を角帽子《かくもうす》でおおい、いつもの黒縁のまん丸い眼鏡をかけていた。墨染の法衣をまとい、白足袋に草履である。乗客たちの一番あとからゆっくり改札口にあらわれると、横一文字に結んでいた口元をゆるめた。視線の先には、欣一郎が満面の笑みを浮かべて待っていた。

「ようこそ、澤木先生。おひさしぶりです」

老師が改札口をぬけると、清水がすばやく手荷物を受け取った。

欣一郎は賓客に歩調をあわせて、駅舎から外へでた。

「お疲れでしょう、いったん、拙宅でお休みになられますか」

「ご心配無用。このまま行きましょう。海と山の景色を楽しみにしております」

老師は、駅前の空へまっすぐ伸びるワシントン椰子の並木へ目を上げながら応えた。

足腰に衰えをおぼえ、興道老師が駒澤大学教授を辞任したのは、齢八十四になるこの三月であった。戦前からつづいている移動叢林《そうりん》と称する全国行脚の禅の指導もむつかしくなっていた。堂頭をしている京都洛北案泰寺《あんたいじ》の修行道場へ隠棲するのに先立ち、老師をながらく師事している人々に会い、仏法に生きるとはいかなることか、語ることにした。昨日は松山で講話をして宿泊、早朝の汽車で発ち、昼前の十時過ぎに宇和島へ着いたところである。ここから渡部理事長の案内で愛媛県の最南端の御荘《みしょう》町へ向かう。正光会が開設した肝いりの御荘精神病院で話しをして、そのあとは高知の宿毛から船で宇和海を渡り、大分県の佐伯へ行くことになっている。

老師を迎える御荘精神病院は、半年余り前の三十七年九月、町と住民の理解と協力のもと、地域精神医療の理念を実現するために御荘町平山に開設された。病床数は六十、一階が男子、二階が女子の病棟で医療スタッフは十五名である。病院があるリアス式海岸の入江には真珠養殖の筏が浮かび、春がくるとのどかな海が白い光にさざめくようになる。

宇和島から御荘まで海沿いに国道があるものの、舗装されていないところが多く、クルマでたっぷり二時間はかかる。欣一郎はこの僻遠の地の平山に開設した精神病院をゆくゆくは地域に開放し、患者と住民が一体となって魚の養殖、柑橘類の栽培、養豚・養鶏といった生業で暮らす共同体をつくる構想をもっていた。医学生の嵐に話すと、かれはさっそく父親の思いをくみとり、病院に隣接させて寮をつくり、患者の社会復帰をめざす平山寮を拠点に、地域との一体化をすすめることを文書にして提案した。

〈種々の事情で家庭へ帰れず、漫然として、病院で生活を送っている人たち、また家庭へ帰っても、すぐに何らかの原因で再発し、入退院をくりかえし、ついに家族から見放され、自分も病気に対する不安から自信を失い、現実社会で生活していくことをあきらめつつある人たち。

それらの人たちが共同生活の場をとおして、自分たちの力で自活の道を切り開く。住む場、働く場、憩う場として平山はあり、地域住民の力をかりて、山林を切り開き、農作物を栽培し自給自足の暮らしを築き上げる。そして先々は、「精神」の看板をはずした御荘病院と平山寮を拠点にして、地域全体の精神保健ネットワークを形成してゆきたい〉。

病院のクルマで御荘へ行く道すがら、欣一郎は精神医療の理想のすがたである、嵐の時代を先取りした提案を語った。深くうなずいていた老師はいった。

「御荘病院は安泰寺ですな」

修行道場の安泰寺は檀家をもっていない。入山をゆるされた人々は、ひたすら純粋に座禅と作務（道場の労務）の日々をつみかさね、道元禅師の教えを行じている。

「それは恐れ入ります。ただ、まだまだ緒についたばかりです」

「耕し、作物を得る。これが修行、これが悟り。むつかしくすることはない。ありのままです」

老師がさらりといい、欣一郎はよく知られる禅の法話を口にした。

「一日不作一日不食……」

黙して、しばらく車窓から海をみつめていた老師が、欣一郎へおだやかな顔をむけた。

「患者が自然を耕すことは、そのまま治療ですな」

「海にも山にも恵まれたところです。御荘の自然は最高です」

クルマは海沿いの道をくねくねと曲がると大きな入江に出た。山すその新緑が美しい丘陵に、白い外壁の御荘精神病院がみえてきた。

昼食のあと少し休むと、ホールに集まった職員と患者、それに住民を前に老師は三十分ほど講話をした。自給自足を旨としている安泰寺では、周辺の開発がすすみ自然の恩恵を活かして暮らすことが困難になってきている。海も山もあるこの御荘のようなところへ道場を移したい、と老師が話すとみんなはいよいよ熱心に聴き入っていた。老師は道元禅師が座禅の心得を記した「普勧座禅儀」の一節、「いわゆる座禅は習禅には非ず、ただこれ安楽の法門なり」をとりあげ、座禅が座禅になりきることの大切さを語った。

講話が済むと、老師を院長室へ招いた。

欣一郎は二年前、正光会に脳病理組織研究室を設置して、「思う存分に研究してくれ」と中島健一を招聘していた。その後、御荘に念願の病院をつくって自ら院長になると、宇和島精神病院の院長のポストは中島へ任せ、週の半分は御荘で診察と農耕をしていた。

老師は院長室で、南国の入江の景色をながめて窓辺にたたずんでいた。欣一郎が町の歴史や景色の説明をしている間に、清水が応接セットの卓上に置かれた硯箱を開けて墨をすり、中央に色紙を三枚置いた。窓辺をはなれた老師へ、欣一郎が揮毫をお願いした。老師はソファにゆったり腰をおちつけた。

「はて、何かありますかな」

と顔をあげた。字句のことである。

「いえ、とくには。お任せします」

老師はじっと窓から外へ目を注いだあと、やおら筆をとり、一枚目に「空」、二枚目に「雲」としたため、筆をおいた。そして、

「あと一字は院長、貴公があなたの思いを書くのがよい」

と柔和なまなざしを欣一郎へむけた。

その一字のことを考えているうちに、容赦なく月日はながれ四十年三月になった。欣一郎と家族が暮らす職員住宅の玄関に、清楚なシャガの花が活けてある。

旅支度をおえた朝、玄関で見送る文子に、欣一郎は京都で開催される学会へでかけると告げた。それから院長室へ立ち寄った。

「おいどん久しぶりに、総会をのぞいてみる」

「日本神経学会ですか、今年は盛り上がりますよ」

と中島は請け負った。昨年三月アメリカ大使館の門前で、精神病者の少年がライシャワー大使の右太ももをナイフで刺し重傷を負わせた。政府を震撼させたこの事件をきっかけに、精神病への世間の偏見と誤解は、半知半解なマスコミ報道で増長されるばかりである。政府は、「野放し状態の精神病者」への対策を強めるため、精神衛生センターの設置や措置入院に関する手続きの改善など、精神衛生法の改正案を国会へ提出している。

「このご時世だ。様子をみてくる」

「国は学術研究にもっと助成すべきですね」

「あんたの前で何だが、研究者は欧米の尻をおっかけるだけだ」

「おっしゃる通りです。国をあげて入院させればよい、という考えですから、日本中に病院がふえるだけです」

理事長も院長も、国の政策や精神医療の現状を懸念している。

高度経済成長とともに、病床数も病院数も急速に増加していた。

全国で約十七万床、日精協（日本精神科病院協会）会員病院数は五百をこえ、両者のうなぎのぼりの増加はさらに数十年つづきそうである。地元愛媛でも、病床数は三千近くにまでふえ、そのうち松山精神病院は七百、正光会は五百余りと急増している。病院数も精神衛生法が施行された二十五年は松山脳病院だけであったが、今日では十四院にもなっていた。薬物療法の時代になって治療も管理もやりやすくなり、内科、産婦人科など他科から参入してくる病院もある。

精神病者は世間から隔離しろ、という風潮が国にも民間にもある。平均在院日数は欧米と比較にならないほど長い。このままの状況がつづけば、病院は老人患者であふれるようになるであろう。歳をとらないうちに、患者を地域社会に帰す取り組みが求められている。精神病者とともに生きてきた欣一郎の切実な問題意識であった。

理事長室へ行き、書類の決裁をすますと清水と和田を呼んだ。学会のあと安泰寺へ出向き、療養されている興道老師にお会いするつもりだ、とふたりだけに知らせた。清水が察して、理事長、何か思いつかれましたか、と色紙の文字のことを訊いた。まあな、と欣一郎は言葉を濁した。同門の先生方とお会いになっても、飲みすぎはいけませんよ、もうお若くはありませんから、と和田がいさめた。たしかに五十代も半ばを過ぎていた。歳《とし》なのだろうか、酒をのむと喉に違和感を覚えるときがある。欣一郎は総婦長のほうへダルマ顔をむけ、太い眉毛を下げてにんまりとした。そして安泰寺のあとの日程は、だれにもいわなかった。福井へ足をのばすつもりである。

松山から飛行機で大阪へ飛び、夕刻に京都に着いた。

翌日は一日、学会の総会と分科会にでた。全国から大勢の関係者が参加していて、欣一郎がのぞいた分科会は席が足らなくなるほどだった。学術大会ということもあって、御荘で取り組もうとしている「病院の地域化」につながる生活療法の実践的な研究発表はどの分科会にもなかった。欣一郎は同門の後輩たちをひきつれて居酒屋で深酒をし、夜遅くホテルに帰った。

二日目の学会は欠席し、安泰寺へ出向いた。

京都駅からバスで一時間ほど、洛北のすそ野に寺はある。荒れて僧侶のいなかったこの学堂を、戦後に澤木興道が入山し修行道場として再興した。そのころは農地と緑野の広がる田園地帯であったが、宅地化の波が押し寄せ、周辺は住宅が立ちならぶようになっている。

バスをおりて、ゆるやかな坂を生垣にそってのぼると、茅葺きの簡素な屋根をのせた安泰寺の山門があった。境内のすぐ正面に座禅堂があり、その奥には菜の花の畑が広がっている。お目通りの約束はとれていた。玄関にあらわれた雲水が、このところ堂頭さまは体調がすぐれないので、ご配慮願いたい、とことわりを伝え、方丈（僧侶の住まい）の二階に見舞客を案内した。老僧が療養していたのは八畳ほどの和室で、大きな窓がとってあった。室内はストーブが燃えて暖かい。布団から上体をおこした禅師は、座椅子に背をもたれて欣一郎をむかえた。門弟の尼僧が隅に端座して病人を見まもっている。

「あれから、二巡目の春になりましたな」

と師はつぶやき、眼窩の奥の目をなごませた。あれから、というのは御荘への移動叢林のことである。この年の七月に発病し、澤木は床に臥《ふ》す日が多くなった。今年になって体力の衰えがはげしく、座禅も組めなくなっている。

欣一郎は、座禅が座禅になりきると語った御荘の講話を話題にし、「空」と「雲」の揮毫に感謝の言葉を述べた。

「貴公とのご縁は久留米から、かれこれはや三十年余り、共にあゆんできましたな」

「福井へ発つとき、空を見上げるとよい、とお言葉をたまわりました。いまも大切にしております」

「わしも空とながれる雲が好きだ。毎日ここで空をみている」

「その窓から毎日……」

欣一郎は小さくなった師をみつめ、言葉をつまらせた。

病人は目を客人から外へうつし、

「ここからみていると、あの空と山が、興道や、興道や、といってくれている。ふりかえれば、わしは人間にだけは決して信伏せずにあるいてきた。あの大空のなかへ消えてゆくのだ」

何ごとでもないように、言い切った。

この日、特急「雷鳥」で夕暮れに福井駅へ着いた。

福井は芳子と出逢った町である。芳子を亡くしてから一度、六年前のことだが、彼女の生家の山本商店を訪ねたことがあった。その年、芳子の母の千代乃の訃音に接しており、それで富山で学会があった帰り、弔意を直接伝えようと立ち寄ったのである。四人いた子どもたちはみんな独立して家を出ていた。店は長男の俊夫の三女、紀瀬太郎の孫にあたる夫婦がついでいた。このときは、なつかしさで話がはずんだ。欣一郎は泥酔し、寝床をつくってくれた孫夫婦の好意に甘えて一泊した思い出がある。

駅前のホテルに落ち着くと、欣一郎は明日の予定をたしかめた。

山本商店は建物をみるだけにしていた。そのあと足羽山公園へ行くつもりである。市街地を一望し、天気にめぐまれれば白山を目にしたい。それだけの目的で福井までやってきたのだった。

早朝、タクシーで松本通りを走り、福井駅口の手前でおりた。空襲で焼かれ、大地震で家屋が倒壊し、街の景観はすっかり変わってしまっている。山本商店は小さなビルに建て替わり、一階は雑貨屋になっている。のぼりはじめた朝日が四角いビルにあたり、舗道に濃い影をつくっていた。欣一郎は下宿していた餅屋があった角に立ち、まだシャッターをおろしている商店をしばらくながめていた。平岡脳病院へ出勤する朝、雪雲へ目をやり、店で主人の紀瀬太郎から長靴を買ったのが、芳子との物語のはじまりだったのだ。

いま、紀瀬太郎と会うと、ひきとめられて情に負け長居をするのは目に見えていた。踵をかえすと、松本通りをゆっくりと福井駅のほうへあるいた。喫茶店で簡単な朝食をすませ、コーヒーをのみながら新聞を読んだ。二月にアメリカの北ベトナム爆撃がはじまっていた。国内ではベトナムに平和を求める市民活動が活発になっている。新聞は北爆と平和運動に紙面を割いていた。ここに平田が同席していれば、アメリカの北爆を国家独占資本主義の侵略戦争だ、というにちがいない。思いかえせば、平田と柔道の稽古で汗をながし、筑後川の土手道を散策する日々をおくっていたころ、日本は上海事変をおこし、中国への侵略がはじまっていた。いつになっても、人間の暴力はなくなることがない。欣一郎は新聞をたたみ、立ち上がった。

足羽川の川沿いの小道をたどり、公園の入口からゆるい坂道を上った。近所の人たちなのだろう。運動靴をはいて下る年配の人たちとすれちがい、あいさつを交わし合った。桜の季節にはまだ少し早く、桜並木の枝先のつぼみはかたく閉じていたが、梢の上の空は高く晴れ渡っていた。

期待にたがわず、山頂からのながめはすがすがしかった。

目はすぐに福井口駅のほうへ向いた。そこからえちぜん鉄道が九頭竜川に沿って山奥へと延びている。里山にかくれてみえはしないが、山奥には永平寺がある。見渡すと濃い藍色の山々が波のように重なりあい、その奥に雪をまとった白山が虚空に浮かぶ月のようだった。欣一郎はコートのポケットから両手をだして口元にあてがうと、思い切り息をすいこみ、叫んだ。

「よしこぉ――」

目の中の白山がかすかに揺れ、声がとどいた気がした。

七月下旬、職員墓地に分骨された故人の追善供養を大隆寺でとりおこなった翌日である。平田が柿原の病院へやってきた。数日前の電話で会いたいというので、おいどんも同じだ、と返事をしていたら昼過ぎにひょっこり事務室に顔をのぞかせ、九州民医連の平田ばい、と名乗った。いわゆる明治の頑固おやじに似てきた平田は、民医連の会議や大会の帰りに宇和島へ寄ることが度々ある。それで事務員はみんなこのたたかう医師をよく知っていて、すぐに理事長へ来客を伝えた。

熊本国体があった年に欣一郎が神水の保養院を訪ねてからというもの、お互いに家族同士の交流もはじまっていた。とくに長大で学ぶ嵐は、宇和島と長崎を往復するたびに熊本保養院に立ち寄り、平田の家族と過ごしている。そんなことから、平田の来訪は特別なことではなくなっていた。まるで隣町からやってくる気軽さである。

ところが、この日は様子がちがっていた。ソファに腰を落とすと、いかり肩をとがらせたまま両脚をなげだしている。

「ムネ、どうした？」

事務員が部屋から去ると、欣一郎は麦茶をすすめながら訊いた。

平田は一口飲むと、コップをぽんと卓上においた。

「欣しゃん、帝大はいかん、独占資本の味方や」

毒でも吐きだすようにいう。

「なんだ、例の集団検診のことか」

欣一郎が質すと平田は合点した。鞄からとりだした和タオルでレンズをぬぐい、メガネをかけなおして顔をあげた。

「水俣病と同じや。御用学者は患者の自覚症状には耳ば貸さん。こんまま流れやと、労災補償給付はうちきられる。犠牲になるのはいつも弱か者ばかりや」

たたかう医師は、九州民医連会長の顔になって嘆いた。

三十八年十一月九日に起こった三井三池炭鉱の炭じん爆発は四百五十八人が死亡、八百人以上の一酸化炭素（CO）中毒患者をだす大事故となった。翌三十九年八月、三池労組は民医連と新医協（医療関係者の団体）へ在宅通院しているCO中毒後遺症患者約百五十名の集団検診を要請した。長引く症状が炭じん爆発事故によるものかどうか明らかにするためである。平田は民医連と新医協から派遣された十名余りの調査団の団長として、これまで五回の集団検診を実施していた。

いっぽう事故後ほどなく、政府が中心となって九大教授の勝木司馬之助を委員長とする三池医療委員会が組織されて、CO中毒後遺症患者に対する入院治療が行なわれていた。そして今年になって、委員会は四百五十名の在宅通院患者については、後遺症の他覚的所見はほとんど認められず、認められても軽微なので作業能力は快復している、との診断を下したのである。この先、後遺症患者に対する療養、休業の労災補償は打ち切られ、委員会からは職場復帰を前提とした意見書が政府に提出されることが予想された。

しかし後遺症の診断結果は、委員会と平田が率いる調査団では大いに異なっていた。調査団は作業能力の快復には否定的で、深刻な後遺症がつづいていると診断した。具体的には意欲の減退、不活発、のろい動作、記憶力の低下、軽い痴呆といった精神症状や、中腱反射異常、手の指のふるえ、筋肉のこわばり、神経痛、筋肉痛などの神経学的症状である。これに対して委員会は、後遺症はCO中毒によるものでなく、三池労組の誤った激しい闘争がうみだした詐病と疾病利得だとし、「組合原生疾患」という造語までつくって否定した。

欣一郎は、刎頸の交わりをかわすまでになった、正義感あふれる医師のたたかいの一部始終をよく知っている。かれは常々、ムネ、万が一のことがあれば、正光会が家族の面倒をみるからな、と約束し心配事を引き受けている。

平田は憤懣やるかたない思いをうちあけた。

「欣しゃん、組合の主婦が生活保護以下の低収入で、子どもば養い、ガス患と呼ばれて差別され、やたら怒りっぽくなった患者の夫ばかかえて、どぎゃん苦労しとるか、委員会の連中はみてみんふりや。労災補償ば取り上げられたらどぎゃんなる。暮らしてはいけん」

「組合原生疾患にガス患か、御用学者は国の顔色をうかがい、世間は高みの見物だ。ムネ、民医連はどうする?」

「委員会が補償うち切りの意見書ば政府へ提出したら、われわれは黙ってはおれん。たたかいは国のレベルになる」

「国とやりあうのか」

相手は厚生省や労働省になりそうである。

平田は深くうなずき、

「労災補償うち切りの是非ばめぐって、国会は社会労働委員会ば開催するやろうけん、ぼくは参考人として出席し、勝木教授に反対の立場で意見ば述べることになる」

断固とした口調でいった。

夕食は平田もちゃんこ鍋を囲んだ。今も週末は病院の土俵で、看護士の資格を取り病棟主任になった森が、高校の相撲部員や青年団に稽古をつけている。欣一郎の楽しみは稽古がすんだ若者たちとちゃんこ鍋をつつくことだった。この日は、シャワーで汗を流し短パンとシャツだけの若者たちが、客人の平田と親方役の欣一郎のまわりに集まり、にぎやかなひと時になった。おかみさん役の文子は笑顔を絶やさず、給食員に指図しながら立ち働いていた。夕食のあとは森も一緒に三人で酒をのんだ。平田はあらためて文子夫人のおおらかな人柄と、存在の大きさを実感するのだった。酔った勢いにまかせ、「文子しゃんは大人《たいじん》や。欣しゃんはな、手のひらの上じゃ」と夫人を褒めた。図星をつかれたのか、欣一郎はにんまりとし、「おいどんにはできすぎた女房よ」と応えると、片付けをしている妻の背に目をなげかけた。

先々、つくることにしている社会復帰施設「平山寮」のまわりの海や山をみてみたい、と酒の席で平田が言いだした。それで翌朝、欣一郎は病院のクルマで平田を御荘に案内した。ふたりは精神科医の顔にもどって病棟を巡回して患者たちに声をかけ、職員をねぎらった。養鶏場とみかん畑をみたあと、海沿いの造成地へおりた。そこには、移転した真珠養殖業者の平屋の工場がポツンとのこされている。横の広場はかつてヘリコプターの基地だったところで、真珠を乗せたヘリが関西方面へ行き来していた。「平山寮」はその基地のあとに建つことになっていた。入江の海のすぐ側である。

「海と山がここで対話ばしよる」

岩陰に腰をおろして、平田が興道老師のようなことをいった。

深い入江をつくっている半島の山に容赦なく日があたり、濃厚な海の匂いを潮風がはこんでくる。

「ムネ、たたかうときは、肩の力をぬかにゃいけんぞ」

「そうやな、なんも気張ることはなか、まかせとればええ」

平田は立ち上がると、まるでラジオ体操をするかのように、両手をまっすぐ空へむかってつき上げた。

昼過ぎの船に乗るので、ふたりはクルマで宿毛港へ行った。

二年ほど前の春、興道老師を見送った町はずれの小さな港である。日差しをさけて切符売り場の中の長椅子に座っていると、待つほどもなく船が港に入って来て、桟橋に接岸した。売り場の小屋の前で短く、別れのあいさつをかわして平田が行きかけた。すると突然、欣一郎は親友の腕をぐっとつかんだ。

「帰るな、ムネ。もう一泊してくれ。おいどんはさみしい」

ふりかえり、平田は欣一郎がぽろぽろ涙をながすのをみた。

「欣しゃん、近かうちに、また来る！」

励ますようにいうとふりきり、平田は歩き出していた。

夏がすぎ、秋が去り、寒波が到来した冬至の日の夜だった。

浴衣に厚手の丹前をはおった欣一郎は、普段ちゃんこ鍋を囲む食堂で、あぐらをかいていた。天井に灯った蛍光灯が背の丸くなった初老の男の影を畳につくっていた。男のほかにはだれもいない。座卓にのみかけの一升瓶がおかれ、かれはちびりちびりとコップの酒をひっかけていた。酒がのどを通るたびに口を真一文字にむすび、ぎりぎりと歯ぎしりをした。思い出したように、左手ににぎりしめた死亡通知のハガキへ目をおとし、顔をあげて虚空をにらんだ。やがて、卓上にこぼれた酒で頭に浮かんだ句を指で書いた。

老師死す睾丸寒き冬の夜

年が明け、欣一郎は咳こむことが多くなった。食欲がなくなり疲れやい。胸や背中が痛むときもある。それでも酒だけはのみ、元気をよそおって仕事はつづけた。暑い夏のさかり、みるからに痩せてダルマ顔の頬がおちた。すぐに疲れ、満足にあるくことができない。病院内では総婦長の和田の肩にすがって移動し、病棟は森主任に支えられて回診をした。院長の中島も、心配して今治から見舞いに来た井上も、また正光会の顧問をしている兄の順平も、みんな松山の総合病院で診察を受けるように勧めた。しかし欣一郎は、「おいどんは医者だ、自分のからだは自分が一番知っている。秋がくれば治る」といって耳を貸さなかった。その秋がきて涼しくなり体調は快復した。理事会では役員たちに、御荘を人生の「終着楽園」にする構想を語った。それはいわば平山寮と精神病院を拠点とする安泰寺の御荘版であった。事務局長の清水を理事長室に呼ぶと、いつもこんこんと言い聞かせた。

「医者は儲かるようにできとる。じゃがな、儲けたものを自分のものにする医者はへボだ。児孫のために美田は買わず、だ。食べるだけあればええ。儲けたものは必ず社会へかえさにゃいけん」

体調がふたたび悪くなったのは、鬼ヶ城の山麓が紅葉に染まりはじめたころである。欣一郎はがんを疑い、死を覚悟するようになったが、後顧の憂いはなかった。

来年の春には、嵐が医学部を卒業する。関西医科大学で学んでいる美知も精神科医になってもどってくる。医療経営を専攻している二郎は今、安泰寺で修行している。中学生になった三郎も医師を目指していた。そして文子はというと、子どもたちの手がはなれたら、国語と数学の塾をひらくつもりでいる。

晴れ渡った文化の日だった。

朝早く、欣一郎は森を従えて宇和島駅から汽車に乗った。北条駅に着くとタクシーで旧河野村の実家へ立ち寄り、昼御飯をいただいて一休みすると、墓参りへでかけた。森に支えられて裏道を行き、墓地のある丘の下で立ちどまった。墓参りの持ち物を手にした長兄夫妻も足をとめた。森はしゃがむと理事長を背負い、ゆっくりと坂道を上って行った。渡部家の墓石が高縄山へ表をむけて立っている。森の介添えを受けながら、欣一郎はお墓の一つ一つに線香をあげた。そしてその最後に、「よしこ、よしこ」と語りかけながら、墓石に刻まれた妻の戒名をなでていた。

墓参をすますと、タクシーを呼び、道後のホテルへ向かった。

「おいどん、今日は泊るぞ、温泉でゆっくりしたい」

宇和島へ帰るものと思っていた森は、温泉と聞いてびっくりし、

「はいって大丈夫ですか」

と気づかった。温泉を楽しむほどの体力はない。

森の心配を聞き流し、欣一郎は車体をゆすって前を走る路面電車へ目をやった。

「明日、日赤へ行く。この前、じつは喉のレントゲンを撮った。消化器内科の医師には伝えておる。あんたが結果を聞いてくれ」

「理事長、それ、私でよろしいのですか」

「なに、結果はわかっとる。念のためだ」

赤信号で電車もタクシーも停まると、車窓の路面電車へ目をとめたままいった。

翌日、森は消化器内科の窓口で、応対した看護婦から、「異常なしとのことです」と告げられ、一通の茶封筒を受け取った。タクシーの中で待つ理事長に結果を伝え、茶封筒を渡した。「そうか、ありがとう」と欣一郎は短く応えた。

年明けからしばらくして、欣一郎は床に臥すようになった。

二月の初め、枕元にずっと心待ちにしていたものが届いた。「四国医学雑誌」に掲載された野瀬清水の原著論文、「精神分裂病に対するロボトミーの治療的意義の検討」の抜き刷りである。グラフ、患者の写真、統計表、それに百三点にもなる内外の参考文献が載せてある。研究対象のロボトミーを行なった患者三百名と、行なわなかった患者百名を選び、長期にわたって病状の経過、転帰を詳細に調査研究し、数多くの事項を綿密に比較検討した上で総括と考察をしていた。紙数は三十三頁もある。全体を精読し、「考察」の中の、〈いいかえると、治療効果を得るには、必ずしもロボトミーによらなくてもよかった例であったということができるわけである。〉に欣一郎は強い共感を覚えた。そして論文の結語をくりかえし読んだ。

〈私は、ロボトミーの精神科領域ことに分裂病における治療的な意義に関して否定的な結論に達した。広瀬（筆者注・広瀬貞夫、日本で最も多くのロボトミーを手掛けた精神科医）はロボトミーの適用が、かつての精神分裂病から、苦悶の強い退行期うつ病や不安の強い神経病などに移行しつつあると述べている。しかし分裂病にしろ、うつ病や神経症にしろ、その病原の物質的な基礎は明らかでないのである。このように病原の明らかでないものに器質的な不可逆的な侵襲を加え、それを治療と称することには問題があるように思われる。H.BaruK（筆者注・アンリ・バルク、神経精神科医）もこの手術を「医学道徳上重大な問題」といっているし、ソ連では一九五〇年これを禁止している。私のこの調査が、このような反省をも含めたロボトミーの治療的意義の評価に関する一つの資料となりうれば幸である〉。

欣一郎は思った。不可逆的な侵襲を加えているのは、決してロボトミーだけではないだろう。なぜ心があるのか、そのことさえもまだまだわからないでいるのだ。

昭和四十二年四月十二日の夕刻だった。死期がせまり、病床に家族があつまった。死に際、欣一郎は文子を枕元に手招きしていった。

葬儀はいらん。おいどんは、裸になっていく。

あとがき

競争社会の根っこにはびこる優生思想を糺《ただ》す作品を書きたい、と思案していたとき、市立宇和島病院名誉院長の近藤俊文氏から、精神医療の発展と啓発に生涯を捧げた精神科医の話を聴いた。「おいどん先生」こと渡部欣一郎である。かれは最後の大仕事として、引き取り手がなく行き場をなくした障碍者の終着楽園を地域社会のなかに造り、共に暮らすことを実践した博愛の医師であった。

私自身に精神医療の知識がないので、精神科医の人生を書けるかどうかおおいに不安であったが、手始めに読んだロバート・コルカーの『統合失調症の一族—遺伝か環境か』（柴田裕之訳・早川書房）が、執筆への意欲をかきたててくれた。この著書の、「世間の大半が無価値に等しいと判断した人々の中に、人間性を再発見する物語」というフレーズが、話に聴くおいどん先生の生涯を的確に表現していると思えたからである。「キチガイ、キチガイとがいにいうな。

世の中にはもっと狂うとるのがウヨウヨしちょるばい。病院におるのは傷つきやすい小鳩みたいな純情なやつばかりじゃ」という言葉をおいどん先生はのこしている。精神を病む患者たちと向き合う日々を過ごしながら、いったいかれらに何の咎《とが》があるのだろう、という鮮烈な問いかけがあったのである。

おいどん先生は、禅僧の澤木興道を師と仰ぎ、何事にも邪心を断ち、公平無私であることを重んじ、村落共同体的なぬくもりを大事にした。自宅と病院に道場を造り、高校の相撲部と柔道部の合宿所にしたので、家族は十数人の部員と同じ屋根の下で生活した。食事も洗濯も一緒、柔道場は夜になると子どもたちの寝場所と勉強部屋になった。食事は患者さんより先に食べてはならん、とおいどん先生は子どもたちに厳命していたので、夕方になると六人の子どもたちはいつも腹ペコだった。患者はすべてに格上で、あとはみんな一視同仁のあつかいである。

おいどん先生と刎頸《ふんけい》の友だった平田宗男は、たたかう医師として九州民医連のリーダーになる。贅沢を軽侮し、住まいは板張りの平屋で、子どもたちに「父ちゃん、母ちゃん」と呼ばせ、実のない言動を嫌った。ふたりに共通しているのは、患者から学ぶ姿勢であり、無私と無邪の生き方をつらぬいたことであった。

本書では、人間が大好きなおいどん先生の大きな人格を書き込むことに務め、あわせて精神医療の歴史にもふれた。精神疾患への理解を深めることで、障碍者への差別や偏見を取りのぞく一助になればと願う。

最後になりましたが、公益財団法人正光会《しょうこう》の関係者の皆様にご助言と格別のご支援を賜りましたことをここに記し、深甚より謝意を申し上げます。また平田宗男医師のご次男の平田二朗氏に数多くのご教示をいただきました。感謝申し上げます。本書の刊行にあたりましては、書籍編集部の坂梨誠司氏に大変お世話になりました。心より御礼申し上げます。

令和六年十月

青山 淳平

渡部欣一郎（わたなべ・きんいちろう）略年譜

明治41年12月　愛媛県北条町生まれ

昭和８年３月　九州医学専門学校（久留米大学医学部の前身）卒業。

在学中は王丸勇教授に師事、柔道部主将

昭和９年１月　福井市・平岡脳病院勤務

昭和10年２月　佐賀精神病院院長

昭和13年９月　松山脳病院副院長

昭和15年11月　宮崎脳病院院長

昭和20年11月　松山脳病院院長

昭和25年　愛媛県内の精神障碍者の訪問指導開始

昭和27年８月　宇和島に「渡部医院」開院

昭和28年６月　私立宇和島精神病院開設

昭和29年１月　宇和島病院を財団法人に改組

昭和30年　法人名を「財団法人正光会」に改称、今治精神病院開設

昭和32年９月　全国に先駆け精神科の准看護人学校設立

昭和34年４月　宇和島病院に日本で初めて開放病棟竣工

昭和37年９月　御荘精神病院開設

昭和42年４月12日　死去（享年58歳）

主要参考図書

松本雅彦『日本の精神医学この五十年』みすず書房　二〇一五年
八木剛平・田辺　英『日本精神病治療史』金原出版　二〇〇二年
橋本　明「私説・日本精神医療風土記」近代日本精神医療史研究会ホームページ
呉秀三・樫田五郎『精神病者私宅監置の実況：現代語訳』医学書院　二〇一二年
愛媛県精神衛生協会編『愛媛県の精神科医療史』愛媛県精神衛生協会　一九七七年
岡田靖雄編『精神医療―精神病はなおせる―』勁草書房　一九七二年
坂井得元『沢木興道聞き書き』講談社　一九九五年
澤木興道『澤木興道全集　第一巻　証道歌を語る』大法輪閣　一九六四年
『澤木興道全集　第二巻　禅談』大法輪閣　一九六四年
礒部幸一／編『九州医学専門学校十周年記念誌』一九四〇年
六十周年記念誌編集委員会『松山精神病院六十周年記念誌』一九九三年
湯本修治『闘魂　高専柔道の回顧　続』日本繊維新聞社　一九七二年
野瀬清水「精神分裂病に対するロボトミーの治療的意義の検討」「四国医学雑誌22巻6号」所載
一九六六年
「熊本県民医連の水俣病闘争の歴史」編集委員会／編『水俣病とともに生きた人々』大月書店
一九九七年
記念誌編集委員会「渡部欣一郎先生を偲んで」財団法人正光会　一九八六年
財団法人正光会記念誌編集委員会編『空と雲　正光会50年の歩み』二〇〇五年
渡部　嵐『社会復帰施設　平山寮　20年の軌跡』私家版　一九九八年

青山淳平（あおやま・じゅんぺい）

1949年、山口県生まれ、愛媛の県立高校教諭を経て元愛媛銀行参与、作家。『海市のかなた～戦艦「陸奥」引揚げ』『夢は大衆にあり～小説・坪内寿夫』（以上、中央公論新社）、『海にかける虹～大田中将遺児アキコの歳月』（ＮＨＫ出版）、『司令の桜』『人、それぞれの本懐～生き方の作法』〈愛媛出版文化賞受賞〉（以上、社会思想社）、『それぞれの新渡戸稲造』『一遍はいずこへ』（以上、本の泉社）、『海は語らない～ビハール号事件と戦争裁判』『海運王山下亀三郎』『長英逃亡潜伏記』『腎臓移植最前線』『「坂の上の雲」と潮風の系譜～司馬遼太郎が敬愛した日本人』（以上、潮書房光人新社）他多数。松山市在住。

空と雲と虹
精神医療に尽くした医師・渡部欣一郎の生涯

2024年12月19日　第１刷発行

著　者　青山淳平

発行者　赤堀正卓

発行所　株式会社　潮書房光人新社

〒100-8077
東京都千代田区大手町1-7-2
電話番号／03-6281-9891（代）
http://www.kojinsha.co.jp

装　幀　熊谷英博

印刷製本　サンケイ総合印刷株式会社

定価はカバーに表示してあります。
乱丁、落丁のものはお取り替え致します。本文は中性紙を使用

ISBN978-4-7698-1712-3 C0095